广东省哲学社科规划办"制度理论研究"专项
《信息技术与法治耦合健全社会公平正义法治保障制度研究》
（编号：GD20ZD16）

刘薇 孙占利 王婧 著

智慧司法的
理论与实践研究

ZHIHUISIFA DE
LILUN YU SHIJIAN YANJIU

中国政法大学出版社

2021·北京

声 明	1. 版权所有，侵权必究。
	2. 如有缺页、倒装问题，由出版社负责退换。

图书在版编目（CIP）数据

智慧司法的理论与实践研究/刘薇等著. —北京：中国政法大学出版社, 2021.12
ISBN 978-7-5764-0239-1

Ⅰ.①智… Ⅱ.①刘… Ⅲ.①司法—工作—研究—中国 Ⅳ.①D926

中国版本图书馆CIP数据核字(2022)第003410号

出 版 者	中国政法大学出版社
地 址	北京市海淀区西土城路25号
邮寄地址	北京100088 信箱8034 分箱　邮编100088
网 址	http://www.cuplpress.com（网络实名：中国政法大学出版社）
电 话	010-58908586(编辑部) 58908334(邮购部)
编辑邮箱	zhengfadch@126.com
承 印	固安华明印业有限公司
开 本	720mm×960mm　1/16
印 张	15
字 数	250千字
版 次	2021年12月第1版
印 次	2021年12月第1次印刷
定 价	63.00元

PREFACE
前　言

司法理论研究必定敏感于司法实践，而人工智能与司法的结合已成为近年来理论界和实务界探讨的重要议题之一。对于该议题，司法理论应当对其保持关注。在人工智能时代，推进"数字法治，智慧司法"的建设成了深入践行司法为民之宗旨的必然要求。在中国，智慧司法不仅在未来司法体制改革蓝图中具有一席之地，而且诸如人工智能、大数据、区块链等技术力量，正在以局部试点与全面推进相结合的形式试图重塑既有的司法裁判、司法程序及司法管理。

这些事实的存在意味着既有的司法理论需要回应一系列新问题：智慧司法对于法律和司法实践而言有什么价值？智慧司法以何种方式给司法实践带来何种影响？如果理论和实践证明了智慧司法总体上是必要且可行的，那么应当如何应对其中的风险和挑战？司法理论能够为智慧司法的发展提供何种见解？尽管这些问题纷繁复杂且各自指向不同，但大体上可被归纳为三种类型，即规范性问题、描述性问题和建构性问题。

规范性问题关注于智慧司法的正当性，即是否有理由在司法实践中贯彻和推广智慧司法？本书的第一章至第四章将分别从智慧司法的时代背景、实践价值、建设目标和实施原则四个维度对此予以回应。

本书通过对智慧司法的时代背景进行总括性介绍表明智慧司法的提出，离不开司法体制改革和人工智能的出现。全面深化司法体制改革要求我们必须在司法领域引入人工智能技术，以破解改革难题、提升司法效能。同时，通过回顾信息网络、人工智能的发展史及对梳理人工智能技术在多领域的应用，进一步论证了人工智能与司法领域结合的必然性与可能性。

数字化和智慧化成了我国社会发展与制度进步的重要特征和驱动力。因而，法治建设也必然要通过新兴手段实现数字法治和智慧法治。人工智能俨然已经渗透进法治建设的各个具体环节，而其中智慧司法的建设是实现法治现代化的必由之路。数字法治作为数字社会治理的重要组成部分，推动了智慧司法的建设，能够塑造法治氛围、完善司法大数据库以及培养专业型人才，有效助力数字法治的实现。

在智慧司法建设过程中，要坚持司法公正、司法效率以及司法公信力三大建设目标。对于司法而言，其最主要的目标在于实现实体公正和程序公正，而智慧司法通过数据留痕等技术手段对一些司法工作人员的恣意等行为予以限制，保障了程序公正和实体公正的实现。当然，在追求司法公正的过程中，我们不能忽视司法效率的实现，裁判领域和非裁判领域事务的智能化都是司法效率实现的重要源泉。而司法公信力作为司法权威的应有之义，通过实现个案正义、审判公开等路径提升司法公信力，也是智慧司法所追求的目标之一。

在智慧司法建设过程中，我们还应当遵循一定的原则。首先，智慧司法建设要求必须将知识平台作为一个端口，将其与司法活动有机结合起来，发挥人工智能知识平台的效用。其次，应当正确地认识、把握、遵循和运用司法规律，以促进智慧司法的建设。另外，还应当在尊重司法规律的基础之上，充分发挥司法人员主动性。再次，智慧司法的建设依赖于网络信息安全的维护。最后，坚持保障司法的独立性与中立性，确保智慧司法在阳光之下运行。

描述性问题乃是关于智慧司法现状的探讨，即当前智慧司法奠基于基础理论之上，在实践中取得的成就为何？这是本书第五章和第六章将要讨论的主要内容。

智慧司法建设并非是无本之木，概念提出的背后有着深厚的理论基础。智慧司法的出现与发展离不开认知心理学，智慧司法除了以计算机技术作为物理基础以外，其认知基础、运作模式及目的效果均是以人类的认知心理为前提与参考的。在认知心理学理论的框架下，法官在判断时必然会受到外部因素的影响，而当这种外部因素又依托于科技现代化呈现出的"事实"时，法官应当在反思中实现独立判断，方能使得智慧司法之建设不背离其初衷。而之于智慧司法本身，因为人工智能的两面性特征，其在我国司法领域的应用也存在积极与消极两方面的影响，也由此出现了法律悲观主义和法律乐观主义。

经过上述论证，我们只有将视野转移到智慧司法的建设成就上，方能更好地回应司法实践中的问题。在智慧司法建设进程中,智慧警务、智慧检务、智慧法院的建设取得了突出的成就。公安机关将信息技术应用于警务工作,逐步实现科技警力。我国的检务也经历了从数字检务转向智慧检务,是向"科技强检"战略迈出的重要一步。此外,智慧法院是最高人民法院顺应信息时代的发展要求对人民法院信息化建设做出的新的重大部署,上海、杭州法院的先试先行,无不在为智慧司法的建设添砖加瓦。

而建构性问题则指向智慧司法的未来,即如果智慧司法必要且可行,那么应当如何扬长避短,从而塑造理想的司法体系?本书的第七章和第八章将分别从创新路径和风险方法的视角研讨该问题。以智慧法院为核心节点的全流程智慧司法体系的视角,对智慧司法的未来发展进行探讨。

智慧司法的建设不能囿于当前的成就而停滞不前。本书对智慧法院网络化、阳光化、智慧化的发展模式,实现"六化一体"的发展路径以及区块链技术为切入的智慧司法体系建设进行了符合我国智慧司法建设实践的构建。

本书的最后,系作者的一些忧虑及思考。人工智能介入司法领域由来已久,尽管智慧司法的建设卓有成效,但不可否认的是,智慧司法的发展也伴随着一系列问题与挑战。人工智能不是万能的,智慧司法挑战了传统的司法模式,人工智能为司法领域带来的风险,既有原生性风险,即智慧司法建设对制度本身带来的冲击;又有技术上的风险,基于智慧司法建设在技术上存在数据依赖和算法主导的特征,人工智能如此应用到司法裁判领域会对司法裁判造成冲击。面对上述风险,我们必须明确智慧司法的角色定位、巩固法官的主体地位以及对算法本身进行规制,以此方能促进智慧司法的可持续性发展。

本书在写作上力求科学性、先进性和可读性。应当承认,在急剧变革的时代谈论人工智能、智慧司法这样的话题,不仅充满风险而且难求尽善尽美。本书的工作应被视为探讨性的而非结论性的,它旨在指出智慧司法中哪些问题值得关注,而作者为了回答这些有价值的问题做出了哪些尝试?若能对有兴趣的读者有所裨益,且能为智慧司法的建设添砖加瓦,将不胜欣喜。

目录 CONTENTS

前　言… 001

第一章　智慧司法的时代背景：信息网络与人工智能技术的发展… 001
 一、信息网络及其发展… 001
 二、区块链及其发展… 004
 三、人工智能及其发展… 008

第二章　智慧司法：法治现代化的必由之路… 020
 第一节　法治建设的发展脉络… 021
  一、建立时期：从中华人民共和国成立开始… 022
  二、恢复与发展时期：十一届三中全会到法制初步恢复完备… 023
  三、法治建设新时期：党的十五大以后… 026
 第二节　作为数字社会治理重要部分的数字法治… 030
  一、数字技术与法律制度的互动… 032
  二、数字技术对法律价值的冲击… 033
  三、数字技术对去中心化的影响… 033
  四、数字技术对纠纷解决机制的保障… 035
 第三节　司法建设对数字法治建设的助力实现… 037
  一、"互联网+"司法对法治氛围的塑造… 037
  二、司法大数据库是数字法治的有力基础… 044
  三、培养专业化人才，为数字法治提供人才储备… 046

第四节　人工智能与法治相结合... 047

一、人工智能与立法相结合... 048

二、人工智能与司法相结合... 052

三、人工智能与执法相结合... 056

四、构建人工智能法治体系... 058

第三章　智慧司法建设的目标... 060

第一节　司法公正... 060

一、司法公正的概念... 061

二、司法公正与智慧司法... 066

第二节　司法效率... 069

一、司法效率的概念... 069

二、智慧司法的司法效率目标... 070

第三节　司法公信力... 075

一、司法公信力的概念... 075

二、司法公信力的意义... 077

三、司法公信力的提升路径... 078

四、智慧法院下的司法公信力提升... 079

第四章　智慧司法建设的原则... 081

第一节　知识平台与司法活动的有机结合... 081

第二节　尊重司法规律... 085

一、司法公正... 087

二、司法公开... 089

三、司法权力受制约性... 089

四、司法的亲历性... 091

五、司法的终局性... 092

六、司法人员的专业化、职业化... 092

第三节　发挥司法人员主动性... 093

第四节　维护网络信息安全... 095

一、人工智能时代下的计算机网络信息安全... 096

二、人工智能时代下影响计算机网络信息安全的主要因素分析... 096

三、基于人工智能时代下计算机网络信息安全问题的主要危害... 097

四、基于人工智能时代下计算机网络信息安全防范策略... 098

第五节　保障法官司法权的独立行使与中立性... 101

一、保障法官司法权的独立行使... 101

二、保障司法的中立性... 103

第五章　智慧司法的基础理论... 106

第一节　法官前见... 106

一、性质问题：法律现实主义的回答... 107

二、进路问题：独立判断在反思中实现... 109

第二节　智慧司法的认知心理学观察... 115

一、认知心理的发展沿革... 115

二、"智慧司法"对人类认知的模拟... 118

三、"智慧司法"较于人类认知的局限与超越... 120

第三节　人工智能的司法应用... 125

一、法律乐观主义... 126

二、法律悲观主义... 130

第六章　智慧司法建设的成就... 136

第一节　智慧警务建设与成就... 136

一、智慧警务建设的背景和意义... 136

二、智慧警务的定义及演化... 140

三、智慧警务建设的实践... 143

第二节　智慧检务的现状与成就... 146

一、智慧检务的发展演化：从数字检务到智慧检务… 146

二、智慧检务建设的实例… 150

三、智慧检务的展望… 153

第三节 智慧法院的建设现状与成就… 154

一、智慧法院及其建设目标… 155

二、智慧法院的建设历程… 156

三、智慧法院的建设成就… 160

第七章 智慧司法的创新发展… 165

第一节 智慧司法的核心节点：智慧法院的创新发展… 165

一、智慧法院的发展模式：网络化、阳光化、智能化… 166

二、智能化："智慧法官"与智慧诉讼系统… 169

三、人工智能的发展对智慧司法的影响… 172

第二节 智慧司法的发展路径：以智慧法院为例… 174

一、统一化：由总体部署、分散探索到整合资源统一建设… 175

二、体系化：由独立的系统开发到一体化的智慧法院体系建设… 176

三、智慧化：法律人工智能的深度司法应用是关键… 177

四、法治化：技术与法治耦合推进创新建设和实现司法公正… 178

五、实效化：由技术驱动型建设到司法实效型建设… 180

六、机制化：业务、技术、制度三位一体的建设与发展机制… 181

第三节 以智慧法院为核心节点的全流程智慧司法体系… 183

一、以智慧法院为核心节点的全流程智慧司法体系的总体设想… 183

二、运用区块链推进智慧法院建设和智慧司法体系的发展… 185

第八章 智慧司法的风险与防范… 196

第一节 智慧司法的风险… 197

一、智慧司法的原生风险… 198

二、智慧司法的技术风险… 199

第二节　智慧司法的风险防范...210
一、明确智慧司法的角色定位...210
二、巩固法官的主体地位...212
三、推动算法的合理公开...214
四、避免算法的歧视结果...216
五、推动算法的统一适用...218

参考文献...221
致　谢...229

第一章
智慧司法的时代背景：
信息网络与人工智能技术的发展

一、信息网络及其发展

（一）网络、互联网及信息网络的界定

"网络"一词可以被用于很多地方，例如社群网络、销售网络、交通网络等。互联网来到我国以后常被简称为"网络"，随着互联网的兴起，"网络"一词在日常生活中往往指向互联网，甚至是因特网（Internet）。虽然因特网和EDI（电子数据交换）网络等都属于互联网，但由于因特网是最主要的互联网，在很多语境中，互联网就是指因特网。在我国，与互联网并列的网络还有电信网和广播电视网。由于"三网融合"的深入发展，三网之间在技术与应用方面已经不存在实质性的区别。例如，借助互联网实现的网络广播电视和网络电话，利用广播电视网进行网上"冲浪"等新应用和新功能。

我国早在1998年就提出了互联网、电信网、广电网"三网融合"的概念。2015年8月，国务院办公厅印发了《三网融合推广方案》，这是继2010年推出《三网融合试点方案》后的全面推广方案。《国务院办公厅关于印发三网融合推广方案的通知》明确表明："推进三网融合是党中央、国务院作出的一项重大决策。近年来，各地区、各有关部门认真贯彻落实国务院关于推进三网融合总体方案和试点方案有关工作部署，试点阶段各项任务已基本完成。在总结试点经验的基础上，加快在全国全面推进三网融合，推动信息网络基础设施互联互通和资源共享，有利于促进消费升级、产业转型和民生改善。"该方案说明"三网融合"的产物就是信息网络。此外，2016年和2017年的《政府工作报告》也都使用了"信息网络"一词，2018年和2019年的《政府工作报告》则多次强调了"互联网+"。如果之前关注的是基于三网的特定功能所实现的具体应用，随着"三网融合"的深入发展，信息网络就成为关注的焦点,也已经成为《电子商务法》[1]等立法的规范用语。

随着物联网的兴起,业内人士曾将其称为"下一代互联网"。无论"下一代互联网"如何界定,物联网必然要与"三网融合"后的信息网络进行链接。事实上,"四网融合"早已到来,例如借助物联网技术建立的食品安全溯源系统。相应地,"网络"还应当包括物联网,即"四网融合"后的信息网络。目前,国家尚无文件明确说明"四网融合"的第四网是何网络,但业界在提到"四网融合"时一般是指物联网。在智能电网发展纳入国家"十二五"规划的背景下,国家电网公司曾提出将融合了物联网的智能电网纳入成为"四网融合"的第四网。智能电网的电力光纤网可实现到表到户,从而可以低成本解决"最后一公里"问题,确有其优势,未来也不排除"多网融合"的可能性。

虽然移动互联网不同于传统的(计算机)互联网,但在"四网融合"的语境中,是包含在"四网融合"的信息网络范畴内的,也属于《网络安全法》所称的"网络"。5G是第五代移动通信技术的简称,自然也属于信息网络的范畴。5G的直观特点是网络速率高(最高可达10Gbit/s,比4G快100倍)和低延时(低于1毫秒,4G为30毫秒~70毫秒),但用10秒钟即可下载一部电影来说明5G的功能性应用显然是表面的,5G真正的巨大优势是使物联网的实时"万物互联"成为可能,更使得远程外科手术、无人驾驶等技术得以实现。总之,5G不应被简单地视为一种高速率和低延时的通信技术,更应当看到其为其他技术的应用提供的现实可能性,其对人类社会的影响是之前的无线通信技术无法比拟的。从网络融合的角度观察,5G的深入应用将深度推动多网融合的进程,各个网络之间的分野将会日渐消弭。

(二)信息、信息网络、网络空间、网络社会及信息社会的关系

信息、信息网络、网络空间、网络社会、信息社会的提法已经得到了各个行业、领域的广泛认可,但各术语有何联系与区别呢?

信息安全可泛称各类信息安全问题,网络安全指称网络所带来的各类安全问题,网络空间安全则特指与陆域、海域、空域、太空并列的全球五大空间中的网络空间安全问题。三者均类属于非传统安全领域,都聚焦于信息安

---

[1]《电子商务法》,即《中华人民共和国电子商务法》,为表述方便,本书中涉及的我国法律直接使用简称,省去"中华人民共和国"字样,全书统一,不再赘述。

第一章 智慧司法的时代背景：信息网络与人工智能技术的发展

全，但三者所涉内涵与外延不同。信息安全作为非传统安全的重要领域，以往较多地注重信息系统的物理安全和技术安全。随着信息技术的发展，先后出现了物联网、智慧城市、云计算、大数据、移动互联网、智能制造、空间地理信息集成等，这些新一代信息技术和载体都与网络紧密相连，伴随着这些新技术和新载体的发展而来的新的信息安全问题，形成了隐蔽关联性、集群风险性、泛在模糊性、跨域渗透性、交叉复杂性、总体综合性等新特点。在网络空间，安全主体易受攻击，安全侵害迅即发生，威胁不可预知，易形成群体极化，安全防范具有非技术性特点。如大数据在云端汇聚之后，就给网络安全带来了信息大量泄露的新威胁；物联网、智慧城市、移动互联网在提供高效、泛在和便捷服务的同时，也使得巨量的个人信息和机构数据在线上不时处于裸露状态，为网络犯罪提供了可能。随着网络安全的发展，网络武器、网络间谍、网络水军、网络犯罪、网络政治动员等相继产生。不仅如此，网络安全和网络空间安全将安全的范围拓展至网络空间中所形成的一切安全问题，涉及网络政治、网络经济、网络文化、网络社会、网络外交、网络军事等诸多领域，使信息安全形成了综合性和全球性的新特点。以上这些都是以往"信息安全"一词所不具备或无法所完全涵盖的内涵，需要用"网络安全"和"网络空间安全"来表达。网络安全与网络空间安全形成了跨时空、多层次、立体化、广渗透、深融合的新形态，与其他传统安全和非传统安全领域形成了交叉渗透的联系，成了具有总体安全、综合安全、共同安全、合作安全性质的新安全领域。与网络安全相比较，网络空间安全作为一个相对的概念，具有针对性和专指性，与网络安全有细微的差别。尽管两者都聚焦于网络，但所提出的对象有所不同；较之"网络安全"，"网络空间安全"更注重空间和全球的范畴。美国所推出的系列网络空间战略政策文件，实际上涉及了网络空间安全的生态环境问题，体现了网络空间的专指性，可以帮助我们认识网络安全与网络空间安全两者之间的差异。信息安全、网络安全、网络空间安全三者既有互相交叉的部分，也有各自独特的部分。[1]

关于信息和（信息）网络，形象地说，网络基础设施就是高速公路，信息则是高速公路上行驶的客货车，这也是人们将信息网络称为"信息高速公

---

[1] 参见王世伟："论信息安全、网络安全、网络空间安全"，载《中国图书馆学报》2015年第2期。

路"的原因。正如高速公路若没有了客货车就失去了其价值一样，网络基础设施也因信息而产生价值。从信息论的角度理解，其创始人香农和韦佛指出，在一种情况下能减少不确定性的任何事物都叫作信息。换言之，信息的价值在于解决不确定性和可预见性问题。关于信息和数据的关系，据国家标准《信息技术词汇 第1部分》（GB/T 5271.1-2000）所示，数据是指"信息的可再解释的形式化表示，以适用于通信、解释或处理"。

信息一直存在并无处不在，信息的载体和传播方式也在不断发生变革，且随着新技术及其应用的发展不断推动人类社会的进步。如果以口语传播为界，造纸术的发明可谓开启了一个新的信息传播时代。从现代信息技术的发展史观察，信息时代可以追溯到电话和电报的发明，但在当前的语境下，信息时代发端于1969年诞生的互联网，盖因互联网对信息生成、信息交流、信息传递、信息存储、信息处理、信息传播、信息创新和信息增值进行了革命性的变革，信息成了人类社会发展的重要战略资源或基础资源，从而成了信息社会的特征性资源，这也是国内外普遍认为信息社会是以互联网的诞生为标志的根本原因。

信息网络在各个行业和领域都得到了广泛应用，电子商务、电子政务、网络金融、网络教育、网络传播、网上医疗、网上仲裁、网上诉讼等随之兴起，传统社会的部分功能已经被成功地转移到了信息网络上。准确地说，转移到了网络（虚拟）空间，从而产生了依托于网络空间的网络社会。网络空间虽然是虚拟的，但并非是虚幻的，而是真实的物理存在，并通过"信息交换"（实际上都是人的行为）与现实社会进行互动，并在此过程中完成与现实社会的弥合，从而使信息社会具有了独特的二元融合的结构模式。可以认为，信息社会的结构、功能和方法是建立在信息网络基础设施及其提供的服务的基础上的。信息网络拓展了传统社会的功能和发展模式，依托于信息网络的信息社会已经来临，并将会随着人工智能等智能技术的应用而产生新的信息化范式。

二、区块链及其发展

传统的信息网络并不包括区块链，盖因信息网络的概念形成时尚未产生区块链。区块链并不改变互联网的 TCP/IP 协议，只是互联网的顶层应用，也属于信息网络的范畴，但区块链具有其独特的技术特性，故在此单独对区块链进行说明。

第一章　智慧司法的时代背景：信息网络与人工智能技术的发展

（一）区块链简介

美国区块链科学研究所创始人梅勒妮·斯旺（Melanie Swan）在其著作《区块链：新经济的蓝图》中将区块链分为三个阶段，即以数字货币为代表的区块链1.0，以智能合约为代表的区块链2.0，以及超越货币、经济、市场在司法、政府管理、公证等领域拓展应用的区块链3.0。区块链已经进入了2.0时代，并正在向3.0阶段迈进。[1]

区块链是分布式数据存储、点对点传输、共识机制、加密算法等计算机技术的新型应用模式，是一种全新的分布式基础架构。人们利用区块链式数据结构来验证与存储数据，利用共识算法来生成和更新数据，利用密码学保证数据传输和访问的安全，利用由自动执行的智能合约来兑现以数字形式定义的承诺。[2]2019年11月中国通信标准化协会（CCSA）等单位联合发布的《"物联网+区块链"应用与发展白皮书》说明，从应用形态上讲，区块链可以被划分为公有链、联盟链和私有链，不同类型的区块链适用于不同的应用场景。公有链是一种完全开放的区块链，其参与者均可以随时进入系统中进行数据读取、交易发送与确认、竞争记账以及系统维护等工作，公有链的典型应用包括比特币、以太坊等。联盟链是由若干个机构共同参与管理的区块链，属于介于公有链和私有链之间的混合式区块链，其中每个机构运行并管理着链上一个或多个节点，其数据只允许联盟内各机构进行读写，各机构间可发送交易，并共同记录交易数据，典型应用包括超级账本、企业以太坊等。私有链是指其写入权限由某个组织或机构控制的区块链，其读取权限可对外开放，或者附加一定程度的限制。区块链凭借"不可篡改""共识机制""去中心化"等特性，对隐私安全（区块链中所有传输的数据都经过加密处理，用户的数据和隐私将更加安全）、设备安全（身份权限管理和多方共识有助于识别非法节点，及时阻止恶意节点的接入和作恶）及追本溯源（数据只要写入区块链就难以篡改，依托链式的结构有助于构建可证可溯的电子证据存证）等方面产生影响。

区块链是由共识算法维护和储存在多个节点上的数据库，其基础性的技术机制是去中心化的分布式账本，各个节点的信息依靠密码算法可以自动安

---

[1] Blockchain, *Blueprint for a New Economy*, O'Reilly Media, 2015, pp.1~2.

[2] 张一锋、朱立、练娜："区块链技术与应用安全分析报告"，载叶蓁蓁、罗华主编：《中国区块链应用发展研究报告（2019）》，社会科学文献出版社2019年版，第94~97页。

全地传递、验证及管理，具有分布式、防篡改、高透明、可溯源等特性，非经51%以上的数据节点或算力的同意就无法修改数据，这虽然使得区块链被认为具有无法消错的缺点，但却产生了更高的安全性。区块链的技术基础虽然是开源的，数据对本区块的所有人广播和开放，但交易各方的个人信息可以被加密，也可以匿名进行信息传递（但可以被验证）。而且，其智能合约能够自动执行原本需要人工才能完成任务的协议。例如，当事人的支付行为会自动触发对方当事人履行相应的义务（例如通过电子记录自动转移标的物的所有权或使用权）。进一步观察，由于区块链使用去中心化的分布式核算和存储，任一节点的权利和义务都是均等的，系统中的数据块由整个系统中所有具有维护功能的节点来共同维护，也即区块链采用基于协商一致的规范和协议使整个系统中的所有节点能够在去信任的环境下自动安全地交换数据，所有节点通过"全网记账"自动剔除虚假信息或欺诈信息，不需要任何人为的干预。信任可以传递，也可以外溢，从而建立"不信之信"的信任机制，技术信用也就随之取代了传统的人工信用，进而在共识机制和技术信用的基础上建立了一个安全可信的网络环境。

总体而言，区块链被认为是重塑世界的新技术，法律视野下的区块链的特点是主体匿名性、交易智能化、管理去中心化、链上规则自治化、数据不可变性、信息透明性和对称性及救济（或奖惩）自动化。但这只是从技术层面的分析，从组织行为学的角度观察，区块链的去中心化和共识机制为自组织与自协调机制提供了新的技术化模式。也因此，区块链不应被简单地从技术层面视为新型的劳动工具，进而推动生产力的发展，区块链的深入应用将使社会组织结构乃至生产关系发生深刻变革。

（二）我国高度重视区块链的发展

2016年12月国务院印发的《"十三五"国家信息化规划》首次将区块链列为重点前沿技术，明确提出需加强区块链等新技术的创新、试验和应用，以实现抢占新一代信息技术主导权。2016年12月工业和信息化部发布的《软件和信息技术服务业发展规划（2016-2020年）》提出区块链等领域创新达到国际先进水平等要求。2017年10月国务院办公厅发布的《关于积极推进供应链创新与应用的指导意见》提出要研究利用区块链、人工智能等新兴技术，建立基于供应链的信用评价机制。

中共中央政治局于2019年10月24日就区块链技术发展现状和趋势进行

第十八次集体学习，习近平总书记在主持学习时强调，区块链技术的集成应用在新的技术革新和产业变革中起着重要作用，要把区块链作为核心技术自主创新的重要突破口，明确主攻方向、加大投入力度，着力攻克一批关键核心技术，加快推动区块链技术和产业创新发展。

我国已经将区块链列为国家战略的重要组成部分，各级政府高度关注区块链的研发和应用。十九届四中全会以来，区块链更是引起了各级政府和社会各界的高度关注，一些省市自治区也纷纷推出了促进区块链技术和产业创新发展的政策，推进区块链技术和产业创新发展已成为社会共识。

2019年11月8日，"2019可信区块链峰会"在北京开幕，工业和信息化部总经济师王新哲在会上表示，工业和信息化部将加快推进区块链技术产业创新发展，大力推动区块链与经济社会深度融合，充分发挥区块链技术在带动技术突破、驱动经济发展、促进民生改善、推动社会进步等方面的战略性作用。据王新哲介绍，未来工业和信息化部将重点抓好五方面工作：①跟踪分析前沿动态，加快完善顶层设计。围绕重点领域深入开展研究，准确把握区块链技术产业发展规律。进一步明确区块链技术产业创新发展的总体思路和实施路径，引导市场主体科学规划区块链产业布局。加强与"一带一路"沿线国家的交流与合作，加快构建完善产业公共服务体系。②加强核心技术研发，持续提高创新能力。明确主攻方向，推动协同攻关，着力突破智能合约、共识机制、加密算法等关键核心技术。加快区块链和人工智能、大数据、工业互联网、车联网等新一代信息技术的深度融合，推动集成创新和融合应用。支持区块链开源社区建设，加快构建协同发展的生态体系。③加快应用落地步伐，推动区块链与实体经济融合。充分发挥区块链在促进数据安全共享、优化业务流程、降低运营成本、提升协同效率、建设可信体系等方面的作用，积极培育新业态、新模式。支持骨干企业打造一批可复制、可推广的典型案例，进一步打通创新链、应用链、价值链，加快丰富行业应用。④建立健全标准体系，构建完善产业生态。推动成立全国区块链和分布式记账技术标准化委员会，加快关键急需标准的研制和应用。积极对接ISO、ITU等国际标准组织，深度参与国际治理体系。引导和鼓励企业、高校和科研院所加强衔接互动，培育一批领军人物和高水平创新团队。⑤着力强化安全保障，引导产业健康发展。加强对区块链安全风险的研究和分析，探索建立适应区块链技术机制的安全保障体系。加强监管科技手段建设。引导行业加强自律，落实安全责任，营造积极向上的良好氛围。[1]

三、人工智能及其发展

（一）人工智能的概念

人工智能（Artificial Intelligence），英文缩写为"AI"，该词最早于1956年举行的达特茅斯（Dartmouth）会议上被提出。"人工智能"作为专业术语在会议上正式被提出，标志着人工智能成了一门独立的新兴学科。关于人工智能的定义，学界有许多不同的观点。斯坦福大学尼尔斯·J.尼尔森教授认为："所谓人工智能，是指致力于让机器变得智能的活动，智能就是使实体在其环境中有远见、适当地实现功能性的能力。"[2]美国麻省理工学院温斯顿教授指出："人工智能就是研究如何使用计算机去做过去只有人才能做的智能工作。"在《人工智能——一种现代方法》一书中，其首先是从解析"智能"的概念入手，认为智能主要与理性行为相关，并且在此基础上，将人工智能的定义拆分为四种情形："像人一样思考的系统、像人一样行动的系统、合理地思考的系统、理性地行动的系统。"[3]维基百科将人工智能定义为"机器展现出的某种智能"，即只要是某种机器，具有某种或某些"智能"的特征或者表现，都应该算作是"人工智能"。而在大英百科全书中，则限定人工智能是数字计算机控制的机器人在执行智能生物体才有的一些任务上的能力。百度百科上定义人工智能是"研究"并用于模拟、延伸和拓展人的智能的理论、方法、技术以及应用系统的一门新的科学技术。尽管对于人工智能的定义未能达成统一的标准，但对其核心的要素并没有争议。

人工智能与众多学科存在交叉与融合，如心理学、数学、哲学、语言学、神经生理学以及信息论、控制论等，随着相关学科和应用领域的发展变化，关于人工智能的概念及其内涵也在持续发生变化。2018年1月，中国电子技术标准化研究院发布的《人工智能标准化白皮书（2018版）》指出，人工智

---

[1] 参见"工信部：加强区块链核心技术研发　建立健全标准"，载中国新闻网：http://www.chinanews.com/cj/2019/11-08/9002190.shtml，2019年11月9日访问。

[2] Nils J. Nilsson, *Artificial Intelligence*：*A New Synthesis*，Morgan Kaufmann Publishers Inc. 1 edition（1998）.

[3] [美]拉塞尔、[美]诺维格：《人工智能：一种现代的方法》（第3版），殷建平等译，清华大学出版社2013年版，第4~5页。

能是利用数字计算机或者数字计算机控制的机器模拟、延伸和扩展人的智能、感知环境、获取知识并使用知识获得最佳结果的理论、方法、技术及应用系统。从人工智能的本质出发,其是对人类思维过程的高度模拟,这种模拟的过程主要通过两种方式实现:一是功能模拟,即通过利用思维功能进行模拟而非依赖模拟人脑的内部结构;二是对于人脑内部结构的模仿,依照人脑的结构机制,建构出"类人脑"的人工智能机器。人工智能是知识的工程,是模仿人类运用知识完成一定行为的过程。从人工智能能否真正模仿人类进行推理、思考以及解决问题的角度着手,我们可以简单将人工智能区分为弱人工智能、强人工智能和超人工智能几类。

(二)人工智能的历史

回望人工智能的发展历程,在为其惊人的发展速度感到惊叹的同时,我们能够发现,基于认知水平、智能算法、计算速度等方面的影响,人工智能的发展历程并非是跃进式的,而是经历了萌芽、诞生、高潮与低潮交替的螺旋式发展,其总体方向是向前的。关于人工智能的发展历程,我们大致可以概括为以下几个阶段:

1. 萌芽阶段

1956年以前,由于数理逻辑、控制论、信息论、神经计算、电子计算机等学科的建立与发展,以及笛卡尔等人提出的形式符号的系统假设理论,人工智能的诞生有了理论基础。在这一时期中,对人工智能发展做出了较大贡献的事件主要有:

19世纪初,英国计算机先驱查尔斯·巴贝奇(Charles Babbage)设计了一台机械式可编程计算机——分析机,该台计算机能够完成31位精度的运算并将结果打印到纸上,为现代计算机设计思想的发展奠定了基础。但该台机械式可编程计算机并未能完成。

20世纪,英国逻辑学家布尔(G. Boole)创立了"布尔代数",他在《思维规律的研究》中首次采用符号语言的方式对思维活动的基本推理法则进行了描述。

1936年,埃伦·图灵提出了一种理想计算机的数学模型,这为后来电子数字计算机的诞生奠定了理论基础。

2. 人工智能的诞生

1950年,著名的图灵测试诞生。"人工智能之父"埃伦·图灵(Alan Turing）提出了著名的"图灵测试"。按照图灵的设想：假设一台机器能够在不被人类辨认出其身份的情况下，与人类无阻碍地开展对话，那么就有条件认为这台机器是智能的。在这短短一年中，图灵还对真正具备智能机器的可行性作出了前瞻又大胆的预测。

1954年，美国人乔治·戴沃尔（George Devol）在总结前人理论的基础上，设计出了世界上第一台可编程机器人。该台机器人按照预设的编程，可有针对性地对不同的工种编制出不同的程序。

1956年，美国达特茅斯学院举行了第一次人工智能研讨会，标志着人工智能的诞生。

3. 人工智能发展的繁荣期

1968年，美国斯坦福国际研究所研发出了世界上首台采用人工智能的机器人——"Shakey"，它能在不受人类干预的情况下作出自主感知、分析环境、规划行为、执行任务等行为。

在1964年至1966年间，美国麻省理工学院人工智能实验室的计算机科学家约瑟夫·维泽鲍姆（Joseph Weizenbaum）开发出了世界上第一个聊天机器人"Eliza"。"Eliza"不仅能够通过事先设定的脚本理解人类简单的语言，还能够与人类进行互动。

1968年，美国加州斯坦福研究所的道格拉斯·恩格勒巴特（Douglas Engelbart）致力于研究一种让电脑能够更加简捷地被使用的方式，并在此基础上发明了计算机鼠标，构想出了超文本链接概念，这也为日后互联网的发展奠定了基础。

4. 人工智能发展的低谷期

20世纪70年代初，人工智能发展陷入了低谷。以当时计算机有限的内存和较低的处理速度，尚难以解决现实中的任何人工智能问题。研究者们逐渐发现，在当时要求人工智能具有儿童水平的认知能力是不切实际的，因在20世纪70年代，尚未有人能够设计出那样大的数据库，亦无人知道该如何让程序学习和储存如此多的信息。由于在研究上尚未能够取得有效进展，相关的资助机构［如英国政府、美国国家科学委员会（NRC）］对无方向的人工智能研究也逐渐停止了资助。

5. 人工智能的再次繁荣期

1981年，日本经济产业省集中拨款8.5亿美元用以研发人工智能计算机。

随后，英国政府和美国政府也开始采取行动，向信息技术领域的研究提供大量资金。

1984 年，在美国人道格·莱纳特（Doug Lenat）的带领下，美国启动了 Cyc（大百科全书）项目，旨在使得人工智能应用能够以人类推理的方式开展工作。

1986 年，美国发明家查克·赫尔（Chuck Hull）成立了 3D 打印公司，制造出了世界上第一台 3D 打印机。

6. 人工智能再次陷入低谷

在 1974 年经费削减事件过后，人工智能的发展再次陷入低谷，进入了"人工智能之冬"。研究者们预言目前人们虽然热衷于追捧专家系统，但是在不久之后将会转向失望，最终该预言也得到了事实的验证，因为专家系统仅在某些特定的系统中能够发挥其实用性。人工智能的发展陷入僵局。20 世纪 80 年代末，美国国防部高级研究计划局（DARPA）的新任领导根据当时的形势，断言人工智能并非下一个浪潮，于是将预算资金拨付给其他看起来似乎更加火热的、易出成果的项目。

7. 人工智能迎来第三次繁荣期

在这一阶段，标志性事件主要有：

1993 年，美国克林顿政府发布了《技术是经济增长的发动机》报告，意欲建立以信息高速公路为基础的新兴信息网络。该报告还描绘了互联网革命的蓝图，这为人工智能后期在不同领域得到广泛应用和爆发式发展奠定了坚实的基础。

1997 年 5 月 11 日，IBM 公司的国际象棋电脑"深蓝"在对抗赛中以一定的优势战胜了国际象棋世界冠军卡斯帕罗夫，成为第一个在标准比赛时限内击败国际象棋世界冠军的电脑系统，这对于人工智能的发展来说，具有非常重要的意义。

2011 年，IBM 公司开发的能够使用自然语言回答人类提出的问题的人工智能程序 Watson（沃森），作为选手参加了美国的智力问答节目，并且在节目中表现优异，相继击败了两位人类冠军，赢得了最高额奖金。

2012 年，加拿大神经学家团队开发创造了一个名为"Spaun"的具备基础认知能力、有 250 万个模拟"神经元"的虚拟大脑，其通过了最基本的智商测试，为人类更好地理解大脑运作提供了途径。

2013年，Facebook人工智能实验室成立，其成立的初衷是进一步探索深度学习领域，以期优化产品，为用户提供更智能化的产品体验。此后，其他互联网类的公司也纷纷采取了相应措施，推动人工智能的发展，如Google为了推广深度学习平台而收购了语音和图像识别公司DNNresearch；百度创立了深度学习研究院等。

2015年，Google研究开发了第二代机器学习平台"Tensor Flow"，通过利用大量数据训练机器完成相应的任务。另外，剑桥大学也建立了人工智能研究所等。

2016年3月，人工智能界发生了一件轰动全世界的事情，Google旗下的人工智能围棋程序AlphaGo战胜了世界围棋冠军、职业围棋选手李世石。这样的人机大战的结果超出了人们的预想，人们对人工智能刮目相看，人工智能也开始被世人所广泛熟知。

（三）人工智能成为各国竞争的新领域

人工智能已经积蓄了大量的能量，是新一轮产业变革的核心驱动力，能在催生新技术、新产品、新产业、新业态、新模式的情况下，引起社会经济结构的内部变革，深深影响着人类的生产生活方式以及思维方式，推动社会生产力的重要提升。

人工智能不仅仅是经济发展的新引擎，同时也为社会建设带来了新的机遇。无论是教育、医疗、养老、交通还是环境保护、司法服务等领域，都有人工智能的身影，人工智能在民生领域的广泛应用，极大地提高了政府公共服务的精准化水平，提高了政府社会治理能力，有效地维护了社会稳定，显著提升了人民的生活质量，让人民幸福感跃升。

人工智能作为一项颠覆性的技术，深刻影响了社会变革和经济发展，但是我们在为其感到欣喜的同时，也产生了一些忧虑：人工智能在引起产业结构变革的同时，也可能引发就业危机、法律风险、冲击伦理道德、侵犯个人权利、加剧国家之间的紧张局势，这对政府治理社会、维护经济安全和社会稳定以及全球治理都造成了巨大的挑战。

一些发达国家为了提升自我的综合实力，纷纷加紧出台了系列相关的法律法规、政策以及规划，加强以技术、顶尖人才、标准规范等为核心的相关战略部署，将发展人工智能技术作为增强国家综合国力、维护国家安全的"重要武器"，力争在新一轮的国际科技竞争中掌握主动权。

2017年7月，我国政府公布了《新一代人工智能发展规划》，确定了我国人工智能发展将分"三步走"的战略目标：第一步，2020年以前，要让人工智能总体技术与应用与世界的先进水平持平，并将人工智能产业作为我们产业优化和经济发展的增长点。此外，将人工智能技术应用在民生领域，改善民生，推动我国跻身创新型国家的前列，助力全面建成小康社会的奋斗目标的实现。第二步，到2025年，部分人工智能技术与应用达到世界领先水平，在理论基础方面，也要取得重大突破，将人工智能作为我国产业升级发展和经济持续增长的主要动力，推动智能社会的建设。第三步，到2030年，人工智能无论是理论还是技术与应用，都达到世界领先水平，并且逐渐成为世界人工智能创新中心，智能社会、智慧产业的建设都卓有成效，为我国跻身创新型国家前列和经济强国奠定坚实基础。

（四）人工智能的多领域应用

经过六十多年的迅猛发展，在互联网、大数据、超级计算、传感网、脑科学等新理论、新兴技术以及经济社会发展需求的共同作用下，人工智能呈现出了深度学习、自主操作、跨界融合、群智开放、人机协同等新的特征，人工智能迈向了更高的发展阶段。和为我们所熟知的互联网一样，人工智能在我们的生活中也扮演着重要角色，成了我们生活中不可或缺的一部分，同时也在深刻地改变着我们的日常生活、社会生活，推动着经济社会不同领域向数字化、网络化、智能化方向发展。

作为计算机科学的分支，人工智能的发展速度日新月异且其应用领域越来越广泛，到今天，它的发展水平已经达到了前所未有的高度和广度，人工智能正在以雷霆万钧之势改变着人类社会的生存与发展方式。习近平总书记指出："人工智能是引领新一轮科技革命和产业变革的重要驱动力，正深刻改变着人们的生产、生活、学习方式，推动人类社会迎来人机协同、跨界融合、共创分享的智能时代。"[1]人工智能主要研究、开发用于模拟、延伸和扩展人类智能的理论、方法、技术以及应用系统，设计机器人、语音识别、图像识别、自然语言处理和专家系统等方向。[2]人工智能这项技术本身，为不同产

---

〔1〕习近平总书记给2019年5月16日召开的国际人工智能与教育大会的致贺信。

〔2〕[美]史蒂芬·卢奇、丹尼·科佩克：《人工智能》（第2版），林赐译，人民邮电出版社2018年版。

业带来了前所未有的变革。

2018年4月,习近平总书记在全国网络安全和信息化工作会议上强调:"我们要推动互联网、大数据、人工智能和实体经济深度融合。"近年来,全球的人工智能产业也悄然发生了变化,迎来了商业化应用新阶段。

1. 人工智能在医学领域的应用

随着大数据时代的到来,人工智能也迎来了蓬勃的发展阶段,各个行业也随之发生了颠覆性的变革,医学领域也不例外。

2017年7月,国务院发布《新一代人工智能发展规划》,就"互联网+医疗"的发展提出了新的规划:要加快人工智能的创新发展,在医疗领域发展更加便捷的智能化服务。同时还提出了智慧医疗的发展规划,即在探索和推广应用人工智能下的治疗新模式、新手段,建设智慧医院、开发智能助诊机器人和人机协同的手术机器人,协同研发柔性可穿戴、生物兼容的生理监测系统,研发人机协同临床智能诊疗方案,实现智能影像识别、病理分型和智能多学科会诊,快速建立起智能化的医疗体系。此外,基于人工智能开展大规模基因组识别、蛋白组学、代谢组学等研究和新药研发,推进医药监管智能化。加强流行病智能监测和防控。2018年,国务院在《政府工作报告》中也提出,要通过加强新一代人工智能的研发应用,在医疗、养老、教育等多领域切实推进"互联网+",推动智慧医疗的建设。人工智能在医学领域的应用,主要集中在以下方面:

(1) 人工智能在医学诊断领域的应用。人工智能辅助在医学诊断方面发挥了不可替代的作用,相关服务主要包括医学影像、电子病历、导诊机器人以及虚拟助理等。以医学影像为例,医学影像作为疾病诊断的主要途径之一,在传统的医疗条件下,误诊率较高且诊断速度有限,已经难以适应时代化的发展。医学影像与人工智能进行深度结合后,能够迅速地阅读病理照片,诊断相关的疾病。尽管目前医学影像尚不能完全替代病理学专家的角色,但其在诊断速度方面有着较大的优势,能为病理学家减轻负担,提高诊疗效果。[1]

(2) 人工智能在医学治疗领域的应用。人工智能技术可以通过对患者以及相关病理数据的记忆和分析,辅助医生作出正确的判断,使得医生能够在

---

〔1〕 严律南:"人工智能在医学领域应用的现状与展望",载《中国普外基础与临床杂志》2018年第5期。

手术台前更加专心地进行各种高精度的手术，减少失误，以期更好地保障病人的生命权和健康权。

（3）人工智能在预防医学领域的应用。人工智能通过采用各种生化数据、图像分析、基因序列检测等大数据和算法来对潜在疾病进行预测。预测疾病能够大大减少可预防疾病发生恶化的现象，降低死亡率。

（4）人工智能在"互联网+"中的应用。医院通过结合人工智能技术，推出预约挂号、网络咨询、远程会议、电子处方等方式方便患者看诊。智慧医疗使群众看病更加快捷、更加方便，实现让老百姓在家就能看病的愿望。

此外，人工智能技术在健康管理、医学科研领域、医学教学领域、医院管理领域等都得到了应用。[1]

2. 人工智能在教育领域的应用

人工智能与教育的融合发展，打破了传统的教育教学模式，推动了教育领域的改革，使互联网的新兴教学模式得以创新发展，人工智能与教育的深度融合让教育变得更加创新化、智能化、灵活化、个性化、精准化、多元化。这极大地提高了教学效率和质量，点燃了师生对课堂的热情和兴趣，在一定程度上，也提高了学生的综合能力以及锻炼了老师的教学能力，为师生减负。人工智能的核心技术主要包括自然语言处理、计算机视觉、大数据分析三类，这三类核心技术因其本身的特征，能够很好地与教育领域进行创新融合，其融合的具体表现在：

（1）自然语言处理在教育方面的应用。随着自然语言处理技术的日渐成熟，其应用领域也逐渐变得广泛，其中就包括教育领域。例如，教师使用人工智能进行作业批改，打破了传统的老师手动批改作业的模式。在传统方式下，老师批改作业的工作量大、负担大，此外老师还有大量的备课工作需要进行，而智能批改作业运用自然语言处理技术，能够快速识别、智能批改、简化作业批改流程，让老师们在批改作业方面获得事半功倍的效果，减轻了老师们的工作负担。

（2）计算机视觉教育在教育方面的应用。计算机视觉在教育领域的应用主要包括以虚拟现实技术为基础的教学目标呈现（生物领域的器官和标本、

---

[1] 王晨阳等："人工智能在医学领域应用浅析"，载《中华医院管理杂志》2020年第1期。

数学领域的立体图形)、以智能摄像头为基础的 STEM 教育模块。[1]例如,数字课堂的运用,以及各类教学资源的共享。

(3) 大数据在教育领域的应用。例如,个性化学习计划的定制,基于大数据分析,对学生们进行初步的特性评估,针对不同的学生定制个性化的学习计划。这种个性化的配置,为学生量身设计契合度高且有效的学习方式和路径,让其学习效率得以提高,学习效果显著。

人工智能与教育领域成功融化,促进教育发展的实例还有很多,如智能导师系统的开发、智能测评系统的推行。人工智能应用于教育领域是时代发展的必然趋势,也是教育模式向前发展的产物。大数据下人工智能有效助力智慧教育,其在教育人工智能和教育数据挖掘方面发挥的作用也是其他技术无法取代的,其与教育领域的融合定会不断促进教育创新与改革。

3. 人工智能在交通领域的应用

当今社会,随着我国城市化进程的不断加快,城市道路交通复杂度日益增加,为解决城市交通拥堵等问题,实现人工智能与交通领域的结合是十分有必要的。人工智能技术已经渗透到交通领域的各个环节,能够准确地预测交通变化,为居民提供智慧出行方案,保障居民的畅通出行。

随着通信、信息和控制技术在交通系统中集成应用,催生了智能交通系统。智慧交通是指在交通领域中充分应用人工智能技术、互联网技术、物联网技术和云计算等现代科学技术,并通过这些技术的融合应用,来对交通进行有效的管理,建立健全智慧交通体系,以提高交通系统运行的效率,强化交通管理工作。[2]智慧交通的应用,不仅使我们能够实时掌控各道路的交通状况,采集、整合、处理和分析各类交通信息数据,寻找当前交通网络系统中存在的问题,还有利于针对这些问题创建交通模型,实施有效的措施来完善交通系统,以提高交通系统的运行效率,保障交通运行的安全性,并且响应节能低碳环保政策的要求。智慧交通平台不仅能帮助人们找到合适的出行方式,提前规划出行路线,还能使人们在平台中了解新的交通管制方案,有效避开道路障碍,及时获知交通突发事件和天气状况。

---

[1] 魏伊非:"人工智能在教育领域的应用",载《集成电路应用》2019 年第 2 期。

[2] 王伟:"人工智能技术在智慧交通领域的应用研究",载《智能建筑与智慧城市》2020 年第 6 期。

第一章 智慧司法的时代背景：信息网络与人工智能技术的发展

智慧交通体现在以下几方面：①无人汽车，其能够充分利用人工智能技术，通过计算机系统操控来实现汽车的自动控制。人工智能技术将交通行为监测、交通行为预判、交通运营情况播报等技术融为一体，为人们的出行提供了便利，也提高了行车的安全性。②交通信号灯，人工智能技术的出现，打破了传统使用默认时间进行灯光颜色更换的方式，并且能够智能地根据车况来自动调节信号灯的秒数。③道路识别，人工智能技术通过监控将道路的实时画面传输至处理端，并对其进行灰度化处理，可根据一定的特征来区分不同的道路和车辆。能够帮助驾驶者规划出行路线，降低遭遇道路拥堵的风险。

将人工智能技术运用到交通领域是社会发展的必然要求，智慧交通系统的建设志在必行，我们要实现人工智能技术与交通领域的融合发展，既保证交通的便利性，又为出行安全提供重要保障。

4. 人工智能在法律领域的应用

随着人工智能在运算能力和算法方面取得了极大的进展，人们已经能够逐渐运用人工智能技术去解决法律领域存在的一些问题。实际上，人工智能确实已经被广泛地应用于法律领域。人工智能在法律行业的应用从法律咨询机器人到智能裁判，正在以超乎我们预期的速度发展。它在法律检索、类案查询、法律咨询以及案件预测、智能裁判等方面都发挥着不可取代的作用。

近年来，"人工智能+法律"的产品也在源源不断地涌现，改变了法律行业人员的工作方式，也为当事人带来了更多的便利。如各级人民法院推出的线上诉讼等系统，能够让当事人实现网上立案、网上提交证据材料，大大节约了当事人的诉讼成本；同一区域内法院的信息数据共享让当事人在线上即可查询到关于自己案件更多、更详细的情况，真正实现了诉讼为民、诉讼便民的目标。对于法律从业者来说，更是多了许多平台进行类案检索、法律法规检索、文书写作等，也为纠纷解决创造了新的模式。

Zero公司的首席执行官亚历克斯·巴宾（Alex Babin）提出："在自动化法律实践中，最大的好处就是节省时间和提高工作流程效率，因为人工智能可以接管更加烦琐的任务，包括诉讼支持、电子邮件、电子发现以及使用案例数据库管理。"[1]

---

[1] Zach Warren, "Legal Tech's Predictions for Artificial Intelligence in 2020", *Legaltech News*, 2020.

人工智能已被用于高效地解决在线纠纷问题，精确地检索法律信息并加以解释，准确地自主理解和生成法律文件，全面地收集证据信息，精准地进行法律推理，等等。这些都是推进智能法治的重要推动力。

5. 人工智能在电商领域的应用

随着网络技术和物流系统的极速发展，人们越来越倾向于选择电商平台完成购物。而人工智能技术已经成为助推销量增长和优化电子商务运营的强大工具。

人工智能技术在电商领域的应用主要体现在：①智能客服的推出。智能客服机器人是基于互联网、大数据、自然语言处理、语义分析等多项技术而打造的产品，其能够根据消费者发送的文字、语音或图片等进行识别，从而实现自动精准回复。智能客服的推行，有效降低了经营成本，优化了用户的体验。②推荐引擎。这是建立在算法框架下利用信息处理分析技术对用户的偏好、用户的行为预测的技术，其通过海量的数据结合客户的行为进行精准推送，合理预测分析消费者的喜好，大大降低了消费者的选择成本。③库存智能预测。对于电商来说，多渠道库存的规划管理是令人最头疼之处，但是人工智能技术通过对订单的周转预测，可以运用模型计算出商品的库存及其周转。

在电子商务领域，人工智能的发展已经驶入快车道，它会在电子商务的交易、信息、维护等方面继续发挥应有的作用。

6. 人工智能在其他领域的应用

人工智能作为人类智慧新的"容器"，已然渗透进了社会生活的方方面面。除了上述几个领域外，人工智能在其他领域也得到了普遍的适用。例如，在汽车领域。人工智能在无人类主动操作下，通过智能系统、视觉计算、雷达、监控装置和全球定位系统协同合作，让汽车在保证安全的情况下实现自我操作。其主要应用场景包括：智能汽车、公共交通、快递用车等。

在金融领域，为了提供更加金融优质的服务，金融行业主要应用人工智能技术（包括机器学习、视觉和语音识别等技术）来对价格走势、交易数据进行分析、预测、辨别，为客户提供投资咨询、风险规避等个性化服务。其主要应用场景包括智能投顾、大数据风控、智能客服、安防监控、金融监管、金融云等。在未来，金融行业也会随着人工智能的发展而不断转型升级。

在安防领域，主要是依靠视频智能分析技术，通过对监控画面的智能分析采取安防行动，维护社会治安和社会稳定。其主要应用场景有智能报警系统、智能监控、安保机器人等。

在网络反欺诈领域,人工智能技术可以提前发现、检测不断变化的新攻击行为和类型,从而更加精准地打击诈骗团伙,保障人民的财产和生命不受侵害,实现降低成本,提高效率和准确率的目的。

在智能家具方面,其基于物联网技术和大数据的发展,形成了以智能硬件、软件系统、云计算平台为内容的体系化家具生态圈。用户可以通过远程操作控制互联互通的设备,同时还能进行自我学习,以此优化家居环境的智能性、节能性、安全性和便捷性等。

在物流领域,通过利用智能搜索、推理预测、计算机视觉以及智能机器人等技术,物流产业在打包、运输、仓储、配送装卸、派送等流程上实现了自动化改造,基本上已经能够实现自动化操作。比如,利用大数据实现商品的智能配送规划,按需匹配配送方案,优化配置物流供给等。

在行政领域的应用,人工智能通过行政立法的电子化和智能化,实现智能服务平台全覆盖、高效化,实现依法行政,以及促进法治政府的建成。

人工智能正在引领新一轮科技革命,其在多领域深入发展融合仍在继续,可以预见,人工智能技术的进一步成熟将会为更多行业注入新的发展活力,也会带动更多新兴行业的发展。这些新的行业应用为司法带来了新的挑战,司法领域也在积极应用人工智能等信息技术并以智慧司法来积极应对这些新挑战。

第二章
智慧司法：法治现代化的必由之路

随着互联网技术和人工智能等技术的兴起，数字化和智慧化成了我国社会发展与制度进步的重要特征和驱动力，因此法治建设也必然要通过新兴手段实现数字法治和智慧法治。已然有学者认识到："基于原有的单一物理世界的生产生活关系思想观念和行为社会制度和秩序等，都面临着深刻的颠覆和重建。与此同时，社会治理也必然会呈现出数字时代的特有逻辑，并成为推动国家治理体系和治理能力现代化，促进包容共享型法治的根本动力。"[1]随着数字社会治理的推进，相应的治理制度与法治建设也同样呈现出数字化趋势，数字法治势在必行。国务院发布的《新一代人工智能发展规划》明确提出，建设"智慧法院"是推进社会治理智能化的重点领域之一，可以看出智慧司法建设符合国家治理能力与法治现代化要求，也是大势所趋。

孟建柱在 2016 年调研时指出，运用现代互联网和大数据技术是推进国家治理体系和治理能力现代化的重要抓手。政法机关要善于把科技创新成果运用到维护稳定、社会治理、执法办案、服务群众的工作中，不断提升政法综治工作智能化水平。[2]中央全面深化改革领导小组于 2017 年 6 月 26 日通过了《关于设立杭州互联网法院的方案》。杭州互联网法院的设立彰显出了司法应对目前新局势的主动性与贴合力。[3]最高人民法院也已经在 2017 年正式启动开发建设量刑智能辅助系统的工作，构建出了一个比较完善的全国法院量刑智能辅助系统，利用大数据、人工智能等技术来辅助法官进行案件的办理，从而实现量刑现代化。近些年来的智能办案系统（如北京的"睿法官"系统

---

〔1〕 马长山："数字社会的治理逻辑及其法治化展开"，载《法律科学（西北政法大学学报）》2020 年第 5 期。

〔2〕 参见孟建柱："善于运用科技创新成果不断提升政法综治工作智能化水平"，载《长安》2016 年第 10 期。

〔3〕 参见"习近平主持召开中央全面深化改革领导小组第三十六次会议"，载中国法院网：https://www.chinacourt.org/article/detail/2017/06/id/2903251.shtml，2020 年 10 月 22 日访问。

和上海的"206 工程"等）也收到了不错的成效。可以看出，司法的智慧化是社会发展的必然产物，同样的，司法作为法治建设的重要部分，其智慧化是现代法治数字化的进一步体现。

第一节 法治建设的发展脉络

"法治"被认为是"舶来品"，传统中国法律中并无法治一词。通说认为"法治"（也可以被称为"法律之治"）与"法制"是存在区别的。法治可以理解为两种层面的法律形态：从静态上看，是一种可被观察到的制度，在这个意义上与法制的含义大概相同。从动态上看，法治还可以深入社会转化为立法、司法、执法和守法等法律适用与服从的具体过程。郭道晖先生认为，尽管现在所讲的"依法治国"用"治"而非"制"已达成学界和官方的共识；但从"法制"到"法治"之争却经历了一个漫长的过程。[1]王利明教授认为法制强调"刀"之力，易言之是在强调强制力的保障与制度的建构；法治强调"水"之柔，更强调以柔和的治理手段管理国家。对两者区别的争论，不仅仅是字面上的争论，还是两种价值论的分歧，两种法律观的分歧。[2]

涉及法治的概念，必要谈及柏拉图的《理想国》和亚里士多德的《政治学》。亚里士多德对法治作出的经典定义对于今天仍有重要意义。法治本身包含两层含义：一是已经成立的法律获得普遍的服从，二是人们所服从的法律本身是良法。因此，法治有两个要素，一是法律实施，二是良法。"法治"一词的核心含义可以被描述为"良法善治"。曾令良进一步解释为实践意义上的法治是由主权国家创设产生。[3]另外，"法治"（rule of law）不同于"依法而治"（rule by law），后者强调法律的工具性，指的是将法律作为治理国家和社会的工具看待，人民是被治理的客体，而前者则强调法的地位，是将治理的主体定位为人民，将社会治理的目标设为"以良法促善治"[4]。

---

[1] 崔克亮、吴双玲："中国法治之路：从法律体系到法治体系——专访法学家郭道晖"，载《中国经济报告》2018 年第 12 期。

[2] 王利明："新时代中国法治建设的基本问题"，载《中国社会科学》2018 年第 1 期。

[3] 曾令良："国际法治与中国法治建设"，载《中国社会科学》2015 年第 10 期。

[4] 姜明安：《行政法》，北京大学出版社 2017 年版，第 117~118 页。

一、建立时期：从中华人民共和国成立开始

这一时期的法制建设重点在于建立有中华人民共和国特色的法律体系，因此中华人民共和国建设初期显示出了两大特点：其一是面对遗留旧法的改造工作；其二是重点推动公法建设。

1. 旧法改造

1949年9月29日通过的具有临时宪法性质的《中国人民政治协商会议共同纲领》（已失效）第17条明确规定："废除国民党反动政府一切压迫人民的法律、法令和司法制度，制定保护人民的法律、法令，建立人民司法制度。"这一纲领被认为是在废除"六法全书"的基础上同时排除了旧法的影响，是第一部宪法性法律文件，为建设新的社会主义法制体系奠定了坚实的基础。为了配合废除"六法全书"的指示要求，进一步肃清旧法残余，我国在这一时期进行了一系列的旧法改造运动。旧法改造分为两个部分：首先是对法律职业相关的人员的改造。通过宣传马克思列宁主义、毛泽东思想和新的法律观对曾在旧法背景下从事工作的律师、律师以外的其他司法人员、教学人员等进行改造。其次是对法学教育体系进行改革。不仅调整了原有的法律院系，还对教学人员进行了筛选。一些只懂旧法的人员被清除出了教师队伍。

对旧法的改造主要集中于1952年司法改革前后和1957年反"右"运动这两个时期，这两个时期都涉及对旧法阶级性质的批判，无论是从规范上废除旧法体系，还是从实践上对人员、思想、教育体系的变动都已展现出"推陈出新"的苗头。

2. 推进公法建设

宪法作为国家根本大法，宪法的建设工作成了我国进行社会主义法制建设的重中之重。在中华人民共和国成立初期，为尽快稳定政局，《共同纲领》成为我国的临时宪法，人民政协在一定范围内行使着制宪权。1954年第一届全国人大一次会议通过了《中华人民共和国宪法》，这是第一部社会主义类型的宪法。

在刑事立法方面，我国颁布了体系性的刑事单行法规，对于维护社会治安，保证社会秩序，促进社会经济发展都起到了至关重要的作用。同时，我国已经展开了制定民法典的编撰和立法活动。但是因为未能结合中国国情，最终未能颁布，因此这一时期的民事立法主要集中于当时社会面临旧制度与

新制度冲突的焦点问题，即土地、婚姻家庭和继承方面。直到改革开放前，我国只制定过一部《婚姻法》和半部《土地改革法》，《土地改革法》中有涉及土地所有权变动的内容，因此被称为"半部民事法律"。1950年颁布的《婚姻法》及1953年发起的贯彻婚姻法运动，改革了旧有婚姻家庭关系，建立了新式的婚姻家庭关系。

二、恢复与发展时期：十一届三中全会到法制初步恢复完备

党的十一届三中全会于1978年12月召开，针对健全社会主义民主与法制提出了新的要求，法制建设也重新步入正轨。这一时期的法制建设体现了两个特点：法的性质和井喷式立法。

1. 法的性质讨论

在法学理论及相关的研究领域，法学界对于法的继承性、阶级性与社会性的正确看法，因一场场突破"禁区"的讨论重新被树立起来。1979年初，在中国人民大学的法律史教研室发起了一场关于法律继承性的讨论，林榕年教授在充分讨论的基础上，对成果进行整理，写成《略谈法律继承性》一文，发表在《法学研究》创刊号上。[1]文章一经发表即引起了广泛关注，李昌道、苏谦等学者都针对此文进行了激烈的讨论。[2]此前法学研究和法制建设中的禁区在这次对法律继承性的讨论中被突破，重新树立了以批判继承、取其精华、去其糟粕的方式，达到对国内外法学遗产的正确认识和态度，实现古为今用、洋为中用，以此服务于社会主义民主与法制建设的最终目的。

在对法律继承性讨论的同时，人们还对法的阶级性和社会性展开了激烈的讨论。当时，许多学者均提出法反映了整个社会的利益和需求，其作用不仅仅在于阶级斗争，同时还具有社会性，过度夸大法的阶级属性反而会破坏正常的法制建设。关于法的阶级性和社会性问题，尽管引发了各方激烈的争论，但也传达了这样一种信息，即理论界开始以科学、审慎的态度和眼光对待基本的法学理论问题，以往"以阶级斗争为纲"的思路逐渐被抛弃，在"解放思想，实事求是"方针的指导下和对法律理性、科学的进一步认识中，

---

[1] 林榕年："解放思想 实事求是 突破法学'禁区'——再谈法律继承性问题"，载《法学家》1999年第Z1期。

[2] 参见苏谦："也谈法律的继承性"，载《法学研究》1980年第1期。

逐渐开始对苏联式泛政治化模式的影响进行削弱，并着力引导社会主义法制建设朝着健康、有序的方向循序渐进，法制建设取得了初步的优异成绩。

2. 井喷式的法律体系建设

在宪政建设方面，"七八宪法"针对"七五宪法"的内容结合社会的现实发展，对其中一些错误的、不合发展的规定进行删除和修改，坚持和恢复了一些正确的原则和内容，但是并未彻底从"左倾"的错误思想中摆脱出来。1982年召开了第五届全国人大五次会议，此次会议正式通过了修订后的新宪法，即"八二宪法"，并沿用至今。这是在马列主义、毛泽东思想指导下，结合我国社会主义社会的实际发展，能够与我国社会主义建设事业相适应的宪法，体现了建立并完善社会主义民主与法制的内在要求，总结了过往的历史经验并吸取了其中的精华，恢复了国家机构体系，在内容上更加强调民主与法制这一至高的要求。在社会政治、经济、文化生活不断发展的背景下，全国人民代表大会又相继通过了1988年《宪法（修正案）》、1993年《宪法（修正案）》、1999年《宪法（修正案）》、2004年《宪法（修正案）》和2018年《宪法（修正案）》，以使宪法能够始终紧跟社会发展和法制建设的新需求，而全国人民代表大会对宪法的数次修改，也表明人权和社会保障制度在我国愈发受到重视。

改革开放以后，我国对同属于公法领域的行政法、刑法、刑事诉讼法、民事诉讼法和行政诉讼法等部门法的制定运作逐渐提上日程；受时代背景所限，以及我国相对滞后的法律体系发展，大量的法律移植现象出现在制定这些法典的过程中。虽然法律移植对我国法典的制定起到了一定的正面促进作用，较快地构建了适应我国当时社会发展的法律体系，但由于急于恢复我国的法制建设，维护社会秩序，在一定程度上造成了对国外法律文本内容的过度借鉴和依赖，因而对中国社会的发展很难进行深层次的推敲和准确指导，在一定程度上对我国的法治发展产生了不利的阻遏影响。在行政法体系的建设方面，制定并施行了包括《行政处罚法》《行政许可法》《行政强制法》和《国家赔偿法》等在内的各项行政法律法规。在刑事法律的建设方面，于1979年第五届全国人大第二次会议上通过了《中华人民共和国刑法》，《刑法》的通过在我国法制建设史上具有里程碑式的意义，成了我国第一部社会主义的刑法典。全国人民代表大会立足于社会的实际需求，对《刑法》进行了适当的修订，并于1997年正式通过，修订后的《刑法》对维护社会秩序的稳定、促进社会主义法制建设事业发展，产生了不可忽视的作用。在法治化价值目标这一明确的定位下，各类诉讼程序法也对自身的诉讼机制进行了完善，以适应社会日新月异的发展。例如，1979 年中华人民共和国出台的第一部《刑事诉讼法》，为适应社会发展和满足社会主义法制事业的需要，以"惩罚犯罪和保护人民"为目标，以"尊重保障人权"为重要任务，前后共经历了三次修正。在其发展和完善的过程中，以防治冤假错案为指导原则，对羁押条件进行了改进、并首次设立了非法证据排除规则，诉讼法的内容集中体现并发展和遵循了"疑罪从无"的原则[1]。再如，我国于 1982 年颁布了《民事诉讼法（试行）》（已失效），该法的颁布为我国民事诉讼法的发展提供了基本框架，强调《民事诉讼法》的简易程序审理，并对选择民事调解方式进行了重点关注。在大量的基础工作之上，1991 年，我国正式的民事诉讼法典诞生，在立法上将"着重调解"改为"自愿合法调解"，并确立了协议管辖制度、抗诉制度、代表人诉讼制度，这些法制化成果无一不体现改革开放以来《民事诉讼法》取得的巨大成就。

民事法律规范方面，全国人民代表大会常务委员会法制工作委员会在 1979 年至 1982 年 3 年期间，共起草了 4 部民法草案，但受限于立法经验的不足及其他诸多困境，民法典的编撰工作暂停，民事法律规范的制定转而向逐个制定单行法阶段过渡，一个领域成熟便出台一部相关法律，循序渐进。在这一时期，我国制定并出台了一系列民商事单行法律。第六届全国人大第四次会议于 1986 年召开，此次会议上通过了《中华人民共和国民法通则》，通过施行的《民法通则》，被称为"小型民法典"，作为整个民法体系的核心所在，成了我国改革开放以来与我国国情相匹配、与现实情况相适应的新时期民事立法的最大成果。在此基础上，我国陆续颁布的一系列单行民事法律规范，在调整各类民事法律关系以及稳定社会发展中发挥了重要作用。在民法体系构建上，我国民事单行法立法的一个重要趋势是重视产权的确立保护以及不断加强对弱势群体的保护。根据"国家悖论"，产权的界定是经济发展的必要条件。[2]与此逻辑相适应，我国在改革开放后确立了产权制度，并不断

---

[1] 叶燕杰、郭松："刑诉法制发展与冤假错案纠正 40 年"，载《四川师范大学学报（社会科学版）》2018 年第 6 期。

[2] 陈国富："国家与产权：一个悖论？"，载《南开学报》2004 年第 6 期。

强化对产权的保护，在立法上体现为出台了一系列保护财产权利的法律法规。我国的产权立法具有先债权法后物权法，再到侵权责任法的特点。在债权立法的法制建设方面，我国于20世纪80年代先后颁布了3部合同法，使得经济发展有了强大的制度支持，其积极作用不可忽视。

三、法治建设新时期：党的十五大以后

1997年，党的十五大报告提出了新的法治建设命题，即"依法治国，建设社会主义法治国家"。从"法制"到"法治"这一国家命题的转变，不仅是党领导人民治国理政这一伟大事业的新创举，也是我国开始进入社会主义法治国家建设历史新时期、新篇章的重大标志。

我国的法治体系建设以宪法为统帅，以宪法相关的法律、民商法、行政法、经济法等多个法律部门的法律为主干，由法律、行政法规、地方性法规与自治条例、单行条例等多层次法律规范为枝丫，一并构成了中国特色社会主义法律体系。为适应日益发展的社会需求，2018年全国人民代表大会对"八二宪法"进行了修改，此次修改更好地体现并践行了我国依法治国的理念，对国家各项事业和各项社会工作的良好运行起到了进一步的推动作用。

在刑事立法方面，针对"九七刑法"的不足之处，通过刑法修正案不断完善，目前为止共颁布施行了11部刑法修正案，针对社会发展的新兴领域问题和前沿立法问题给予重点关注，着重强调并做到立法修改与理论完善的相互协调。《刑法修正案（八）》取消了13种经济性、非暴力性犯罪的死刑条款，并规定了75周岁以上的老人除非以特别残忍的手段致人死亡外不适用死刑，体现了人道主义精神和我国法治建设事业的进步；《刑法修正案（九）》取消了嫖宿幼女罪，统一以强奸罪中的奸淫幼女罪论处，加大了对极度恶劣的人身犯罪的惩处力度，是对儿童成长尤其是幼女的性保护的重视，这一内容的修改也体现了我国对人权的保障和人权建设的成绩；在制定内容上注重与时俱进，社会的发展必然伴随着新问题的出现，因而刑法修正案针对罪名、罪数、罪状等内容中不合时宜的条款进行了修改、完善和补充。例如，我国的现行刑法（即1997年《刑法》）在总则中加入了单位犯罪，除了重点关注犯罪行为产生的实际社会危害性，也开始将目光转向刑法对经济秩序的规制和调整，即注重刑法对社会经济价值的约束作用，鉴于此刑法规定了污染环境罪、假冒专利罪等新罪名，取消了不符合国情的"反革命罪"，同时顺应时

代发展要求,相继增加了恐怖主义犯罪和网络犯罪等罪名,以应对社会发展带来的新兴刑事问题。这些做法使刑法规范的条理性和逻辑性更加清晰,对法律的实施起到了积极的促进作用。[1]《刑法修正案(十)》在刑法第299条中增加一款作为第2款,将该条修改为:"在公共场合,故意以焚烧、毁损、涂划、玷污、践踏等方式侮辱中华人民共和国国旗、国徽的,处三年以下有期徒刑、拘役、管制或者剥夺政治权利。""在公共场合,故意篡改中华人民共和国国歌歌词、曲谱,以歪曲、贬损方式奏唱国歌,或者以其他方式侮辱国歌,情节严重的,依照前款的规定处罚。"切实惩治侮辱国歌的犯罪行为,切实维护国歌奏唱、使用的严肃性和国家尊严。《刑法修正案(十一)》新增条文13条,修改条文34条。主要修改有:个别下调刑事责任年龄;加大对未成年人保护力度;加大公共卫生安全保护力度;加大力度打击制售劣药犯罪;严惩金融乱象;增加高空抛物、抢夺公交车方向盘犯罪;增加"冒名顶替"犯罪;增加侮辱、诽谤英烈行为犯罪;修改完善知识产权犯罪规定;加大对非国家工作人员贪腐行为的打击力度等。为建设中国特色社会主义法治社会添砖加瓦。

行政法、经济法、诉讼法以及非诉讼程序法等法律部门也与时俱进,社会实际情况变化发展的步伐和新时代对法治建设发展的新要求,在借鉴法治建设发展优秀成果的基础上不断进行完善,以达到针对新问题能够做到及时应对的程度。在行政法领域,随着《政府信息公开条例》的出台,整个行政执法过程在"三法一条例"(《行政处罚法》《行政许可法》《行政强制法》和《政府信息公开条例》)颁布实施后,开始有了较为完善的监督体系,执法全过程逐渐透明化、公开化,以便于人民监督行政管理工作人员的行为,是行政民主化、法治化的具体体现。[2]在经济法领域,2008年1月1日施行的《劳动合同法》,经2012年12月28日修正,使得劳动关系、劳动用工制度进一步规范化,针对不签订书面劳动合同的行为,明确了该行为应承担的法律责任,同时对无固定期限劳动合同的条件也有了具体明确的规定;极大地促进了和谐稳定的社会劳动关系构建。此外,《企业所得税法》《个人所得

---

〔1〕 赵秉志:"中国刑法的演进及其时代特色",载《南都学坛》2015年第2期。

〔2〕 代中现:"论我国法治路径之变革——以公法与私法规范配置为视角",载《中山大学学报(社会科学版)》2020年第3期。

税法》也于 2018 年进行了修改,"营改增"有效减轻了企业的负担,个人所得税的抵免直接实现了自然人的增收。针对食品药品领域出现的问题,贯彻"四个最严要求",对疫苗管理以专门立法加以管制,解决疫苗管理中的突出问题,以积极回应社会热切关注的食品药品安全问题;为解决日益严重的环境污染带给国人的"心肺之痛",创建蓝天、碧水、净土的生活环境,对《环境保护法》《大气污染防治法》进行了适时的调整,并出台了土壤污染防治法等。根据社会发展的实际需求,《民事诉讼法》前后共进行过 3 次修正。2007 年进行了第一次修正,此次修正在再审制度上增加了再审的具体事由,并对当事人申请再审后的受理期限做了明确规定,要求原审法院的上级法院在 3 个月内进行审查,此举解决了"再审难"和"执行难"两大现实问题。在执行制度上,增加了立即执行、财产报告和案外人异议制度,并且将申请执行的期间延长至 2 年。2012 年对《民事诉讼法》做了第二次修正,增设了小额诉讼、第三人撤销之诉、承认电子数据、诉前证据保全,对科学发展观作出了回应,扩大了公益诉讼的主体范围,明确可以由有关组织和法律规定的机关提起公益诉讼;进一步细化了《民事诉讼法》的检查监督,将诉讼活动的监督从审判扩大到整个诉讼程序,使得诉讼程序的公平公正有了质的提升。2017 年进行了第三次修正,此次修正赋予了检察机关提起公益诉讼的权力。[1]《民事诉讼法》的三次修正体现了我国对人权保障的日渐重视以及人权事业取得的成果,也使当事人和其他诉讼参与人在进行民事诉讼活动时,有了有效、全面、具体的法律规定作为坚实后盾,体现了我国法治化发展进步的特征。

20 世纪 80 年代针对民事法律领域出台了 3 部合同法,基本原则、归责原则、订立形式等并不一致。进入 20 世纪 90 年代,市场经济发展的需要发生了转变,三法并立的局面已无法适应新的市场经济发展,针对这一紧迫的现实问题,统一的《合同法》(已失效)于 1999 年颁布施行。这部合同法的出台,适应了时代背景的需求,规定了债权人的代位求偿权以及撤销权制度,以解决当时普遍存在的"三角债"问题;为进一步激发市场经济的活力,促进经济发展,规定了融资租赁合同、委托合同等适应市场经济发展的新型合同。在物权立法方面,随着社会经济的发展和公民私有财产的积累,对于保护公民私有财产权利的需求也愈发迫切,相应的法治工作需尽快提上日程。

---

[1] 张卫平:"改革开放以来民事诉讼制度的变迁",载《人民检察》2019 年第 1 期。

2004年《宪法（修正案）》规定了"公民的合法的私有财产不受侵犯"，使公民合法享有其财产权这一需求有了强有力的根本大法的保障。公民私有财产不受侵犯。基于此，2007年的《物权法》（已失效）为公民的私人财产提供了强有力的法律保护。20世纪90年代以来由国有企业的股份制改革所引发的国有资产流失问题为人们所重视，2008年《企业国有资产法》针对国有资产流失，规定了对国有资产的监管制度。在侵权责任方面，《侵权责任法》（已失效）从立法、司法解释再到立法，历经了四十多年漫长而复杂的法治发展过程，在人身权和财产权的确立与保护方面起到了积极作用，在立法、司法和行政执法层面都得到了具体落实，为完善民法典做出了有益的贡献。随着经济社会的不断发展，为应对新兴问题，我国制定并修改了一系列民商事法律，立法经验和立法基础日渐成熟。2014年10月23日，《中共中央关于全面推进依法治国若干重大问题的决定》将编纂民法典列入依法治国的重大任务，编纂民法典被重新提上日程，实现了由松散型的民事立法向统一的法典化的民事法律规范体系的转变。2017年3月《民法总则》（已失效）颁布，总则具有三个特征：一是民事责任和民事主体的扩大；二是建立了私法体系；三是对债法进行了完善。尤其是其第109条规定："自然人的人身自由、人格尊严受法律保护。"此规定来源于《宪法》第37、38条，可以说是宪法的私法化和具体化，对构建自由平等的自然人私法秩序起到了不可忽视的积极作用。《反不正当竞争法》《标准化法》《电子商务法》等法律法规相继出台，这些民商事领域的单行法与《民法总则》进一步推动了《民法典》的颁布，由此我国民法体系逐渐确立。

　　商事立法方面，由《公司法》这一部门法来规范市场主体，2013年针对公司成立条件的不宜之处，《公司法》进行了重大的修改，将原来注册资本需在2年或5年期间实缴登记制改为认缴制，这一修改为市场交易活动注入了新的活力，增加了市场交易主体。实践证明，传统的实缴登记制的公司法人成立条件已无法适应日益发展的现实社会，对公司的成立效率和资金流通融通成本都有一定的负面影响，在一定程度上阻碍了公司运营及市场交易活跃度。与实缴登记制相比，认缴制自身所具有的一个明显优势在于，在保护社会不特定第三人利益方面基本不会导致人们担忧的大量侵害案件的产生。另外，2017年9月1日实施的《最高人民法院关于适用〈中华人民共和国公司法〉若干问题的规定（四）》，对股权转让合同效力的实践争议做了进一步优化；完善了股东代表诉讼机制。该司法解释也与时俱进，在适应市场发展变化的背景下，对维护股东权利，协调股东与公司关系的和谐，完善公司法人治理机制，鼓励创业具有重要实践意义。

第二节　作为数字社会治理重要部分的数字法治

现代社会已经进入了数字化的新时代，也有学者认识到了算法决策和代码规制对今天社会治理的重要作用，指出它们"常常可以更高效地组织各方行动"。[1]但是，新兴技术在带来便利和效率的同时也面临着社会伦理和价值观的冲击，数字化建设面临着三个方面的拷问。

（1）有关技术中立能否排除价值偏好的问题，人们常常会陷于一种困惑，担忧法官的自由裁量权可能会导致的裁判结果的偏好。由此，各界对于要不要限制法官的自由裁量权和如何限制法官的自由裁量权一直有所讨论。也许理想中的法官是一个"自动售货机"式的法官，但事实上很难实现，因为前见和法官偏好对于法官而言是不可避免的，由此人们会想到看似"中立"的技术能否解决这一问题，他们宣称"最终解放我们的是技术，而不是法律和制度；他们相信，技术将使政治与治理问题逐渐消失"。[2]但同样也有人指出："我们可以建造，或构筑，或编制网络空间使之保护我们最基本的价值理念，我们也可以建造，或构筑，或编制网络空间使这些价值理念丧失殆尽。这里没有中间立场。"[3]技术在被创造出来时便已经内含了设计者的价值理念和主观偏好，进而实现一定的目标或者实现某种控制，大数据杀熟、竞价排名、算法歧视、算法共谋等就是例证。因此，控制算法决策的霸权、抑制代码规制的偏好就成了维护数字社会公平、促进技术向善的重要方面。

（2）透明化与算法黑箱间的矛盾缓解。千百年来，人们都是在有限的、相对隔离的物理时空中分散地存在和行动，个体的心理、身份和行踪都是难

---

〔1〕[美]伊森·凯什、[以色列]奥娜·拉比诺维奇·艾尼：《数字正义——当纠纷解决遇见互联网科技》，赵蕾、赵精武、曹建峰译，法律出版社2019年版，第24页。

〔2〕[美]弥尔顿·L.穆勒：《网络与国家：互联网治理的全球政治学》，周程等译，上海交通大学出版社2015年版，第3页。

〔3〕[美]劳伦斯·莱斯格：《代码2.0：网络空间中的法律》，李旭、沈伟伟译，清华大学出版社2009年版，第6页。

以被收集、测量和分析的,是隐私相对安全的社会。如今的数字社会则彻底改变了这一状况,每个人、每天每时都游走在虚实交错的世界里,包括网络购物、网络投票、移动支付、微信互动、刷脸验证等,留下一串串身份数据、关系数据、行为数据、音容数据。这样,"慢慢地积累所有数据,直至在计算机数据库中形成一个'人'"。[1]这些数据可以用来进行挖掘分析、数据画像、行为追踪,甚至可以做到"读心"。因此,曾经的"陌生人社会"不复存在,呈现出来的却是随时裸奔的"透明人社会",相应的权利保障和社会秩序遭遇前所未有的挑战。与此相反,黑箱问题又接踵而来。随着智慧政务、智慧司法、智慧检务、智慧社会建设等的不断推进,原有的人类决策会越来越多地转交给算法,其功能不仅仅是预测和提供服务,平台(公司)和政府会更多地利用它们来推动数字经济发展和塑造社会秩序。而"很多算法解决方案就像一个黑盒子,依赖这些算法做决策的人根本不知道他们作出的决定是否正确,制定的政策是否公正,有没有歪曲事实"。[2]这样,算法和代码如何规制,以及谁控制算法和代码就成了数字时代必须关注的实践正义问题,"其答案会揭示网络空间是如何被规制的"。[3]可见,抑制算法黑箱的"暗算"、构建技术向善的算法治理和代码规制机制就成了数字社会治理的一个突出问题。

(3)技术进步是否会影响社会交际能力。自技术发展以来,法兰克福学派就已经指出了一种担忧:技术带来的理性很可能对人文造成冲击,人的主体性和主体精神的存在遭到挑战。当冰冷的技术理性思维影响人们的社交网络与交际方式时,人类的社交文明与生产方式也更偏向于机械化和技术化。当今时代,已经成了一个足不出户而知天下的时代,人与人的交流变为网络上的交流。因此,人文温情已然在生活中流失,人与人之间的互动变成了技术的预测。

从以上三种拷问中可以看出,遵循数字社会的治理逻辑,回应全新的治理挑战,建立相应的治理体系构架迫在眉睫。

---

[1] [英]约翰·帕克:《全民监控:大数据时代的安全与隐私困境》,关立深译,金城出版社2015年版,第14页。

[2] [美]卢克·多梅尔:《算法时代:新经济的新引擎》,胡小锐、钟毅译,中信出版集团2016年版,第139页。

[3] [美]劳伦斯·莱斯格:《代码2.0:网络空间中的法律》,李旭、沈伟伟译,清华大学出版社2009年版,第89页。

一、数字技术与法律制度的互动

人类的几次工业革命和技术革命带来了社会制度的深刻变革，在新时代的信息技术革命下，与制度的融合也进一步加强，数字技术对于传统法律规则有着技术倒逼规则的可能。封建社会君权神授的观点使人们对于君主权力的服从最终形成了传统意义上的专制集权主义管理模式；资本主义社会启蒙运动抛开君权神授走向天赋人权，从讨论上帝转而讨论人自身的理性与可能，因此资本主义社会掌握资本的多少决定了社会阶级。在这一意义上，市民社会与政治国家之间相互对立，从而形成了一种对公权力的制约与对私权利的保护。在当今数字社会下，正如学者所指出的，已经进入到了技术赋能分配的时代，谁能够掌握更多的技术谁就能掌握更多的资本，从而掌握更多的话语权。

传统社会模式下的买卖活动与交互方式变成了线上与电子的方式，如淘宝等电商平台的兴起已经显示出这种技术带来的制度"破窗"。互联网技术的发展、《电子商务法》的出台无不表示出技术对社会的影响。同时，这种影响也带来了另一种现象——"技术先占"。在法律并未对这一领域进行规定或规定模糊之时，基于管理的考虑平台已经出台了一些规则，这些规则最终成了法律规则，对于这些规则而言，其制定者的身份已然从单一的立法主体变为了平台。例如，滴滴在出租车管理规则中的技术"植入"和"嫁接"。平台作为旧规则的"破坏者"和新规则的"重构者"，不仅带动了传统模式的转型，而且还承担着"软硬协同"的治理机制的维护者角色。在我国《电子商务法》的出台过程中，我们可以看到平台依据自身特色所制定的交易规则、纠纷解决机制等，可以为国家的立法活动和司法实践提供有益借鉴和助力。从另一个角度来看，政府也赋予了平台一定权力，如"监管权"、通知删除、限制下单、限制用户权益、警告、罚款、封号、下架直至关店等权力。

制度与新兴技术的结合，一方面有助于加强司法效率以及制度落实力度，同时也使得规则带上了智能化的色彩。例如，在新型冠状病毒肺炎疫情期间，几乎所有地铁口都安装了智能体温检测系统，所有乘坐地铁的乘客必须经过此系统的检测。

二、数字技术对法律价值的冲击

无论是《乡土中国》中所描绘的"熟人社会"还是随着城市化发展和人口迁移带来的"陌生人社会"均受到了来自大数据信息技术的冲击。正如英国学者所指出的:"大数据时代将要释放出的巨大价值使得我们选择大数据的理念和方法不再是一种权衡,而是通往未来的必然改变。"[1]这种冲击反应在社会中就是社会价值必然考虑数字化问题。体现在法律领域则是需要重新考量法律价值的内涵与定位。"更多的流动、共享、追踪、使用、互动、屏读、重混、过滤、知化、提问以及形成。我们正站在开始的时刻。"[2]

传统法律中有关于自由、平等、权利、正义等价值,在网络中其影响范畴则会更加扩大。以网络语言暴力为例,与传统侵权方式不同的是,网络语言暴力依托网络,在匿名制度的保护下衍生出群体性、冲动性的言论表达特点,群体意义上的无责性令群体性网络语言暴力行为一直处于监管和归责真空的状态。这种是对言论自由权的滥用,最终导致了对人格权、隐私权、平等权等权利的损害。普遍认为,这种行为应当与言论自由有明确的界定,但是司法实践和法律规定对此区分仍然有所模糊。针对这种情况,有人指出互联网与新兴技术虽然给我们带来了诸多好处,但实际上却是给人以更多的限制,因此应当反抗大数据以争取人的自由。[3]也有人指出,应当是传统的自由观念符合新兴科技的发展需求,现代社会更加强调共有和共享,应当以此为导向,将价值观念通过技术手段进行适当的改造与融合,从而达到两者的融合和平衡。[4]

三、数字技术对去中心化的影响

在大数据倡导的数据共建下,数字技术使得去中心化得以实现,国家与社会的二元对立在资本主义垄断的背景下出现了融合,同时国家主权社会化

---

[1] [英]维克托·迈尔-舍恩伯格、肯尼思·库克耶:《大数据时代:生活、工作与思维的大变革》,盛杨燕、周涛译,浙江人民出版社2013年版,第94页。

[2] [美]凯文·凯利:《必然》,周峰、董理、金阳译,电子工业出版社2016年版,第399页。

[3] [法]马尔克·杜甘、克里斯托夫·拉贝:《赤裸裸的人:大数据,隐私和窥视》,杜燕译,上海科学技术出版社2017年版,第147页。

[4] [美]安德鲁·基恩:《网民的狂欢:关于互联网弊端的反思》,丁德良译,南海出版公司2010年版,第184页。

也标志着国家权力的持续扩张,国家主义学说认为国家是社会与法律制度的核心所在,这也意味着中心化和等级化的问题并没有因为推翻以王权为中心的传统社会模式而解决。这也是后现代主义强调去中心化的原因。"随着信息的生产和传播从集中走向分散,治理的权力也从集中走向分散"[1],近些年发展的区块链技术,是去中心化的一项重要努力,同样也指明数字化时代对于去中心化有着积极的实现可能。多元参与、共享协作成为技术的主流,"大平台"时代下生产的分配与创造得以全面革新,参与者以碎片的形式参与生产与生活。

也有学者认为这种去中心化的过程同时也反映了再中心化的过程,"一种形式的权力或许被摧毁了,但另一种正在取代它"。[2]尽管传统的国家政府主导模式有所转变,但是平台却成了再中心化的主体,平台的权利既意味着治理权利的分散,同时也是另一种意义上的集中——而这种集中正是来源于其技术优势。尽管我国坚持在网络空间中的"软硬协作",但不可否认的是目前我国网络平台在治理上仍然发挥着重要性,甚至是基础性的作用。有学者指出我们已经进入到平台经济时代,平台在智能化和先进技术的支持下,开展了多领域、全方位地渗透和深入社会生活,从而形成了"多环状生态圈"[3],对于推进国家治理体系和治理能力现代化具有重要作用。

不可否认的是,这种再中心化过程实际上也是存在缺陷的,并非屏蔽了国家介入的作用,网络平台虽在治理方面发挥着"软法""软治理"的功能,具有引领性的效果,但是在接受合规与司法审查方面仍然需要国家的管控和调整。常言道:"网络并非法外之地。"从兴起之初的网络自由主义[4]到其后的网络自由仍然是法律框架内的自由,都体现了这种网络乌托邦情结很难实现,在网络上尽管没有一个明确的干预者和统治者,但实际上仍然存在着应当由国家治理和调整的区域,而平台合规与司法审查便是这一区域。中国共产党十九届四中全会《中共中央关于坚持和完善中国特色社会主义制度推进

---

〔1〕 周学峰、李平:《网络平台的法律责任与治理研究》,中国法制出版社2018年版,第36页。

〔2〕 [美] 劳伦斯·莱斯格:《代码2.0:网络空间中的法律》,李旭、沈伟伟译,清华大学出版社2009年版,第89页。

〔3〕 陈威如、余卓轩:《平台战略:正在席卷全球的商业模式革命》,中信出版社2013年版,第220页。

〔4〕 [美] 劳伦斯·莱斯格:《代码2.0:网络空间中的法律》,李旭、沈伟伟译,清华大学出版社2009年版,第3页。

国家治理体系和治理能力现代化若干重大问题的决定》要求"建设高标准市场体系，完善公平竞争制度，全面实施市场准入负面清单制度"。这也意味着宏观调控下的市场，尤其是网络市场应当由政府和市场参与者共同推动，构建一种最佳的、区分于无监管和全监管两种极端的平衡。人们希望，"处于这种最佳控制的环境中，必要的自由将得到保障"[1]，"走向一套有着细微差别的不同规制模式：法规的/自愿的、正式的/非正式的、国家的/超国家的、等级制的/分散的"。[2]

由此也可以看出，不管是强调去中心化还是强调中心化的立场，网络平台上的中心已然呈现出分散的状态。网络技术的发展的确可以对传统的治理模式有所助益。在这里，每个人都不只是社会治理和国家政策的接受者，同样也是参与者，并且也能减少因缺乏中心化带来的决策风险。

四、数字技术对纠纷解决机制的保障

在中国古代，人们往往以"青天大老爷"称呼那些裁判结果符合民意或者是揭露真相的官员，可以看出人们将神秘的"天"与朴素的正义观相联系。正义和秩序是人类的永恒主题，如何保证正义和秩序则是人类永恒的追求，为此人们发明了各种方式以救济人的权利——这些方式也就是纠纷解决机制。但是，这些纠纷解决机制往往受限于很多因素，例如家庭经济、技术能力、知识水平以及制度本身。一方面，这些因素的限制使得公平与正义依赖于审判者或者调解者自身的业务水平、能力素质、经验技术等；另一方面，审判者或者调解者所作出的决策也很难预知其是否真的符合正义的标准。在传统社会中是以社会舆论为主要依据，人们可以通过官员的审判究竟是否符合民意来判断裁判结果是否正义。而这一方法在现代社会中显然难以实现，网络信息的扩张，使得《乌合之众》所描述的群体盲从意识淹没个体理性的情况得以可能。

社会舆论无法成为判断司法究竟是否公正的标准。现代社会公开和透明作为保证司法公正的重要手段，从可以旁听庭审，到裁判文书上网，阳光司

---

[1] [美]劳伦斯·莱斯格：《代码2.0：网络空间中的法律》，李旭、沈伟伟译，清华大学出版社2009年版，第5页。

[2] [英]詹姆斯·柯兰、娜塔莉·芬顿、德斯·弗里德曼：《互联网的误读》，何道宽译，中国人民大学出版社2014年版，第128页。

法均取得了很大的成效,但是这种成效仍受限于技术手段。例如,一个上海的居民想要旁听成都的一个庭审,需要实地过去并参与。而随着网络时代的到来,人们可以更为便捷地参与司法活动,保障诉讼的公正,促进数字正义的实现。

数字正义的实现可以体现在两点:

其一,可视化应用规模的扩大。在网络大数据、云端建设等技术革新的推动下,"最显著的变化就是网络变得越来越可视化"[1]。这一点尤其体现在智慧法院和智慧庭审的建设中,当前普通民众可以通过官网的链接或者网络直播平台对庭审过程加以详细的了解。同时,在2019年爆发的新型冠状病毒肺炎疫情中,发挥助力的互联网庭审,已经显现出了信息技术的可视化相较于传统公开审判方式的优势,在线调解、网络庭审等在疫情结束后也可以形成常态化模式,成为对司法公开的一种新探索。这也意味着"数字正义可以让'接近正义'不再依赖于物理的、面对面环境,甚至不再受制于人类的决定,就可以实现"[2]而使其成为一种互动的、参与的过程。

其二,技术可以带来法官偏见的规避可能,从而实现审判中立。卢克·多梅尔认为:"在当今社会,算法处理问题的速度非常快,我们认为算法客观可靠,不会受人类主观性的影响。"[3]尽管目前来看这一判断是否成立还存在疑问,但是业已指出了技术中立的可能。正如前文所指出的,审判活动依赖于审判者自身的素质,但是不可否认的是,法官在审判中或多或少存在着偏见的可能。尽管我国已经通过回避制度等方式来规避这种影响,但是法官的前见仍然会成为影响法官的重要因素。在智慧法院的建设中,类案的推送往往是在数据库中通过关键字检索得出结果,尽管在精准度上有待考究,但是相较于审判者的主观判断,已经能够提供相对客观、中立的服务标准。从另一个意义上来说,这是一种技术理性辅助经验的逻辑判断过程。智能化的运用降低了社会治理的难度与工作强度,提高了效率。同时,技术的成熟也可

---

〔1〕[美]Phil Simon:《大数据可视化:重构智慧社会》,漆晨曦译,人民邮电出版社2015年版,第34页。

〔2〕[美]伊森·凯什、[以色列]奥娜·拉比诺维奇·艾尼:《数字正义:当纠纷解决遇见互联网科技》,赵蕾、赵精武、曹建峰译,法律出版社2019年版,第54、263页。

〔3〕[美]卢克·多梅尔:《算法时代:新经济的新引擎》,胡小锐、钟毅译,中信出版集团2016年版,第207页。

以补充人的感性、经验主义、冲动所带来的潜在风险,从而对风险决策有着深远的作用。

综上所述,从法治的概念可以看出法治与社会发展的进程是一致的,社会的发展程度促使了"法制"走向"法治",同时法治建设也是数字社会治理的重要一环。不可否认,现代技术的日益革新使得社会生活的变化超过了相应制度的变化,制度相较于社会现实存在的滞后性是制度本身不可回避的劣势。但从另外一个意义上来说,制度也能够反映出当下最亟待解决的社会问题。因此数字化的社会下制度内容也会带上数字化的治理色彩,而法治作为现代社会最为重要的治理方式,已然无法回避智能与数字等问题,中共十九大提出建设"数字中国""智慧社会"并推进"智慧治理"的目标,就是顺应这一趋势的重要战略决策,既体现着工商业时代的现代性逻辑,也展现着数字时代的"超现代性"诉求。[1]法治的内容也要从政府主导走向社会共建。此外,新兴技术的发展也会为制度的完善和落地提供有力推动。网络化、数字化、智能化必然呈现出智慧发展的趋势,从此,"算法成为未来经济系统演变的重要推动力量,人类正在进入一切皆可计算的时代"。[2]

第三节　司法建设对数字法治建设的助力实现

一、"互联网+"司法对法治氛围的塑造

互联网技术在司法方面的运用一方面对于协助司法人员工作,提高司法效率有着积极作用,另一方面也对群众通过法律维护自身合法权益起到了正面引导效果。智慧法院等建设也对整个社会的法治观念加强与法治氛围的培养产生了有益影响。

（一）"诉讼难"问题的缓解

诉讼难的问题影响到了两个主体:一个是真正地将人工智能应用在司法办案流程中的审判者;另一个是通过智能系统平台而获得便利的当事人。

---

〔1〕　马长山:"数字社会的治理逻辑及其法治化展开",载《法律科学（西北政法大学学报）》2020年第5期。

〔2〕　徐恪、李沁:《算法统治世界——智能经济的隐形秩序》,清华大学出版社2017年版,第323页。

1. 司法审判者诉累缓解

上海民事、行政案件智能辅助办案系统实现了从立案到诉前、庭前、庭审再到评议、裁判等全司法流程的智能化。"立案阶段：案件受理标准审查、诉讼费缴纳智能提示、程序性文书智能生成；诉前调解阶段：明确诉请、明确抗辩主张、明确事实与理由；庭前阶段：智能阅卷、无争议事实预归纳、争议焦点预归纳、证据缺失性检验、证据合规性校验、要件式庭审提纲构建；庭审阶段：无争议事实归纳、争议焦点归纳、庭审程序智能提示、庭审无纸化质证、庭审笔录智能生成；评议阶段：合议无纸化示证、评议笔录智能生成；裁判阶段：法条推送、类案推送、裁判结果预判断、文书模型智能匹配、裁判文书智能生成、裁判偏离度提示；知识指引：办案要件指引、证据审查判断指引。"[1]

北京市高级人民法院的"睿法官"办案系统，通过大数据检索和算法技术模拟，再现法官办案的思维方式，依据收案源、案由、管辖及敏感信息等立案数据信息进行案件的繁简划分与智能分级，从而进行案件分配。同时，辅助法官进行事实、证据的校验复核、定罪量刑的具体研判分析，通过为法官提供高效率的辅助支持，促进了审判效率的提升与精细化、精准化数据结构分析的实现，增强了法官的审判能力，进一步优化提升了司法审判资源，使审判各环节基本实现了数字化。

重庆市通过互联网技术，采取"互联网+多元解纷"路径，构建"全市法院纠纷易解平台"，打造市级层面统一的多元解纷一体化平台。人民调解、行业调解及行政调解组织可直接在平台录入案件、进行网上调解、交互对接法院办案系统。易解平台与法院案件管理系统互联互通，当事人足不出户即可通过平台一键申请法院对人民调解协议进行司法确认。此外，易解平台还与市司法局"巴渝和事佬"调解平台互联互通，法院可在线委托调解、委派调解。2017年7月在合川区人民法院试运行以来，该平台分流调解纠纷329件，调解成功87件，结案平均周期7天，法院对通过平台提出申请的137份调解协议予以一键式司法确认。[2]

以往，法官因个人价值观、法学学科背景及专业素养的不同，对法律法

---

[1] 崔亚东：《人工智能与司法现代化》，上海人民出版社2019年版，第263~264页。

[2] 参见"杨临萍：智慧法院建设的实践与思考"，载重庆法院网：http://cqfy.chinacourt.gov.cn/article/detail/2017/10/id/3028224.shtml，2020年9月17日访问。

条、原则规范有着不同的理解和运用,以致会对类似的案件或同样的案件作出截然相反的司法裁判。如此的裁判不统一现象并不鲜见,损害了司法权威与司法公信力。而在智慧司法中,司法案例被全面系统地电子规范化整理建构,遴选出具有高度参考性价值与指导性意义的"类案",建立起可有效适用的司法案例大数据库。对不同类型的司法历史案例数据进行"标签化",使得日后的数据匹配更加精准;对不同来源、不同质量的案例进行"结构化",以便依据"指导性案例""公报案例""典型案例"或"一般案例"的不同结构标识进行不同案例质效的参考适用。再通过提取待决案件的事实、情节和要素,对比以上标签化和结构化了的司法案例大数据库,为法官推送类似的已决案例,作为待决案件的参考标准,实现"类案推送"司法裁判裁量标准的相对统一化。借助智能辅助办案系统,司法机关开启了案件办理的智能化大门,法官结案率大幅提升,在一定程度上破解了案多人少的司法难题,提升了诉讼服务质量,提高了司法文明指数。同时,也规范了法官自由裁量权的行使,实现了法律适用标准的统一、证据采信和案件审办的质效改善,对于矛盾纠纷的化解和司法任意性的规避意义重大,塑造了智慧司法的新形态。

2. 当事人的诉讼便利

互联网法院的开设得益于互联网技术的发展与应用,传统司法庭审中的沟通交往媒介有了更新,开启了以跨域立案、跨域案件网上审理甚至跨域案件执行等为标志的远程智慧司法模式。

2017年8月,我国首家互联网法院在浙江省杭州市揭牌成立,利用科技法庭的远程庭审、提讯、证据交换与质证,同步录音录像,实现了网上跨时空诉讼,将区块链、5G信息技术融入其中,实现了以实时交互的形式在线完成从案件起诉、登记立案、举证,到开庭审理、裁判直至文书送达和执行的全部审理流程。在异地执行和解的情况下,双方通过在线笔录确认和全程视频录像的方式将彼此的意思表示予以准确记录,并以电子卷宗的形式进行书面档案留存,创新了执行模式。同时,在执行过程中,通过视频、音频以及电子送达平台,实现了对执行全流程、各阶段的可控可视与规范监督。创造出智慧失信惩戒模式,以在线布控的方式督促失信被执行人自觉履行生效裁判文书。如此的操作模式,开创了全新的网络空间司法应用场景,让诉讼当事人不再为异地开庭而奔波劳碌,浪费时间与金钱,降低了诉讼的成本,同时也缩短了法院的案件审理期限,提高了诉讼效率。这是互联网时代司法高效化、快捷化与便利化的重要举措,是智慧司法实践的又一成果展现。司法信息化建设本身是司法领域的数字革命,互联网法院是智慧司法在物质形态方面的具体表现之一,是互联网科技的产物,是法院信息化建设的重要环节。

通过设计复杂化的、高度专业化的制度来架构起司法程序,有助于削弱人为及其他因素对司法的干扰、渗透,最终实现权利的保护、维护公平与正义的目的。但与此同时,这种对司法程序进行繁复的制度设计亦会带来不少负面影响,即原应讨论出真知的"法律之门",因繁复而价格昂贵的博弈,而变成了空中楼阁。

因为客观之所限,正义往往是有瑕疵的或是难以完全实现的,但虽不能至,而心向往之,即知难,也知我们画不出完美的圆,但亦要追求一个尽可能完美的圆,尽力向正义接近。然而,种种举措力图接近正义,均未见理想的效果,这是因为面对物理时空的问题,总是试图以物理时空的思维和方式来解决,受制于种种所限,未能实现"降维打击",更未能打破那堵"法律之门"的物理时空"围墙"。

随着人工智能、区块链等技术的发展,数字时代又进入了新的阶段,数字构筑起的虚拟世界逐步击破了原来的物理"围墙";原来可触摸、有形态的身体和需要外在表达的意思表示,乃至物理有形的财物等有体物及与其相关的流转关系都为了适应这种数字时代的发展,渐渐发展出了"无形、高效、调取便捷"的数字形态。因此,原来沿袭已久的旧习惯被逐一改变、颠覆,原有的旧制度面临着巨大的挑战,原有的社会运行机制、司法制度及其运行机理也随之变革。

在简单的"数字即正义"的理念下,社会或私人都极力加强运用数字化,推行数字技术,并尽力促进原有领域与"数字"之间的融合。拟通过这种数字化、"数字技术"的运用,促使"接近正义"运动进一步实现。例如,我们可以看到法院内外都在大力推行数字化的技术。人们将数字化虚拟空间设计和运用于服务公众,就可以使人们在线上、虚拟空间中解决纠纷,从而克服物理、地理障碍带来的不便。[1]这类做法可见于各地开发上线的"律师通""E法庭""执检小智""微诉讼"以及全国推广的"移动微法院"等小

---

[1] [美]伊森·凯什、[以色列]奥娜·拉比诺维奇·艾尼:《数字正义:当纠纷解决遇见互联网科技》,赵蕾、赵精武、曹建峰译,法律出版社2019年版,第30页。

程序或线上门户等，使得纠纷处理不受地理束缚，不论当事人身在何处，只需要有一定的硬件设备，就可以参与纠纷调解、在线庭审、财产执行等。而且，一些智能验证、指纹录入、人脸识别甚至是全程视频记录留痕等技术，都使得司法裁判更规范化、更透明公开。因此，数字技术被不断开发改进，逐步实现了虚拟与现实、线上与线下、远程与现场的交融，打破了它们的界限，更缩短了空间距离，节省了司法参与者的时间，降低了沟通交流及司法运作的成本，降低了法官外出下乡、跑监狱、跑看守所的频率，可以有更多时间用于专心办案，认真裁量材料；为当事人提供了一个可以少跑腿、零跑腿的司法环境。"法律之门"逐渐摆脱了物理形态的束缚，可以较原来更广地、超越时间空间地、无形化地在社会中延伸扩展。至此，普通的民众遇到的阻碍较少，可以自由选择时间、地点进出"法律之门"，主张自身的权利，寻求公平与伸张正义。

(二) 潜移默化的法制宣传

司法流程的公开透明化一方面为司法工作者的社会监督提供了渠道，另一方面也通过公开化的方式，比起传统庭审旁听方式更能达到潜移默化的宣传效果。

我国很早就意识到了司法透明、审判公开带来的良好效果，并在《宪法》中确立了审判公开原则，在三大诉讼法中确立了审判公开的具体内容。2009年最高人民法院发布《关于司法公开的六项规定》。在这一规定中原有的"审判公开"概念被更为广泛的"司法公开"所替代，而后司法公开的内容见于党的政策性文件及法院的工作规定，并以这一方式在司法体制改革中推行。

国内较早系统地研究司法透明度的研究团体为中国社会科学院法学研究所成立的法治国情调研组。该组在2011年出版了《中国司法透明度报告》。在这一报告中，司法透明度被定义为："衡量司法公开的程度，具体是指，除涉及国家秘密、有关当事人商业秘密或者个人隐私以及可能影响法院正常审判秩序的事项外，法院的各项审判活动以及与审判活动有关的各类信息，均应向案件当事人和社会公众公开。"[1] 由此定义可知，与司法活动有关的各类信息（不宜公开信息除外），包括司法主体、司法活动过程、结果等，司法透明度的统计标准，都是应公开的内容。其中，法院承担着实现使司法更透

---

[1] 李林主编：《法治蓝皮书：中国法治发展报告 No.10 (2012)》，社会科学文献出版社2012年版，第255页。

明的义务。故司法透明度亦被视为有效治理司法腐败的方法之一，而最终目标始终还是借此实现社会正义。

2017年最高人民法院发布了《中国法院的司法公开（2013-2016）》白皮书，为法院推动司法公信力和司法公开作了良好的示范。并且，在新一轮司法体制改革中，裁判文书公开、建设审判流程公开以及执行信息公开等三大平台是本轮司法体制改革中深化司法公开的关键举措。

第一个突破口是裁判文书的公开。2013年6月，中国裁判文书网正式上线运行，最高人民法院的一批裁判文书在该网站进行公布。2013年11月，《最高人民法院关于人民法院在互联网公布裁判文书的规定》出台，规定除法律规定的特殊情形外，最高法院发生法律效力的判决书、裁定书、决定书，一般均应在互联网公布。具有指导意义的死刑复核案件、社会关注度高的案件的生效裁判文书也应当公布。

第二个突破口是审判流程公开。其中，《关于司法公开的六项规定》就对庭审公开方面进行了规定，其规定了法院可以通过庭审视频、直播录像等方式满足公众和媒体了解庭审实况的需要，但对如何确定庭审直播的案件范围却没有作出详细规定。2013年12月，中国法院庭审直播网建成。司法审判流程的透明度大大提高。

第三个突破口为执行信息公开。公众以往不能查到的未结执行案件的被执行人信息、失信被执行人名单信息、限制高消费的被执行人名单信息，都随着这一举措的推行，由各级人民法院为公众查询这些信息提供方便。随着司法体制改革的进一步深入，司法公开与大数据、信息化、智慧法院等现代技术紧密结合。但仅仅依赖于技术领域的提升不能实现真正的司法透明。就真正的司法透明而言，还需要关注司法裁决的透明，而其透明度的标准是必须保证公众有能获得且能便捷、高效地获得裁决的渠道，能明确知悉具体承担公布裁决义务的为哪一法院，并且裁决书的内容必须适当详尽、说理充分、论证合理、逻辑清晰，使公众能够通过阅读裁决合理得知法官裁决的法律和事实依据，以及裁决的心证过程和推理裁决的逻辑。

（三）促成司法者自律与他律

数字化的司法流程和透明化司法既回应了国家维持司法公正，提升司法公信力的需求，同时也督促司法人员提高业务"质""效"，形成自律和他律的良好机制。

以法院为例，这一机制主要有两个方面的体现：

（1）审判流程的透明公开，使得法官的审判活动从仅由自我监督走向被社会监督。传统的工商业态和社会的经营发展模式被新技术、新科技所改变，人类社会逐步步入平台经济时代，即颠覆了既往单一的线性交易模式，变为线上与线下融合，多主体共享等模式。同样，智慧司法也因技术的发展改变了司法运行模式，愈加依赖技术，与技术深度融合。具体表现为：案件办理上，依赖于数字系统管理，系统对审判流程进行全流程、全节点的监控。审判信息全面输入数字系统且在线公开。在庭审的过程中，基本实现全程录音录像记录留痕。庭审文字记录方面，通过语音同步转换文字等技术手段逐步实现取代以往的人工记录。在监控管理上，从基本信息上自动排查筛选重点监控案件，并进行标签化、节点化的监管。在诉讼服务上，形成多功能、集成性、智能化、线上线下融合的一站式诉讼服务模式。在平台载体上，实现内部平台整合对接，外部数据互联互通，形成系统集成、集约高效、信息共享的平台建设模式。[1]

司法运行深度与平台结合，能够"让数据发声，使数据关联，用大数据思维发现审判规律、提高审判质效"，[2]也能够实现司法机关内部、司法机关与当事人及其他相关机构，司法机关与全社会之间全方位多层次的高效互动，实现不同程度的数据共享，有效覆盖司法的全部业务，从而形成司法的良性运行，最终实现正义。也即做到从为有需要的当事人提供物质上或法律上的帮助，到延展至公益诉讼、司法体制改革，再到在诉讼之外的多元化调解三个方面[3]，这种全方位、多层次、线上线下融合的开放包容的平台模式有助于司法的高度公开，进而提升了司法效率，促进了司法的公平公正，更便于公众参与监督。

（2）法官问责的明晰化。在新兴技术的驱动和支撑下，司法运行数据化、自动化趋势不断加速。

第一，因为智慧法院的构建、司法审理的全流程数字化和平台化，所有

---

[1] 参见"为网络社会治理贡献法治智慧"，载最高人民法院网：http://www.court.gov.cn/zixun-xiangqing-182952.html，2020年9月18日访问。

[2] 参见李阳："打造智能时代司法文明新坐标——人民法院智慧法院建设工作综述"，载《人民法院报》2019年3月10日。

[3] 马长山："司法人工智能的重塑效应及其限度"，载《法学研究》2020年第4期。

的案件信息、资料等全部被变为可存储、分析、计算的数据，由此形成了多种类型的数据库（如量刑数据库、证据数据库、法律法规数据库、电子案卷数据库等），通过对这些海量的数据及其组成的各种数据库中涉及的大量的人财物、规则程序及社会关系，进行模块化、可视化等全方位、全要素的数据分析、数据整理，有助于改善司法实践，展示愈加丰富的正义价值和司法效果，毕竟"越来越多的数据将会讲述越来越多的故事"[1]。

第二，数字技术有助于拓展和升级司法程序，如司法区块链。"区块链极大的去中心化、不可篡改性、不可否认性、公开透明性共同促成了区块链作为信任基础设施的可行性，解决了参与者之间的共识问题。"[2]在电子证据认证和智能合约履行上，司法区块链可以做到电子数据及行为的全流程记录、全链路可信、全节点见证、全方位协作，从而实现全要素的数据可视。

第三，随着智慧司法的大力铺开和深入发展，审判程序的控制和司法裁判裁量越来越多地运用算法决策，其中机器算法与人脑算法的融合以及人机之间的互动也日渐加强。利用算法进行决策的优点在于全自动、高效率且能保证精细准确，并且在案件审理中使用能够保证全程留痕，按需回溯，可避免出现人脑随着时间推移出现的记忆偏差，或是人自身的趋利避害而难以客观中立的情况，比人脑决策更客观、中立且能调动全要素，而且能实现全流程可追踪、可视化等。

综上，对司法运行实行全面数字化，可以使得司法运行可视化全程追踪、可统计分析、可量化预测、实现全方位无死角监控、审计、追责，更深入落实司法透明、公开、公正。

二、司法大数据库是数字法治的有力基础

智慧司法中，司法案例得以被全面、系统地电子规范化整理建构，遴选出具有高度参考性价值与指导性意义的"类案"，建立起可有效适用的司法案例大数据库。对不同类型的司法历史案例数据进行"标签化"，使得日后的数据匹配更加精准；对不同来源、不同质量的案例进行"结构化"，以便依据

---

〔1〕［美］Phil Simon：《大数据可视化：重构智慧社会》，漆晨曦译，人民邮电出版社2015年版，第45页。

〔2〕徐恪、李沁：《算法统治世界——智能经济的隐形秩序》，清华大学出版社2017年版，第311页。

"指导性案例""公报案例""典型案例"或"一般案例"的不同结构标识进行不同案例质效的参考适用。再通过提取待决案件的事实、情节和要素,对比以上标签化和结构化了的司法案例大数据库,为法官推送类似的已决案例,作为待决案件的参考标准,实现"类案推送"司法裁判裁量标准的相对统一化。

人工智能在自我学习的过程中会产生 GIGO 现象,即出现垃圾输入、垃圾输出的情况,这已经成了一项基本的技术常识。如果对这些现象不及时进行处理,在这些体量及质量上都有瑕疵的数据上继续进行建模、推算、运算,可能会使人工智能系统在错误的方向上越走越远,最后作出不当甚至是错误的判断或决策。所以,我国司法实践想正确、有效地借助人工智能进行判断或决策,减少乃至避免出现错误,就必须尽快解决前述提到的司法数据有限且质量不高的难题,而其中最为有效的解决方案之一就是构建现代化的统一司法大数据库。借助海量的司法数据作为研究、分析的基础,人工智能就可以对司法规律进行一定的学习和模仿。

故此,建立并充分实现对既往与现有的司法数据、近期与长期司法数据、地方与地方之间的司法数据进行充分、有效的挖掘以及全面的整合是现阶段建立现代化、统一司法大数据库的首要目标。

第一,在法院内部、地方与地方之间、上级与下级之间,加强数据库平台的共建和共享,特别是加强中国裁判文书网与法院自建的数据库之间的共享协同。对于近期的数据要加强的是实时性,保证线下办案与线上系统的同步操作,避免出现线下实际办案状况与线上实时记录不一致的情况;对于历史案件卷宗,要加快推进历史档案数据化、电子化的工作。并且,在既有法律规范许可的范围内,丰富与优化上网裁判文书的具体内容,让其呈现的数据信息更为全面、充分。

第二,适当打破司法系统内部的信息壁垒,实现司法机关之间的司法数据共享。当前,我国公、检、法机关以及司法行政机关之间的数据库,基本上都是独立、自建的,出于规范禁止、技术障碍、工作保密等种种考虑,不同司法机关间的数据属于"各自为政"。基于大数据的考虑,在适当的范围内,应当允许打破不同机关、部门之间的司法数据壁垒,建立系统内部的信息共享机制。但与此同时,必须要关注共享数据库的权限设置及权限隔离,重视数据安全,防止敏感数据的泄露。

第三，适度支持和鼓励非官方的司法数据科研机构、律师事务所等社会部门的数据研究工作，与这些机构进行一定的合作。在严格遵守国家相关禁止性规范的基础上，"可以将除涉及国家秘密、商业秘密和个人隐私之外的司法数据与科研机构进行共享"，充分借助社会部门在司法数据库建设方面的先发优势，补全大量的历史性司法数据。[1]

总之，在全民数字化以及人工智能全面铺开、快速发展的时代，司法数据必然会呈现爆炸式的增长。"如果司法的数据孤岛不被打破，大数据的全面存储集中管理是不可能的；如果各分立的功能区域无法被整合在一个集成平台，在各个系统间的重复登录和切换只会令人不胜其烦。"[2]另外，在司法大数据库的构建过程中，对于入库数据信息的真实性、合法性鉴证工作以及结构化、系统化工作都应该同步展开，要充分运用如数据清洗、专家分析等技术对拟入库的信息进行科学的分析、筛选、校验、分类、整理和归纳，尽量做到数据的真实、准确。

三、培养专业化人才，为数字法治提供人才储备

具备数量充足且质量过硬的司法数据，只是实现数字法治的第一步；要实现真正意义的数字法治，还需要大量既精通科技又通晓法律，并能使两者有效结合的复合型人才来支撑、推进。

在一定程度上，在数字化和大力发展人工智能的时代，努力把握时代变革的机遇，有效应对由此带来的社会动荡，技术快速迭代更新等种种现实挑战和冲击的关键在于人类自身。因为数字化、人工智能与司法实践、司法裁判的有效结合、融合，并非将两者（亦即科技与司法）简单地、机械化地进行堆叠，"而是需要法律界人士体会和实践其中思维方式和研究方法的变革，开展交叉学科研究和应用，并从实践中设计和发展相应的教育体系"。[3]数字法治是需要能了解司法目标，通晓法理、情理，在基于实现司法目标的整体需求上，同时了解大数据的收集、运用的技术人才，来决定数据是否收集、收集后的数据是否适用、如何使用等。只有培养足够的复合型人才，才能适

---

[1] 程凡卿："我国司法人工智能建设的问题与应对"，载《东方法学》2018年第3期。

[2] 芦露："中国的法院信息化：数据、技术与管理"，载《法律和社会科学》2016年第2期。

[3] 张吉豫："大数据时代中国司法面临的主要挑战与机遇———兼论大数据时代司法对法学研究及人才培养的需求"，载《法制与社会发展》2016年第6期。

应机遇、发展与挑战的时代浪潮,并抓住浪潮中的机遇,取得长足的发展。

首先,在法学教育上,不仅要在原有的学科领域上继续深耕,同时也要注重学科交叉是既往所忽略的薄弱环节,应适度平衡,努力推进跨学科的复合人才培养。改变我国法学教育以往只注重单一学科的人才培养,向单一学科深耕人才与多元复合人才培养模式转变和平衡两者;在本科招生上要实现文理科均衡,在研究生招生上要适当扩大法律(非法学)硕士的招生规模;在法律人才培养计划制定上,可邀请多个学科领域的专家教授以及实务人才共同讨论制定,特别是需要留意一些前沿及潜在领域、学科的发展前景;在课程设置上,增设人工智能、计算机、网络伦理学等与数字化相关的课程,重点拓展学生的跨学科视野,打好数字化知识基础,培养逻辑思维;在实务培训上,力图促成学生到大型科技企业进行实务学习的机会。

其次,针对司法职业培训,要积极实现跨学科的复合型人才培训模式。在加强司法人员的思想政治教育与司法专业培训的前提下,重视广大司法人员的信息化思维培训,引导其准确认识与数字化相关的科技,加强运用高智能、高科技推进工作,提高工作效率;对广大司法人员进行一定的人工智能技术应用能力培训,使其适当了解和基本掌握数字化技术及其基础原理,以便运用数字化完成各项司法工作;要重点培养司法系统内部的科技骨干力量,使他们有效参与到司法人工智能系统的研发工作中,以防止技术人员在系统开发的过程中,因对法学理论以及实务知识缺乏了解,在核心算法编写等过程中出现算法偏见、算法歧视或者技术垄断。

第四节　人工智能与法治相结合

近年来,人工智能在各个领域被广泛应用,正在深刻地改变着人们的生产方式、生活方式以及思维方式。早在20世纪70年代,美国学者布坎南和海德里克就发表了《关于人工智能和法律推理若干问题的考察》,开启了对人工智能与法关系的相关研究。

人工智能技术为法治的发展提供了强大的技术支撑。新时代下的人工智能,随着在计算机视觉技术、自主无人系统技术、智适应学习技术等方面的突破,也得到了深度应用。人工智能技术在法律方面的应用和发展,为法治的建设与发展带来了机遇与挑战。

2018年,"人工智能与法治"高端研讨会在上海召开,会议发布了《人工智能与未来法治构建上海倡议》(以下简称《上海倡议》)。该研讨会旨在推进人工智能与法治的未来构建,促进规范保障人工智能发展的法治路径,并为智能产业发展的"中国方案"添砖加瓦,创造新经验、探索新路径。《上海倡议》从人工智能与未来法治构建的理念框架、加强人工智能法律领域的教育研究与实践、推动人工智能未来法治的国际交流与合作等4个方面提出了14项倡议。

《中国人工智能法治发展评估报告(2019)》显示:2019年,我国人工智能法治发展评估得分为83.79分,总体情况较为乐观。这也反映了人工智能正在不断推动我国的法治化发展,其改变着法律领域的工作方式和应用状态,使得人工智能法治环境逐步优化。

党的十九大作出了建设智慧社会的重大部署,智慧法治是智慧社会的有机组成部分,并且还为智慧社会的建设提供了新型的法治保障。智慧法治包括智慧立法、智慧司法、智慧执法、智慧法律服务等多项内容。人工智能是科技发展的智慧结晶,人工智能等新技术的快速发展和广泛应用,给人们的生产、生活都带来了较大的影响。用法治促进、规范和保障人工智能的健康持续发展,也是人工智能与法治结合过程中亟待关注的问题之一。

一、人工智能与立法相结合

党的十九大提出:"推进科学立法、民主立法、依法立法,以良法促进发展、保障善治。"这是对立法的基础性要求。根据立法工作本身所固有的特性,对于思考人工智能如何能够与立法更加紧密结合,进一步推进科学立法、民主立法、依法立法的目标实现,促进我国治理能力和治理体系现代化发展,我们可以从以下几个方面着手:

(一)用人工智能辅助立法的必要性

法律是维护社会秩序的一道屏障,因此当现有的法律新生事物不相容时,法律往往需要重新定制或更新,也即需要立法。立法通常指国家立法机关严格按照特定的程序制定法令条例的过程。立法不但要求立法机关拥有专业的法学知识,还要紧跟时代变迁的步伐,高度关注网络社会的言论,以数据为基础,并广泛搜集人民的意见。如果仅仅依靠人工频繁地创新立法或是改革原本的法令,不仅会给相关部门增加巨大的工作负担,还会给他们带来巨大的压力。可见，用人工智能辅助立法对于法律界来说是十分必要的，因为人工智能不仅有处理海量数据的强大能力，还具有高效的学习能力。江必新等人认为立法实际上就是根据现实问题所在，制定解决问题的方案的过程。[1]这时就需要立法机关一针见血地找到疑难问题的关键所在，这对于立法者来说是极大的挑战，但对于人工智能系统来说却非常容易。实际上，立法需要分析实际矛盾，然后在此基础上作出决策，而人工智能正是处理这种工作最合适的工具。

新时代背景下，人工智能、大数据、云计算等新兴技术如洪流般迅速涌向各个领域，立法领域也不例外。立法机关在充分认识到人工智能辅助立法系统在促进人大信息化方面的重要意义后，并没有被动接受新兴技术的冲击，反而是在充分考虑背后的巨大需求驱动并结合立法特征的情况下，积极推进立法与信息化技术的融合发展，也由此而催生了人工智能辅助立法系统。党的十八大以来，由于不同领域新局面的出现，导致立法需求的剧增，全国人民代表大会及其常委会制定的250件生效法律中，有60%需要修改、解释、废止。[2]而这仅仅统计了中央立法机关需要变动的法律数量，尚未考虑地方立法需要变动的数量。因立法人员数量与立法的工作量失衡，容易影响地方立法的质量，这也对地方立法机关提出了更高的要求。但是，提高立法质量显然并不能仅仅依靠立法机关人员的热情以及综合素质的不断提高，过分苛求立法者超越个人的主观能动性。在人工智能时代，我们还可以考虑寻求科技力量的帮助，通过人工智能技术辅助立法，缓解立法工作量大与人手不足之间的矛盾。

（二）人工智能辅助立法的现状

良法是善治之前提，欲实现良法善治，就必须抓住法治建设的源头——立法。随着新兴技术的发展，人工智能与立法领域渐趋融合，现代化信息技术辅助立法的局面也逐步铺开。智慧立法，不仅提升了立法效率，而且有助于推动立法质量的提升，此外，利用人工智能辅助立法也是国家机关信息化建设的必然要求。

在地域方面，人工智能辅助立法应用主要是集中在中央和部分经济较发

---

[1] 江必新、郑礼华：“互联网、大数据、人工智能与科学立法”，载《法学杂志》2018年第5期。

[2] 李林："当前我国立法的新要求"，载《北京日报》2017年9月4日。

达的省份。我国目前人工智能辅助立法的应用呈现出集中化的趋势，主要是汇集于经济较发达地区，如中至东部沿海省份，南至福建省、广东省，北至北京市、天津市等地区。在人工智能辅助立法上，中央与地方达成了共识。不同省份均创建了具有地方特色的人工智能辅助立法模式，比如广东省人大常委会建立了无纸化办公系统等。相比于上述发达地区，中西部地区的人工智能辅助立法尚未成熟，相关应用也较少，信息化人才缺口大。总体上说，信息化程度尚不足。经济发达地区在人工智能辅助立法模式上的探索，为其他经济欠发达地区的立法机关进行信息化建设提供了宝贵经验，为其进一步推进智慧立法奠定了坚实基础。

从时间维度来看，人工智能辅助立法不是简单地将人工智能技术应用到立法实践中的各个环节，不是一种静态的模式，更多的是一种动态发展的过程，即不断完善新兴技术与立法结合的过程。从实践来看，人工智能辅助立法主要包括下述几个阶段：①立法意见征求阶段与人工智能的结合。在传统模式下，立法机关为了实现民主立法的目标，往往需要付出大量的人力和物力，人民群众更多的是被动地接受法律的创立，立法的民主性难以被完全体现。而在当今的大数据时代下，立法机关在起草、制定以及颁布法律的过程中，使用大数据技术与人工智能技术以征求公众的立法意见，公众能够在更大程度上积极、主动地参与立法的各个环节，促进了立法的公开性、民主性、科学性。新兴技术有助于立法者拓宽民主反映的渠道，广泛听取民众意见，转变立法者的立法思维。②立法备案审查阶段与人工智能技术的结合。对立法机关的立法进行审查：一则是为了加强对立法工作的监督，避免立法权的滥用；二则是为了避免不同法律规范之间发生冲突与矛盾，提升法律的总体性和融贯性。而人工智能技术的发展，恰巧促进了对立法工作的审查与备案，以发挥人工智能辅助立法的最大效用。以实践为例，从实践角度来看，2017年，全国人大常委会建立了覆盖全国的电子报备系统，实现纸质立案报备与电子立案报备相结合。有鉴于此，各省也纷纷建立起备案审查系统，实现规范性文件合法性审查机制的全覆盖。人工智能在备案审查方面的应用，推进了立法审查工作的有效开展，也促进了法治国家的建设。

（三）探索人工智能辅助立法的出路

信息化建设既顺应了时代的发展潮流，亦符合科学立法的实质要求，我们应当在信息化的浪潮中努力探索人工智能辅助立法的新出路。国务院于

2017年发布的《新一代人工智能发展规划》提出了人工智能发展的"三步走"战略，明确要通过法律规范与伦理规范对人工智能的风险进行规制。充分考虑我国目前人工智能辅助立法的现状，我们还可以通过下列途径进一步完善人工智能辅助立法的发展：

（1）加强顶层设计。推进人工智能技术在立法领域的深度融合发展，是新时代发展的必然结果，也是提升立法质量与效率的必然要求，其中，推进人工智能与立法领域的深度融合的关键在于加强人工智能辅助立法的顶层设计。政府通过颁布《2006—2020年国家信息化发展战略》《2012—2017年人大机关信息化建设规划》等规范性文件，针对立法机关的信息化建设及进行战略部署，指明了"智慧人大""数字人大"的建设方向。顶层设计的最主要作用是统筹设计与合理规划，通过有效的统筹和规划，实现系统内部的有机、协调发展，促进人工智能辅助立法的全面发展，完善顶层设计框架，确保能够及时发现问题，并妥善解决其中的症结。但我们在强调加强顶层设计的同时，也不能够盲目地推进，尤其是不能强求面面俱到。人工智能辅助立法的症结类型是多样的，如财力、人力、物力等因素，若不讲求主次，做到重点领域重点突破的话，往往容易导致在信息化建设的推进过程中做无用功。因此，我们应当在抓住人工智能辅助立法主要矛盾的基础上，对于重点领域实现重点突破、解决关键问题，竭力研发出契合立法本质的智能系统，早日实现智慧立法和信息化建设。

（2）深化科技与法律融合。人工智能辅助立法并非是一个孤立发展的过程，而是人工智能与立法融合发展的特殊场景。对比行政环节与司法环节，立法系国家法治建设的基础性环节，同时也是民主法律化、制度化的重要前提，具有高度的权威性，因此不得简单地将科技应用于立法领域，减损其权威制定性。为了深化科技与立法的结合以及让人工智能辅助系统符合立法运行的规律，我们应当秉持共建、共享、共治的基本原则，实现人工智能辅助立法内部的有机协调和智慧联动，并让研发人员与立法工作人员进行有效对话，达成共识，齐心协力解决系统在立法运行过程中存在的问题。另外，还应当完善立法机关的外部系统，促进不同平台之间的沟通协作和数据对接以及加强法学领域与其他学科领域的合作交流，鼓励跨学科间的互动，注重培育跨学科人才，让更多既懂得立法运行又懂得新兴技术的复合型人才投身人工智能辅助立法技术的开发。

（3）聚焦精准规制，完善制度构建。人工智能辅助立法所遭遇的困境之破解及其有效规制，依赖于法律制度的构建。若任由人工智能辅助系统自由发展，则容易导致其陷入无秩序、无规则的混乱状态，要避免立法的公正性和权威性等受损，我们更多地需要通过立法理念对其进行一定的指导，在基本原则的指引下，从研发主体、研发行为等环节入手进行逐一管理，从而实现立法对人工智能的有效规制。细化到具体的体制机制，我们应当建立与人工智能辅助立法相匹配的法律体系、政策规范以及伦理框架，以完善人工智能辅助立法的内部体制机制构建，形成人工智能等级评估、风险预测的模式。

首先，需要充分重视对于人工智能基础下的数据保护问题，对于在辅助过程中收集到的个人数据，要进行妥善的保管，防止信息泄露事件的发生。其次，人工智能辅助立法系统的本身存在算法黑箱问题，容易导致算法歧视的存在，我们要在遵循人人平等的基本理念之下，通过以上原则和具体机制两个方面的建设，完善现有的制度框架，实现对人工智能辅助立法的精准管控。

（4）协调伦理发展，实现良法善治。水能载舟，亦能覆舟，科技也是如此。科学技术仿佛是一把"双刃剑"，在丧失原有理性和人类道德约束的情况下，先进的科技会侵害人类的主体性，如由数据偏见、算法偏见所带来的算法歧视问题。科技还是应当围绕如何维护人的尊严，保障人的主体地位，回归到人本身。人工智能辅助立法系要遵循以人为本之原则，避免侵害人类合法权益，要以科技促进法律发展，实现良法善治。一方面，要做到立法信息的公开化，保障公众的知情权和参与权，促进科学立法、民主立法。另一方面，通过人工智能辅助立法多多集思广益，听取人民的意见，协调各方利益，做到不偏不倚，使得法律具备良善的内在品格。

二、人工智能与司法相结合

根据我国的发展战略，作为新一轮科技革命核心竞争力的人工智能是其重要组成部分。在智慧法治中，相较于智慧立法、智慧执法，智慧司法建设在我国处于领先地位。想要真正实现我国的司法现代化，将人工智能与司法实践相结合是一条必经之路。司法现代化的历史机遇，在人工智能推动社会发展及进步的同时也逐渐显现。将人工智能与法治优化结合，让智能技术更好地推动我国法治建设、推进司法公正、推动我国治理能力和治理体系的现代化。

随着全面依法治国战略方针的贯彻落实，我国法治化水平的快速提高，案件数量急速上升，但是司法人才的储备仍是有限的。案多人少的矛盾如今已经成为司法实践难题，必须尽快得到有效解决。智能化、信息化手段与司法在实践中相结合，令案少人多的现实难题在一定程度上得到了解决，在提升司法效率方面取得了显著的效果。

由中共中央办公厅、国务院办公厅于2016年7月印发的《国家信息化发展战略纲要》明确指出，以智能化、数字化、网络化为特征的信息化浪潮在全球范围内蓬勃发展，正是因为有了信息化的发展才有了当今的现代化，而国家信息化发展战略已将"智慧法院"建设列入其中。[1]为未来科技发展提供制度支撑，让智能科技成果更好地助力法治中国建设，推进司法公正、促进司法文明，服务人类命运共同体。

人工智能与司法领域在司法实践中相结合的表现主要体现在以下几点：

1. 在线纠纷解决系统的应用

伴随着社会生活质量的不断提高，以及网络的飞速发展，网上交易成了人类生活的常态。网上买卖与传统买卖的最大区别是：前者的商品信息都是从网上获取，买家并没有真正接触到商品；后者的商品信息都可以在实体店中获取，买家能直接感受到商品实体，可一手交钱一手收货。另外，网络买卖容易引发各种各样的纠纷。例如，网上购物合同的纠纷、网上购物产品责任的纠纷、在网上签约的借款合同的纠纷等。因此，网络买卖不仅难以保证商品质量，并且有可能导致顾客隐私、敏感信息被不法者利用等问题。这就需要通过高效的纠纷解决系统来处理。当纠纷产生后，通过互联网，使用合适的技术来辅助当事人在线调和他们的矛盾即为在线纠纷解决。具体来说，在线纠纷解决系统要为当事人双方分别找出各自的共同点和矛盾所在，提供有助于最终达成一致的纠纷解决方案。在线纠纷解决系统的优点包括：①使用方便，可以不受时间和地点的限制；②当事人无须亲自出庭，可使用线上视频参与庭审，在很大程度上降低了参与庭审的成本；③可以随时随地运用该系统来解决问题，保证纠纷能够得到及时、高质量地解决。

---

[1] 参见"《中华人民共和国国务院公报》（2016年第23号）"，载中国政府网：http://www.gov.cn/xinwen/2016-07/27/content_ 5095336.htm，2020年10月13日访问。

2. 法律信息的检索

法律信息检索的价值是显而易见的。不管是法律界的新手、经验丰富的律师、法官，还是司法机关，乃至普通人，都时常需要进行法律信息的检索。如今，裁判文书、法律文本和其他法律材料等司法文件在互联网上出现得越来越多，为大型法律数据库市场提供了有力支持。然而，日常的司法数据库大部分通过固有的关键词进行检索，既费时费力，又代价高昂，因此不能很好地满足法律信息市场的需求。具有强大的自然语言处理能力的人工智能检索系统不仅可以使律师的工作效率提高数倍，还能够进一步降低诉讼成本，而且可以执行快速和准确的数据库搜索，甚至比人类做得更好，充分发挥了人工智能的优势。

上海市于2012年推出了具有检索方便、信息量巨大等优点的"C2J法官智能处理案件系统"。到目前为止，该系统已经存储了约2500万条信息，可以为法官检索出相关的法律信息，提高了判案的精准度。除此之外，该系统也在很大程度上提高了检索子信息的效率，因为法官可通过输入关键字进行匹配搜索。2017年8月，安徽省合肥市的智能机器人"小法"问世，它可以通过语音或者文字与人类进行问答。"小法"包含多种法律领域模块，如刑法、行政法、诉讼法等，并且拥有强大的法律数据库，因此能够对约5万个专业的法律问题给予解答。而且，它可以对用户的问题进行周密的推理及判断，并对同类型的问题进行相应的解答。深圳的"龙华小法"法律援助机器人有10万多条法律法规保存在云端，以及3万个典范案例数据、5000多个案例剖析点和大量专业的问答信息。智能机器人"小法"和"龙华小法"可以随时随地向人们提供法律咨询服务，并针对具体问题进行有针对性的法律信息检索，真正达到了"不忘初心，全心全意为人民服务"的境界。最高人民法院的"法律信仰"平台实现了类似案件的推送和快速侦破推理，进行联机检索时可检索到所有符合公开条件的裁判文书，使司法公开的进程得到了进一步的推进。[1]

3. 法律文书的处理

法律文书处理的人工智能化将给予法律工作者愈来愈有力的外脑援助。

---

[1] 参见黄俏娟、罗旭东："人工智能与法律结合的现状及发展趋势"，载《计算机科学》2018年第12期。

目前，研究人员热衷于对各种合同进行人工智能化处理。这是因为，一方面，日常中的商品交换和服务常常都需要合同化，在合同中，双方建立共同规范的条例来满足各方的期望；另一方面，由于合同规模庞大而复杂，因此手动输入并检测合同中的矛盾与冲突是一项既费时又容易出错的任务。

目前，美国硅谷的律师事务所已采用了人工智能合同生成系统来协助即将开业的公司自主形成所需要的法律文件，该系统可以将原来的工作时间由几十个小时缩短到几个小时。中国也有若干家类似的公司，如百度、科大讯飞等，它们也利用自主拼接方法来生成所需法律文件。智能系统协助起草法律文件的新时代即将来临，大多数的贸易合约甚至诉讼文件和审判文件都将由人工智能系统拟定，法官和律师的角色将从拟定者变为审校者和签署者。

4. 利用网上证据预测犯罪

证据搜集对于法官审理案件非常重要。利用人工智能技术收集证据具有合法性，并且极大地减少了司法人员的工作量，推进了检察工作的规范性和便利化，提升了工作效率和质量。江苏省人民检察院使用的智能机器人"小智"主要依靠三大利器来处理案件：①围绕需办案件的需求展开证据搜索；②业务应用系统与执检系统相统一；③规范性和高效性。例如，对王某贩卖假药这一事件，"小智"先在网上快速、精准地搜索相关的证据，而后再对其所收集到的相关证据进行全面审查，进而得出应对王某发出候审决定的结论。在3个多月的时间中，"小智"在发生的4169起交通事故中发现了证据错漏等917个问题。智能系统受理案件时，会经过案例分析将相关的证据整合在一起，进而筛选出相关性最大的类案作为参考。

5. 法律推理

推理是人的一种理性思想活动，即从已知命题（先决条件）中推导出未知命题（结论）的过程。法律推理不仅存在于法律制定、实施的过程中，甚至存在于人们日常的知法、守法中，推理在法律领域中起着举足轻重的作用。例如，查案时，警察都会保护现场的原状，目的就是可以通过案发现场的蛛丝马迹来推理案件发生时的情况、犯罪人的外貌特征和心理等，尽量还原现场原貌。在法庭上，法律推理实际上是以对话形式展开的。这种对话体现在当事人与被告人为了他们之间矛盾的主张展开论辩，这时法官就要从他们的对话推理中查验出事实的真相。

法律推理的人工智能系统的目标是，为人类律师提出一个法律的标准刻度，以此衡量他们在推理过程中作出的论断是否具有价值。人工智能系统模仿法律推理的工作原理主要是，创建数学模型并在计算机上实现相应的可运行程序，也就是将人类推理的思维过程移植到智能系统（包括机器人）中。对于这样的模拟法庭系统，开发者不但要具备法律基础知识，而且还要具有法律推理的完整知识，诸如它的准则与方式、法律推理的理论发展过程以及在司法实践中的实际运用等。[1]

三、人工智能与执法相结合

在大数据应用和人工智能飞速发展的时代背景下，在智慧法院建设方面我们业已取得了一些成就，而如何解决"执行难"的问题也被提上日程，亟待我们解决。

破解"执行难"问题是民心所向，也是执法领域要破解的重大难题之一。为了更好地解决，在实践中，已有不少法院对探索人工智能和执行领域相结合进行探索并推出了智能执行系统。

其中，最具代表性的是无锡法院推出的"智慧执行系统"。2018年，无锡市中级人民法院联合阿里巴巴集团公司，运用大数据、阿里飞狐智能技术，自行研发了集智能办公、智能谈话、智能管理、智能评估等功能于一体的智能信息化执行平台。智能谈话系统实现了上线实名认证、全球实时对接、笔录自动生成、全程录音录像等功能，确保执行谈话能够不受时间、空间的限制，极大地节约了司法资源，降低了司法成本。同时，该智能谈话系统能够实现执行人员与当事人在空间上的隔离，有利于防范廉政风险。智能办公系统通过"阿里飞狐"人工智能技术，自动学习人工操作，执行立案、监控查处、司法拍卖、启动执行、执行结案等操作全流程自动化。该系统大大缩减了立案时间，提高了执行人员的办案速度。智能办公系统的上线运行，使得执行工作运行一键化、操作拟人化、功能模块化、使用便捷化真正成为现实。智能评估系统运用阿里大数据平台，实现对涉案房产、车辆的在线评估，准确率能够高达95%以上，该系统的运用大大提高了评估的工作效率，又省时又省钱。智能管理系统主要是通过"钉钉"管理软件，对司法拍卖外包公司

---

[1] 参见黄俏娟、罗旭东："人工智能与法律结合的现状及发展趋势"，载《计算机科学》2018年第12期。

进行统一管理，联合各法院进行网络司法拍卖工作，该系统实现了全市拍卖标的高效统一管理，使得司法拍卖的成交率大大提高。它不仅提高了法官执法办案的效率，还能让法官的执法更加公正、公平、合理，推动了"执行难"问题的解决。在人工智能、大数据与法院执行工作高度融合的背景下，"老赖"们面临的压力越来越大，生存空间越来越小，人民群众的利益也能够得到保障。

"智慧执行系统"是人工智能技术介入执行领域的初级尝试，人工智能技术与执行环节的融合深度以及发展速度远不及审判领域。执行信息化建设必将顺应国家战略之机、法院发展之需、执行工作之特，充分运用人工智能、大数据、区块链技术，满足法院内部对工作高效、规范的要求，满足人民群众对公平正义的需求。

无锡市中级人民法院推出的智慧执行系统的运行以及全国范围内其他法院的执行智能化先试先行的经验，为我们确定执行领域的智能化建设的未来发展方向，深入强化以信息时代科学技术为支柱的执行模式革新提供了以下经验：

（1）执行信息化的建设应当向愈发智能化的方向不断发展。最高人民法院审判委员会专职委员刘贵祥提到，下一阶段执行信息化建设必须朝着两个方向发展：一是无纸化办公及电子卷宗自动生成；二是移动办公。将人工智能技术应用到执行领域，能够实现执行信息全自动录入，降低出错率。[1]

（2）创新执行指挥中心实体化运行新模式。人民法院紧紧抓住司法体制改革和信息化两个基本点，全面开展执行信息化建设。最高人民法院已经基本建成"1+2+N"的执行信息化系统。该系统以"专网+互联网"的全覆盖为特点，通过运用信息化的手段确立执行指挥中心实体化运行模式。这种模式表现为分段实施、节点管控。大力推进以执行指挥中心综合管理平台为中枢，以四级人民法院统一的办案与执行公开系统为两翼，以网络查控、评估拍卖、信用惩戒、执行委托等N个执行办案辅助系统为子系统的执行信息化系统建设。深化执行体制机制改革，重塑执行流程，开创以执行指挥中心为枢纽，依托信息化技术，充分发挥统一管理、统一协调、统一指挥职能，实现以大中

---

[1] 最高人民法院审判委员会专职委员刘贵祥2019年6月6日在全国执行指挥中心实体化运行培训班上的讲话。

心、小团队为核心的高效、规范的执行指挥中心实体化运行新模式。[1]

（3）完善失信惩戒系统。为了推进失信被执行人信息能与公安、交通运输部门、民政、税务、财政、金融监管部门、自然资源、人力资源和社会保障等部门以及有关的民间团体、社会组织和企事业单位进行信息共享，应充分利用国家"互联网+监督"系统及全国信用信息共享平台，该平台能够针对失信被执行人名单进行自动比对、自动监督、自动惩戒。同时也要保证信息惩戒救济渠道畅通，及时纠正错误纳入、未及时屏蔽、公布信息不准确等问题。结合执行工作实际，摸索探究并建立起守信激励制度和失信执行人信用修复制度。

（4）改进人民法院网络执行查控系统。以地方各级人民法院执行查控系统辅助全国统一的执行查控系统。进一步拓宽查控系统的覆盖范围，将保险等各种理财产品纳入查控系统，实现线上查封以及所有财产一体化，尽快尽善尽美解决查控系统信息反馈不及时、不准确、运行不畅、线上线下查询不一致等问题。

四、构建人工智能法治体系

2017年7月8日国务院印发了《新一代人工智能发展规划》（以下简称《规划》），《规划》明确指出，到2025年要初步建立人工智能法律法规、伦理规范和政策体系，形成人工智能安全评估和管控能力，从而最大限度地防范风险。[2]

2018年，习近平总书记在中央政治局就人工智能发展现状与趋势第九次学习讲话时谈道："人工智能技术和其他技术进步一样，也是一把双刃剑。""我们要未雨绸缪，加强战略研判，确保人工智能安全、可靠、可控。"人工智能技术及其对人类社会发展的重要性不言而喻，但我们同时要看到人工智能技术本身所具有的不确定性可能带来的风险与挑战。

社会治理的最好方式是法治，法治作为我们国家建设的一项基本目标，同时也是促进、规范、保障人工智能持续健康发展的最佳方式。我们要避免

---

〔1〕闵仕君："人工智能技术与法院执行领域的融合、发展和完善——以无锡法院智慧执行系统为视角"，载《法律适用》2019年第23期。

〔2〕参见国务院2017年7月8日印发的《新一代人工智能发展规划》。

夸大人工智能在法治领域的作用。尽管我们能够看到，无论是在立法、执法、还是司法领域，人工智能对于工作的便捷性、效率性的提升都作出了较大的贡献，但我们依然要明白，人工智能技术最终的目的是为人类服务，它的一切操作都应基于操作者的工作意图。而具体到法治领域，法治具有经验性和价值判断性，再聪明的机器也无法完全模仿人的情感、实践经验所带来的积淀，人类的法治活动只需要人工智能技术提供技术辅助和支持。一方面，我们要对人工智能引起本身所具有的局限性而带来的数据滥用等问题保持高度警惕；另一方面，我们也要对人工智能技术本身所具有的优势进行充分利用，使立法、执法、司法等环节都能与人工智能技术深度融合，环环相扣。

第三章 智慧司法建设的目标

最高人民法院办公厅副主任陈志远在新华网2017年两会特别访谈中将智慧法院描述为："是以确保司法公正高效、提升司法公信力为目标，充分运用互联网、云计算、大数据、人工智能等信息技术，促进审判体系与审判能力现代化，实现人民法院工作的高度智能化运行与管理。"[1]可以看出，智慧司法建设贯穿了立案、庭审、裁判等环节。例如，智能立案的功能，当事人只需要填写相关信息，智能系统便能作出立案与否的决定。又如，在庭审阶段的庭审记录制作、语音识别，还有法官在裁判阶段给出的类案推送和裁判建议。新兴技术虽然是辅助型定位，但也发挥着多种功能，主要包括非裁判性应用和影响裁判结果的应用。人工智能的非裁判性应用主要承担着提升司法效率的功能，例如智能立案、庭审记录等。而人工智能影响裁判结果的应用除了承担着提升司法效率的功能，还承担着促进判决结果统一、公正的功能。由此可见，人工智能技术在当前阶段的应用有着不同的功能，有功能多样的特点。同时，他也对智慧法院建设目标提出了一个较为明确的认定，即司法公正、司法效力以及司法公信力。

第一节 司法公正

对于司法而言，其最主要的目标在于实现公正。为了保证司法公正，我国也采取了一系列措施，例如推动司法体制改革，通过司法体制改革推进国家治理体系和治理能力现代化。[2]在司法体制改革中，我国不仅对立案制度

---

[1] "陈志远：智慧法院让信息多跑路 让群众少跑腿"，载中国法院网：http://www.chinacourt.org/article/detail/2017/03/id/2577050.shtml，2020年10月22日访问。

[2] 参见"习近平：关于《中共中央关于全面推进依法治国若干重大问题的决定》的说明"，载新华网：http://www.xinhuanet.com//politics/2014-10/28/c_1113015372.htm，2020年10月5日访问。

进行了改革,还对人民陪审员制度、法检机关队伍员额制、国家统一法律职业资格制度、责任终身制等制度进行了建立和完善。从 2015 年的《领导干部干预司法活动、插手具体案件处理的记录、通报和责任追究规定》至今的司法体制改革实践,均可以表现出我国法治建设事业对实现司法公正的不懈努力与追求。

一、司法公正的概念

司法公正对我国司法的意义不言而喻,陈光中将其描述为"维护社会正义的最后一道屏障,是体现社会正义的窗口,是司法机关的灵魂和生命线"。[1] 普遍认为,司法公正既要求司法过程符合正当的法律程序的要求,也要求司法的结果遵循公平和正义,即程序公正和实体公正。

(一) 程序公正

相较于古代的朴素观念"杀人偿命""同态复仇""以牙还牙,以眼还眼",罗马法体现了尊重程序,如曼兮帕蓄所有权转移仪式和略式转让等。细而言之,现代法治观念相较于朴素正义观之所以进步,正是基于其对法律程序的重视。"辛普森案"的审判已经表示出了现代法治对程序正当的维护。程序公正体现为三种形式:审判的公开、透明和平等。[2]

1. 审判的公开

《联邦党人文集》已经指出,尽管审判仅仅针对双方当事人,但法和裁判是关乎所有人的利益的。[3] 笔者在前文中也已指出,审判公开的重要性在于保障社会公众中的其他人对于庭审的监督权。对于法官而言,公开审判也是实现自我约束的一项重要手段。

法谚有云:"正义不仅应当得到实现,而且要以人们看得见的方式得到实现。"纵观世界各国的司法实践,可以看到,在普通法系国家中,司法机关的审判公开开始得较早。自 14 世纪英国出版判例集开始,不仅能够使得审判得以公开透明化,同时详细的说明也可以使民众对于法律规则有更深的了解,因此对于既往判例的整理和编撰成了普通法系的特点。在大陆法系国家,《法

---

[1] 陈光中主编:《刑事诉讼法》(第 6 版),北京大学出版社、高等教育出版社 2016 年版,第 12 页。

[2] 王超奕:"实体公正维护与程序公正建设",载《人民论坛》2019 年第 27 期。

[3] [德]黑格尔:《法哲学原理》,范杨、张企泰译,商务印书馆 1982 年版,第 57 页。

国刑事诉讼法》《德国法院组织法》《日本国宪法》也同样对此进行了明确的规定。

2. 审判的透明

透明性强调审判既是结果公开的，同时对审判的过程也应当是有能够让人知悉的能力的。可以看到，随着最高人民法院逐步推行的各种审判信息（如审判流程、庭审过程、执行信息、裁判文书等）的公开，我国已经实现了形式上的司法透明。

但是，对于审判的另外一部分，即文书说理的问题，仍然是司法实践中的一个难题。中央司法体制改革文件对"文书释法说理"提出了明确的要求，要求法官应尽可能地对裁判理由进行分析阐述，对于当事人的诉请进行回应，增强文书的说理性和说服力。但从目前公布的裁判文书来看，如何判断裁判文书的说理是否充分是一项困难的任务，法官经过多年的法律实践培训可能认为自己已经尽到了说理的义务。还可能有法官因为没有抓住说理的重点，导致最终呈现在社会公众和当事人面前的文书说理还是过于简略，不充分的说理最终会导致判决书无法完全实现定分止争的功能。确定什么是社会公众可以接受的说理而非仅是法官认为可以接受的说理应当是法官技能培训的重要一环。

3. 审判的平等

审判的平等是指程序主体之间的平等。正如有学者指出：程序主体之间存在着共在共生关系，不再把主体与主体之间沟通的"理想化程度"（即程序正义与否）的判断权交给任何一方"主体"，而是真正交给主体与主体之间的"沟通"本身。[1]换言之，无论是对事实的厘定、规范的选择抑或是主观真诚与否的判断都需要在法官与当事者乃至社会公众在平等、充分的沟通下予以评判，在主观与主观的沟通、交涉过程中最终达成某种意义的"重叠共识"。在达成共识的过程中，任何"主体"都不再具有支配其他主体的地位，其作出的判断需要获得其他主体的主观认同。作为审判主体的法官只有认真聆听当事者之间的平等对话并作出积极的回应，把自己关于事实的判断以及规范选择的理由充分表达出来并体现出对当事者表达的关切，始终保持"尽力维护公正"的职业形象，才能让当事者心生"信任感""控制感"以及

---

[1] 刘立明："'感受到公平正义'的法治意蕴"，载《江苏社会科学》2020年第5期。

"尊严感",才能让当事者以及社会公众在主观的交流沟通中承认法官的"主体性",从而认同其裁判的权威性并甘愿接受程序的结果。简言之,法官的"主体性"并不主要仰赖规范的授权,而是寓于与当事者以及社会公众的沟通之中。同理,当事人的"主体性"也不是在程序系统中"自说自话"的结果,其也是通过与其他主体的平等对话与沟通来构建的。

一方面,各方当事人需要在程序规则的约束下平等对话,并且对话的意义在于多元主体之间不断形成既定的约束力,从而不断发生"作茧自缚"的程序效应,最终以达成多元主体间的共识或曰合意目标。离开了与其他主体间的沟通与合意,当事人的"主体性"无从体现,也没有现实意义。另一方面,当事人各方的对话与沟通需要法官给予同等程度的尊重与回应,需要法官释明义务的引导以确保诉讼的效率,需要在反复的交涉论辩中实现对法官这一"主体"的影响,最终在多元共识中实现自身的主体性。

(二) 实体公正

正如有学者指出:"事实相同的案件在不同法院甚至同一法院的不同法官中可能出现大相径庭的判决,由此导致的裁判不统一现象严重损害了法律权威。"[1]案例是司法智慧的结晶,善于从案例中吸取经验教训,能够促进裁判尺度的统一、司法公正的实现,最终使司法审判能够更好地契合经济社会发展和时代的需要。司法案例作为重要的司法数据资源,需要被充分、有效地利用。智慧司法在审理、裁判案件的过程中侧重于运用归纳推理法,运用相应的算法技术,使得最终的裁判结果推送无限接近于必然性结论,进而实现类案类判的司法审判目标。

1. 同案同判反映出司法实体公正

在我国,先例一致存在于司法实践中,对法律产生影响。尤其是最高人民法院发布的《人民法院第二个五年改革纲要(2004-2008)》,更是从国家层面确立了具有典型意义、指导性、权威性的案例以指引司法审判工作。尽管自2010年指导性案例的相关文件才得以颁布,但事实上我国是存在先例这一法律传统的。即使在案例指导制度尚未确立之前,在我国的司法实践中也存在审判人员参考最高人民法院对案件的"批复意见"进行审理的现象。回

---

[1] 四川省高级人民法院等:"中国特色案例指导制度的发展与完善",载《中国法学》2013年第3期。

顾中国法律发展史，正如居正先生所言："中国向来是判例法国家，甚似英美法制度。"〔1〕诚然，居正先生所言未免有所偏颇，但确实指出了我国对于先例的重视和对典型案例作用的发挥。从春秋战国时期开始，我国就十分注重先例。《左传》记载："昔先王议事以制，不为刑辟。"〔2〕在秦时，秦律奉行"廷行事"，即断案惯例。王念孙提及"行事者，言已行之事，旧例成法也"。汉代奉行的"决事比"，清朝的"因案生例"机制，民国时期大理院公布的《大理院判决录》《大理院判例要旨汇览》等"三千九百九十一条"〔3〕先例均表明我国对先例的重视。在党的十一届三中全会召开后，最高人民法院为解决司法审判中出现的问题，决定下发典型案例。在20世纪80年代，最高人民法院先后下发了3批刑事案例以打击严重危害社会治安的刑事活动，发布了4个案例以对审理破坏军婚罪进行指导等。〔4〕因此，从这一角度来看，我国也是具有先例的法律文化的。在这一法律传统背景下，在司法实践中当事人也会主动寻找类似案件的判决以作为依据，虽然有一些判决因被认为是普通判决没有参照效力而不予采纳，但同时也表明——遵从先例本身蕴含着公正属性。

因此，我们也可以看到，在判决书公开背景下，普通民众对实质是否公平更倾向于采取"同案同判"的标准。这一点主要有两方面的表现：其一，"同案同判"的社会惯例和司法追求。在裁判文书公开的背景下，一些同案不同判的情形引起了社会关注，甚至会形成巨大的社会舆论和影响。从社会惯例上来说，民众之间普遍存在一种较为朴素的公平思想：假如我和别人是一样的，那么别人怎样，我同样应当怎样。在这一思想的引导下，人们会对没有得到同等对待提出抗议。将这一思想融入我国的司法实践，普通群众对法律专业知识的了解并不深入，对法律条文的掌握也不熟练，但是他们对于基础案情是有辨明力的，这也就催生出了社会认为的"类似案件"。例如，所谓

---

〔1〕 在国民党统治时期，清朝及北洋政府的法律大部分被废止，司法活动大都依靠条理进行。居正先生的思想受此影响，将司法审判的能力进行了放大，对于先例的作用也予以了扩大。居正："司法党化问题"，载《东方杂志》第32卷第10号。

〔2〕《左传·昭公六年》。

〔3〕 统计数据来自潘维和：《中国民事法史》，汉林出版社1982年版，第17页，转载于左卫民、陈明国主编：《中国特色案例指导制度研究》，北京大学出版社2014年版，第24页。

〔4〕 胡云腾主编：《最高人民法院指导性案例参照与适用》，人民法院出版社2012年版，第98~102页。

"惠州许霆案"被认为是"许霆案"的同类案件。一旦同类案件没有得到类似的处理,那么民众的抗议便会形成社会压力并质疑司法的公正性与权威性。

其二,当事人主动援引类似判决的情形增加。正如前文所指出的民众存在的朴素思想在司法领域表现为当事人援引指导性案例的数量增加,相比于法官对指导性案例的援引,当事人援引指导性案例的数量更为巨大。通过统计可以发现,当事人主动援引指导性案例的情况在二审中较多,这在很大程度上是基于对在一审判决书中没有得到相似判决的不满。

2. 类似案件的含义

类似案件的含义从字面是两个相类似的案件,但是在学术研究中还是可以发现关于类似案件内涵的争论。类似案件并非"同案",其仅在事实本质上有相同性。对于事物本质上的描述可以分为两种:"同类"与"同样"。通过对于两者在比较重点上的差异分析,可以认定类似案件是指"同类案件"。

《最高人民法院关于案例指导工作的规定》第 7 条规定:"最高人民法院发布的指导性案例,各级人民法院审判类似案例时应当参照。"所谓"类",在中国古代有着详细的描述,认为这是具有相同事物本质的两种事物。但相比于后人将其形容为事物本质,古人将其形容为"本",具有相同之本的就是"类"。在《周易·系辞下》中,包羲氏观天象观地法观鸟兽之纹理,悟出其中之本而成八卦。[1]《荀子》提及:"有法者以法行,无法者以类举。以其本知其末,以其左知其右,凡百事异理而相守也。庆赏刑罚,同类而后应。政教习俗,相顺而后行。"[2]中国古代先哲把类比作为认识世界的重要方法;事物虽各有不同,但人们可以通过对事物的比较、关联、类比,由此及彼,认识、把握客观事物。因此,在此意义上而言,"类"本身包含"同"的因素。

但这并不能将"类似案件"与"同案"视作一样,在学术论文中常常以"同案同判"评价案例指导制度的目标,但事实上这一说法并不准确。张骐指出:"'同案同判'是西文'Similar cases be treated similarly'或'Link cases should be decided alike'的中文表达。"然而,《英汉法律词典》(修订本)却

---

〔1〕 原文:"古者包羲氏之王天下,仰则观象于天俯则观法于地,观鸟兽之文,与地之宜近取诸身,远取诸物,于是始作八卦,以同神明之德,以类万物之情。"黄寿祺、张善文:《周易译注》,上海古籍出版社 1989 年版,第 573 页。

〔2〕 章诗同:《荀子简注》,上海人民出版社 1974 年版,第 303 页。

将其翻译为"同样情况同样处理"。[1]从司法实践角度来看，不可能存在两个一模一样的案件。既然所指为类案，那么必然存在不同之处，但是在某一评价标准上，两者可以被给予同一评价。换言之，类型化理论就是以具有正当性的标准评价两个表面上并不相似的事物。

拉伦茨指出：对两个案件作相同评价，是因为两者的构成要件相类似。其实际上指出类似案件的实质是一种类型化的事实，是人类行为的可重复性及其内在的相似性所形成的社会关系和法律事实的类型化、同质化。这一过程可以被描述为对基本案情进行分析与总结，从而归纳成为具有共同特征的法律事实与社会关系。

之所以对类似案件有重异与重同之辨，是基于对类似案件的判断过程中的重点进行指明。张志铭教授指出，"同类案件"容易使人误以为寻找指导性案例只涉及案件对事实的比较，而案件比较应当是"以案件事实的法律特性为线索，来确定两个案件的事实在整体上是不是涉及相同的法律问题，是不是属于同样法律性质的案件"[2]。基于此，他认为类似案件是重异，应当描述为"同样案件"。但是这种认识在《〈关于案例指导工作的规定〉实施细则》第9条中已被纠正，第9条中的对象判断与《最高人民法院关于案例指导工作的规定》第7条形成了良好的呼应，说明了在最高人民法院看来，类似案件最重要的是同。在判断类似案件的过程中，基本案情与法律适用的相似才是审查的重点，其必然要实现全部的相似才能作为相似案件加以参照。从另外一个角度来看，这并非不重视两者之间的不同点，而是不同点在基本案情和法律适用都相似的情况下往往只能起到微乎其微的作用，并不足以排除先例的适用。因此，我国更加重视基本案情之间的等同性，类似案件实际上指向了"同类案件"。

二、司法公正与智慧司法

（一）智慧司法对程序公正的实现

在信息化实现之前，司法工作往往依赖于人工，这也导致了文书造假等

---

[1] 张骐："论类似案件应当类似审判"，载《环球法律评论》2014年第3期。
[2] 张志铭："中国法院案例指导制度价值功能之认知"，载《学习与探索》2012年第3期，转引自张骐："论类似案件的判断"，载《中外法学》2014年第2期。

问题的出现。而在数字化时代，司法机关人员的行为被技术流程化、数据化，严格要求司法人员遵守程序，从而既约束了法官，也实现了审判效率的提升。如贵州省法院在容易滋生执法司法腐败的重点领域和关键环节、办案系统中嵌入了案件自流程化监督功能，将执法办案的规范化要求固化到日常监督管理中，变人工监督为数据监督、变事后监督为过程监督、变粗放监督为精确监督，实现了对权力运行的全程、实时和自动监督管理，有效杜绝了因个人原因造成的随意性办案和权力寻租等现象的发生。[1] 以贵州省检察院的案件管理系统为例，借由大数据和统一化平台，其可以促使案件办理全程留痕；程序缺失将导致自动预警；违规办案将导致其无法运转。从指标的构建层面来看，司法办案的评价体系可以被划分为办案强度、办案质量、办案效率、办案效果、办案规范五个维度；在上述维度之内，又可以划分出600多项具体指标。在评查的93 559件案件中，共发现程序性瑕疵案件140 338个。[2]

可以看出，数据留痕可以倒逼程序公正，这也是我国积极推进智慧法院和智慧检务建设的原因之一，智慧司法能够在一定程度上弥补人类的缺陷，增强司法能力，由人工智能系统对证据进行分析审查、校验把关和认定，能够避免因人为识别的认识偏差甚至是恶意扭曲事实所造成的案件事实认定错误，从而避免冤假错案的产生；高度格式化、规范化的程序使人工智能系统能够毫无纰漏地审查、认定全案证据链，避免人工操作时产生的证据遗漏，保证案件证据识别的全面、准确，充分发挥了智能化的工具理性。此外，因镶嵌进的人工智能技术依靠的更多是技术理性（或称"机器理性"），且实现了案件流程的自动化留痕留迹，故做到了全面、实时、动态、自动化监督。由此视之，智慧司法在一定程度上带来了更有成效的司法公平、正义、精确和效率，降低了冤假错案发生的可能性。

（二）智慧司法对实体公正的实现

司法中往往面临着法官自由裁量权的悖论。自由裁量权过大，法官容易偏离甚至背离法律，对于法律的稳定性有所不利；限制法官自由裁量权，法官则会成为机械的法条输出者，法律的灵活性将荡然无存。因此，如何实现

---

[1] 参见贵阳研发政法大数据办案系统打破侦查中心主义》，载环球网：https://china.huanqiu.com/article/9CaKrnK3SZd，2020年10月6日访问。

[2] 参见肖振猛：互联网+司法变革：智慧检察建设》，载中国法学会网站：https://www.chinalaw.org.cn/portal/article/index/id/20356.html，2020年10月6日访问。

一种恰当的自由裁量权是制度一直面临的问题，更深一层次的问题是是否存在着统一的审判标准？这种对司法统一的要求，实际上来自于人们对于同案同判和类案类判的向往，尽管真正的同案同判很难实现，但是技术的存在使其成了一种可能。技术和算法并不存在所谓的潜意识、偏见、偏好的影响，统一的算法使得案件的审判可能存在着统一的标准。

对于这一点，已经有学者针对刑法领域展开了研究，在大数据的支撑下，将同案同判转化为"同等罪量同等刑量"。对于"同等罪量"的判断，主要包括共同犯罪、并罚数罪、累犯、预谋性等22个要素。[1]其中，综合的同案是指将多种质的规定性转换为数量规定性后获得综合可比性的案件。同判系指相同的案件，获得大致相同的判决结果。[2]该学者以交通肇事罪为研究对象，运用SPSS等工具，通过对大量案件判决结果的实证研究，最终发现了刑期与法定情节之间的对应模型，[3]由此可以看出通过算法来实现同案同判并非不可能。数学、算法、技术与法律的结合，足以体现出大数据对于司法重要数据的挖掘技术，可以通过算法计算的自动分析实现法律要素和审判结果的内在统一，从而揭示更深层次的关系。[4]

从现有的司法实践来看，最高人民法院已经设立了相关的平台，实现了法律数据的智能化。以"法信"平台为例，其主要使用两个大数据引擎：裁判剖析大数据引擎（LD）和同案智推大数据引擎（SP）。"法信2.0智推系统"的核心功能是实现基于个案电子卷宗的全案由识别匹配。通过对法律关系、法律事实、法律争议、法条依据和通用法律属性的分析，完成了对1414个案由罪名，总量达15.3万的法律维度体系的搭建。[5]其中，LD大数据引擎首先借助演绎逻辑，对法律知识和规则进行推送。而后，借由法律专业知识服务和案例大数据服务的交替运用，对案件进行匹配，并对相应的规律加以总结。其所采用的逻辑结构（即法信码），类似于West law系统所采用的Key Number System。在该逻辑结构之下，任何一个有意义的要素，均能找到

---

[1] 白建军："同案同判的宪政意义及其实证研究"，载《中国法学》2003年第3期。

[2] 白建军：《公正底线：刑事司法公正性实证研究》，北京大学出版社2008年版，第56页。

[3] 白建军："基于法官集体经验的量刑预测研究"，载《法学研究》2016年第6期。

[4] 涂子沛：《大数据》，广西师范大学出版社2012年版，第98页。

[5] 参见"法信2.0智推系统"，载法信网：http://www.faxin.cn/html/about/fxzt/Fxzt.aspx，2020年10月6日访问。

其自身的定位。在法信大纲层层递进的知识树的框架之下，通过不断发散的枝干，使用者顺藤摸瓜，即可直达其所需的知识内容。SP 引擎功用的发挥，是在 LD 引擎功能发挥的基础之上。在 LD 引擎对裁判文书本身进行剖析之后，SP 引擎根据已有数据，计算个体或变量之间亲属关系的统计量。根据某种准则，使得同一类内的差别较小，而类与类之间的差别较大，最终将目标的个体或变量分为若干类。[1]由此，即可实现对"同案""同判"的界定。从该引擎的运作实效来看，有法官表示在倒推自己的观点上，通过法信的推送，可以有效地借鉴既往判决的判决思路，对于工作有着较大帮助。[2]

由是观之，在同案同判领域，智慧司法有其发挥功效之空间。人工智能对司法领域的上述作用，是办案系统多项功能综合产生的直接后果，这些功能和作用最终的落脚点仍是回归到司法工作的宗旨，即维护社会正义，尤其是在司法体制改革这个宏伟叙事主题下，对公平正义的追求仍然在路上。而司法体系和司法能力能否现代化和智能化，直接关系到司法机关是否有与时俱进维护社会正义的能力和深度。生产工具直接决定生产力，对正义产品的大量快速输出同样依赖办案人员工作方式的创新，人工智能若能被广泛而深入地应用，将为公平正义的实现提供强力支撑。毕竟办案系统最大的优势和特性在于避免办案人员的随意性和局限性，最大限度地减少人为误差和人情关系的干扰。

第二节　司法效率

一、司法效率的概念

对于"效率是否应当成为司法追求的价值"，传统司法理论认为，司法的最终目标是实现社会正义和司法公正，维护社会秩序，注重效率会影响司法的审判，从而导致冤假错案的产生。而现代司法伦理则指出，"迟到的正义非正义"，应当重视效率。"司法效率是现代司法公正的基本构成要素，司法资源的稀缺使得司法必须追求效率，否则不足以完成其实现法律公正之价值使

---

[1] 范柏乃、蓝志勇编著：《公共管理研究与定量分析方法》，科学出版社 2013 年版，第 335～336 页。

[2] 参见"什邡法院：引进'法信'系统推进'智慧法院'建设"，载德阳市人民政府网：http://www.deyang.gov.cn/xwdt/gxdt/882952.htm，2020 年 10 月 3 日访问。

命。"[1]这句话形象地表示,当司法资源充足时,效率并非司法应当考虑的问题,审判者甚至可以花费长时间去探求"真相"和"公正"。但在实践中,现代社会司法资源始终处于稀缺状态,这使得司法实践需要考量效率因素。传统理论的预设更多的是基于一种理想的状态,社会环境、案件的复杂程度和办案人员的水平都需要处于理想状态,从而忽视了始终存在的司法内在成本问题。在传统社会家国一体的治理方式下,宗族承担了一部分社会治理的任务,再加上人们的"畏讼"心理,在古代能够进入司法机关进行诉讼的案件数量是较少的。但就当今市场高度发达、社会环境日益复杂化的情况而言,法院每年的立案数量都在增加,这也意味着有效分配司法资源、提升司法效率成了一个重要的考量因素。

波斯纳认为:"程序制度在精确和成本之间追求最大的交换值。"[2]形象地指出了效率和诚信之间的规则,如果否认公正与效率之间的关系,那么也是同样在否认程序理性的作用,同时也对时限制度进行了否定。

影响司法效率价值实现的因素有很多,但总体来说仍然是由以司法程序为中介的不合理规则和运行分配不公导致的。因此,对于司法效率的提升,可以从两方面入手:其一,变革制度,根据社会的要求对于不合理之处予以改进。社会资源和社会效率始终是应对时代变革需求的。正如古代中国和现今中国的鲜明对比,已然体现出了在制度上应当符合社会的现实需求。例如,美国的陪审团制度为了保证审判的公正,其审查通常要经过很长的流程,但我国人民陪审员制度则并非如此。正是基于两国对于审判需求的不同,因此在制定相关政策时,应当基于这种差别予以重视和改进。更为广泛地说,例如员额制的员额分配,在东部发达地区和西部地区的员额数量也应当有所调整,东部发达地区的案源较多,而西部地区的案源较少,这也是一种对制度的合理改进。其二,保证司法运行机制的公正进行,对于可能阻碍司法效率的因素应当予以排除,例如司法机关的财政独立问题。

二、智慧司法的司法效率目标

(一)宏观上的智慧司法效率建设

在智慧司法建设过程中,对于司法效率的建设,最主要的是调整司法资

---

[1] 刘练军:"司法效率的性质",载《浙江社会科学》2011年第11期。
[2] [美]波斯纳:《法理学问题》,苏力译,中国政法大学出版社1994年版,第262页。

源和司法效率之间的关系。尽管效率问题并非是新产生的问题，但随着经济的日益发展，社会的分化程度加深，利益复杂化，人们的维权意识增强，累诉和诉讼爆炸的问题已经有所呈现，尤其是像我国这种正处于经济快速发展、社会转型集聚的国家，这一问题更加突出。这也是在司法责任制改革后的员额制之下出现入额法官辞职现象的原因。

而智慧司法的建设对于司法效率的提高有着极其有益的作用。往常的自动化只能出现在低脑力劳动的职业和岗位上，但是随着人工智能技术的发展，自动化执法成为一种可能。[1]正如前文中白建军已经做出的尝试，将文书中的审判模式最终转化为模型，人工智能也可以将规则换算为自动运行的算法，"按照合乎程序规定的方式将司法过程精确拆解，又借助数据分享和集中管理，令系统中的每一个动作都为最上的管理者可见"。[2]可以看到，我国在实践中已经收获了很多成果。如上海的"206系统"建立了逮捕条件审查、证据标准指引、单一证据审查、证据链和全案证据审查、庭审示证、类案推送、办案程序合法性审查监督等自动程序。[3]对于公、检、法等司法机关的工作人员而言，系统会自动提醒他们工作的关键点。如果一个法官形成的判决在系统中显示和类似案件的结果差异较大，系统会自动将其推送给庭长进行讨论，这种技术也促进了法官的自我审查。而司法中区块链技术的应用不仅仅应用于法院的建设，还可以应用于数据的沉淀和保管，从而实现从生成智能合约、完成实人认证并签约、合同原文及智能合约上传至司法区块链、智能合约自动运行、合约无法执行后转入多元调解流程、纳入信用奖惩联合机制、立案、审判、执行的全流程智能化。2019年12月19日，杭州互联网法院对一起该类型案件进行了宣判，这是国内首例"无人工干预、无外部因素干扰"的"智审"断案。[4]人工智能辅助办案系统已初步实现了"去人化"，降低了司法的成本，并且提高了效率。

---

〔1〕［美］瑞恩·卡洛、［美］迈克尔·弗鲁姆金、［加］伊恩·克尔编：《人工智能与法律的对话》，陈吉栋、董惠敏、杭颖颖译，上海人民出版社2018年版，第239页。

〔2〕芦露："中国的法院信息化：数据、技术与管理"，载苏力主编：《法律和社会科学》（第15卷第2辑），法律出版社2017年版，第46页。

〔3〕参见"最高法司改办何帆：中国法院正努力把人工智能引入办案系统"，载澎湃新闻网：https://www.thepaper.cn/newsDetail_forward_1746283，2020年10月3日访问。

〔4〕参见"中国首个应用区块链智能合约技术案件宣判"，载中国新闻网：http://www.chinanews.com/sh/2019/12-19/9038475.shtml，2020年10月3日访问。

（二）智慧司法审判实务的司法效率实现

从微观上看智慧司法建设，即将智慧司法落实到具体实务中的应用，首先就已经表现出了提高司法效率的可能，具体表现在司法裁判的各个环节，包括案件的立案、案件的庭审、案件的评议、案件的判决等环节。在这些环节中，利用智能大数据分析、语音识别、图像视频分析等多项人工智能技术，实现案情要素分析、庭审语音识别自动转写、庭审行为视频分析等功能。

1. 非裁判性事务的应用

在司法裁判中，非裁判性的应用指的是在处理司法裁判中非裁判性的工作上应用人工智能和大数据处理，这些应用并不直接影响法官对于司法案件作出的裁判，主要有智能立案、案件分类和文书制作等。[1]

（1）智能立案。

为解决"立案难"问题而进行的立案登记制改革，使各地法院面临着较大的案件压力，因此智能立案成了智慧司法建设的重要落实措施。智能立案指的是当事人将其诉讼请求提交到智能立案的系统，系统根据当事人所提交的信息进行识别，并对识别之后的信息进行审查，如果审查通过就作出立案的决定，如果审查不通过就作出不立案的决定。智能立案的应用使得立案工作的效率大大提高。例如，上海市浦东新区人民法院开始启用二维码自助立案系统，针对较为简单的民商事案件和执行案件，当事人可在浦东新区人民法院自助立案室通过电脑端录入案件信息、打印诉讼文书，自助完成立案。具体而言，当事人扫描大厅内展板上的二维码，在登录界面上选择"起诉/执行"，并输入自己的相关信息，提交后会形成新的二维码。轮到窗口叫号时，当事人只要向立案法官出示这个二维码，自己输入的信息便可以直接进入浦东新区人民法院的审判流程管理系统。经统计，这个程序使得立案的平均时间由1个小时锐减至15分钟。此外，通过自助立案系统，该法院立案法官日均收案量减少了30余件。[2]二维码在司法立案上的应用，实现了自助或半自助立案，从而既节省了立案法官的精力和时间成本，同时也使得当事人的成本大大降低，

---

[1] 葛翔："司法实践中人工智能运用的现实与前瞻——以上海法院行政案件智能辅助办案系统为参照"，载《华东政法大学学报》2018年第5期。

[2] 参见"'二维码'法院，让诉讼服务更温情"，载上海市浦东新区人民政府网：http://www.pudong.gov.cn/shpd/news/20170725/006005077008_33eda7e6-e050-4309-a434-99c438644322.htm，2020年10月22日访问。

提高了立案人的满意度,社会公众也对法院的人性化措施给予了好评。

(2)庭审记录。

《刑事诉讼法》第 207 条第 1 款规定:"法庭审判的全部活动,应当由书记员写成笔录,经审判长审阅后,由审判长和书记员签名。"这也就意味着,书记员打字和整理信息的速度会影响庭审的时长和流畅度。在目前的司法认知中,庭审笔录作为一种记录性文本而存在,而非具有法定证明效力的文书。[1]庭审记录的应用主要是为了辅助书记员更好地完成庭审记录的工作,在这个环节,人工智能的语音识别技术被应用到了庭审当中,能够将法官、当事人等主体的语音转换成文字。

《最高人民法院关于进一步推进案件繁简分流优化司法资源配置的若干意见》提出:推行庭审记录方式改革;积极开发利用智能语音识别技术,实现庭审语音同步转化为文字并生成法庭笔录;落实庭审活动全程录音录像的要求,探索使用庭审录音录像简化或者替代书记员法庭记录。

目前看来,语音识别技术的正确率非常高,可以有效提高书记员庭审记录工作的效率。以浙江省为例,智能语音识别系统已经在全省 105 家法院推广,其延迟不超过 500 毫秒,整体识别准确率达 95%以上。[2]有学者通过基层法院的调研了解到,在一起盗窃罪的审理过程中,智能语音识别系统在共 3324 个字的识别进程中,只有 54 个错误的字数,识别准确率达到 98.38%;在总字数共计 1141 个的危险驾驶罪的审理过程中,错误字数仅为 11 个。[3]智能语音识别系统可以带来两方面的好处:一方面,可以提升庭审速度,在审判中,审判长在发现书记员语言的记录无法跟上庭审流程时会放慢速度或者重复语词,以便书记员正确记录,这往往会打断庭审流程。调研显示:打字速度快的人员担任书记员,庭审时间大概在 1.5 个小时到 2 个小时之间;但打字速度稍慢的人员担任书记员,庭审时间则需要 2 个小时到 3 个小时。[4]这种时间差体现了书记员对庭审的制约。另一方面,对于书记员而言,

---

[1] 张卫平:"论庭审笔录的法定化",载《中外法学》2015 年第 4 期。

[2] 参见"浙江法院智能语音识别系统全面上线",载浙江法院网:http://www.zjsfgkw.cn/art/2016/9/13/art_ 113_ 2585.html,2020 年 10 月 22 日访问。

[3] 冯姣、胡铭:"智慧司法:实现司法公正的新路径及其局限",载《浙江社会科学》2018 年第 6 期。

[4] 冯姣、胡铭:"智慧司法:实现司法公正的新路径及其局限",载《浙江社会科学》2018 年第 6 期。

也有助于对案件信息的梳理和概括。对于书记员而言，庭审记录并非只是对庭审参与人话语的机械重复，而是对相关信息的提炼和把握。因此，当遇到特定数据和关键信息时，如果没有及时跟上当事人的信息点，很容易错过，造成疏漏。[1]而语音识别系统一方面可以将庭审信息及时转换成文字，另一方面也有利于书记员对关键信息的查漏补缺。

（3）文书制作。

文书制作指的是将新兴技术应用于司法文书的制作，从卷宗的角度来看，转化的系统可以对案件相关的纸质材料及各种语音信息进行电子化输入，进而提高司法工作人员的工作效率，同时还可以实现数据的保存、留痕和展示，避免纸质材料在展示和传递过程中消耗时间甚至丢失。[2]另外智能系统可以根据不同案件的关键词选择相应模板，并且输入的数据自动生成司法文书，降低了审判人员的工作量。

（4）判决书的送达与执行。

法院同样会面临判决书"送达难"和"执行难"的问题。针对"送达难"的问题，在传统诉讼中，原告通常只能提供被告的姓名、身份证号等信息。司法人员往往会遭遇文书拒收或者地址变更的问题。因此，如何通过确切的关键信息获取当事人有效的通信方式成了电子文书送达至关重要的一点。通过大数据的采集和挖掘，在当事人信息查询系统上，法院可以通过对当事人姓名、照片、身份证等模糊信息的查询，进而对手机号码、常用电子邮箱、微信号码、互联网平台账号、金融平台账号等个人信息进行深度挖掘。[3]对于"执行难"的问题，同样可以通过结合网络系统实现执行的全流程结合，总体来说分为三种方式：网络被执行人查找，即通过网络、社交等数据的分析形成全息画像；网络财产查控，即通过"总对总"网络执行查控系统，结合社会相关部门，如地方银行、国土、住建等部门进行数据查询，切实解决执行财产难找的问题，同时也可以避免财产转移的问题；网络司法拍卖，即通过网络拍卖平台（如淘宝拍卖等）对相关财产进行变现。

---

〔1〕 冯姣、胡铭："智慧司法：实现司法公正的新路径及其局限"，载《浙江社会科学》2018年第6期。

〔2〕 高伟、张国鹏、刘浏："智慧司法的研究与实践"，载《邮电设计技术》2019年第2期。

〔3〕 高伟、张国鹏、刘浏："智慧司法的研究与实践"，载《邮电设计技术》2019年第2期。

2. 涉及裁判事务的应用

涉及裁判事务的应用指的是在司法审判过程中通过数据库和算法的建立实现对大数据与人工智能的深一层次运用，这类应用主要包括类案推送、裁判建议和偏离预警。[1]

（1）类案推送。

类案推送的目的主要是提高法官裁判的效率、达到同案同判、实现司法统一的效果，类案推送系统主要是通过提取案件的情节，匹配类似的案件，将案例、裁判理由等进行推送。当然，法官也可以自己手动进行搜索，搜索的结果也会根据案件的情节来推送。在这个环节中，对类案的分析、推送的不同方法可能会影响法官对案例的参考，而所作出的裁判也会因此不同。

（2）裁判建议。

裁判建议指的是根据案件的具体情况，对裁判结果作出具体的建议，这是基于人工智能对现有裁判文书的学习总结出来的，在对现有案件裁判结果总结的基础上对具体案件的判决进行建议。由于是对案件的判决结果给出直接的建议，所以人工智能在这个环节上的应用对法官裁判的影响非常大。

（3）偏离预警。

类案推送和裁判建议是在法官还没有作出对案件的判决之前的环节，而偏离预警则是在法官已经作出或者准备作出案件判决的环节。在这个环节中，智能系统会根据法官的裁判和先前案件的裁判结果进行对比，根据偏离程度的大小，对法官进行预警。

因此也可以看出类案推送、裁判建议、偏离预警贯穿于法官作出司法裁判的前后，对法官作出的裁判有直接的影响。

第三节　司法公信力

一、司法公信力的概念

从 2001 年唐德华提出"公信力"一词到 2009 年 3 月 10 日十一届全国人民代表大会二次会议王胜俊在最高人民法院工作报告中首次提及"司法公信

---

〔1〕 张静、易凌波：〞人工智能助推多元化纠纷解决机制的理念与路径——基于C市法院法律机器人'小崇'的实践思考〞，载《人民法治》2017年第12期。

力",司法公信力一词几次出现在最高人民法院工作报告中。并且在司法实践和媒体宣传中也不乏此种用法。但是,从汉语的表达历史来看,在中华人民共和国成立之前,很难见到应用在司法领域中的有关"公信力"的表达,即使将三个字拆分之后,"司法"+"公"+"信"的司法公信的表达方式也实属罕见。相较于生硬的公信,信用一词更为多见,而相较于司法信用,更为常见的是政府信用和法院信用,两者在意思上已经接近司法信用之意。而"信"+"力"的"信力"一词的用法则源于宗教的信仰力一词,更加难以与司法联系在一起。综合晚清到民国时期的报纸和出版物,公信力的表达只能在学术著作中见到。

单独拆分公、信、力三字,"公"强调的是行为人的属性,例如公家车的用法,在马西尼所列举的19世纪汉语外来词中,也有"公法""公议厅""公债"[1]的表达,强调了施予者或者权力者并非是个人,而是某种具有权威力的人。公的另一种属性指向了公共、广泛的存在,即被施予的群众是社会公众。而"信"字则是拥有着深厚的文化背景,"仁、义、礼、智、信"是中国儒家的五常,是士大夫们的行为标准,信强调的是权威的来源并非来自于强暴,而是来自于其说服力。信不仅可以和信托制度、货币的信用工具相关联,更加可以和民法中的诚实信用条款相联系。将历史中的信用和在汉语中的信用进行对比,可以发现古代汉语中的信用是分开使用的,近代汉语中虽然作为一词使用,但其意思则是"相信并使用",多用于金融货币领域,两者与现代汉语的信用差别较大,现代汉语中强调两种含义:一是"诚实,遵守诺言而取得的信任";二是"货币借贷和商品买卖中延期付款或交货的总称,以偿还为条件的价值运动的特殊形式"。[2]力则强调了权力与保障,强调了靠力量,也就是能够保证某项政策或命令实施下去的能力。

可以看到,公信力一词在我国和外国都实属罕见,首次被应用于法律领域的公信力是由近代日本私法领域的研究作品提出的,如石田文次郎、山田晟等人的著作。[3]其后,公信力一词被中国法学家(如吴学义先生等人)引

---

[1] 参见[意]马西尼:《现代汉语词汇的形成——十九世纪汉语外来词研究》,黄河清译,汉语大词典出版社1997年版。

[2] 刘正埮等编:《汉语外来词词典》,上海辞书出版社1984年版,第374页。

[3] 李振勇:"司法公信力概念的沿革、辨析与实践",载《首都师范大学学报(社会科学版)》2018年第3期。

进。就目前来看，对于司法公信力一词的理解有三种立场：其一，能力说，认为司法公信力是指司法机关应当获得社会公众信任的能力。其二，信任说，是指司法机关应当在社会中获得广泛、充分的信任。其三，折中说，认为两者皆可。可以看到，第一种立场强调了"力"而第二种立场强调了"信"。

二、司法公信力的意义

司法公信力最主要的意义在于维护司法的权威性，一方面希望公众可以信赖司法机关的裁判文书，不形成民意质疑，裁判文书可以和民意达成一致。同时又要求司法中立，不希望民意绑架司法。如果过于关注民意，那么将造成司法被民意所决定，由民意或媒体牵动司法进行判决，使得司法丧失权威性。另一方面，如果司法不关注民意，其判决结果将得不到公众的支持与信赖，那么司法权威性同样会荡然无存。因此，在中国古代，有名的司法官员往往有几个特征：其一是其有高尚的人格品质，其二是能够洞察秋毫，即在业务能力上有着极高的水准且对正义有着不懈的追求，在保持能力、维持个案正义的同时，也可以兼顾情理、法理、事理的公平，让人信服。

费利克斯·弗兰克福特指出，法院的权威并非来自于强制，而是道德性，其根本在于基本的共同价值观和官员的良好品格。[1]可以看出，这种权威并非是因为法官拥有司法权，所以天然地拥有公众应当信任他的判决的能力，而是在于法官的个人业务水平和其作出的判决与社会的基本价值观念是相符合的。社会公众往往更容易认同和自己价值观相符合的东西，除非判决说理足够有力，使得他们认同此判决虽然不符合他们的观念，但是确有道理。这也是法官的业务能力之一，即裁判文书的说理能力和说服能力。

可以看到，司法公信力的根源也在于法官通过自己的业务能力使得社会公众更为信服司法机关所作出的判决。同时，司法机关的权威性也能够保障社会公众在面对此判决时已然有了信任的偏向。这是一种良性互补的关系，司法权的正当、合理运用既保障了司法公正，也能够提升司法公信力。但是，若司法机关丧失司法公信力，公众将对司法机关丧失信任。

---

[1] See R. K. Warren, "Public Trust and Procedural Justice", *Court Review*, 37.3 (2000), 12.

三、司法公信力的提升路径

前文述及,司法公信力不仅仅涉及了司法机关的司法公权利,还涉及了社会公众的认同度。从美国在19世纪末20世纪初进行的司法公信力改革中就已经可以看到社会转型期的司法公信力改革面临的不仅仅是司法、法律和制度的问题,还面临着社会的其他方面的问题,[1]如社会效果以及社会对裁判结果的接受度。在社会转型时期,由于多元价值观的冲突和网络影响的扩大,使得司法公信力的提升面临着压力。

司法公信力的提升路径可以从三点进行考虑:

其一,从审判者的角度提高个案的审判能力和主审法官的业务水平。坚持"以事实为依据,以法律为准绳"的审判标准,以严格的审判质量树立裁判口碑同时引导社会相信法律,相信司法判决,这要求法官必须要依法判决,以理服人。同时,在面对可能不懂法的当事人和社会公众时,还应当注意判决书的说理充分与可接受性。

其二,除去被社会广泛关注的案件之外,公众更为关注执行问题。"执行难"不仅源于对被执行人的查找、财产的确定等问题,执行的人员数量与执行案件的数量也形成了巨大的反差。但是,对于社会公众而言,"执行难"并非是制度上的缺漏或者是人员不到位,而是意味着难索赔偿、家庭破灭等切身问题。为了维护群众的利益,司法机关自身要发挥其作用,同时也需要社会其他部门的配合和参与。

其三,司法机关应当注意自身的宣传平台建设和媒体之间的合作。司法机关在官网上及时公布相应信息,可以为社会公众提供了解司法机关的渠道。对于一些典型案件和相应法条的解释在官网上的公布也可以起到一定的宣传和普法作用。近些年,公安机关在微博平台上的短口号、视频等方式的宣传普法、澄清引导工作也取得了较好的成果,树立了社会公众的良好印象。此外,重视自身宣传平台的建设及与相应媒体的互动,可以为社会公众的监督和参与提供渠道。了解社会公众对于案件的意见和举证,可以使得法官能够充分地了解民意,也可以对社会舆情进行及时的回应和反馈,从而树立好司法和舆论之间的良性互动关系。

---

〔1〕 张卫平:《琐话司法》,清华大学出版社2005年版,第82页。

司法公信力的提升并非是一日之功，而是需要长期的积累。我国已经建成了中国特色社会主义法律体系，形成了较为完备的社会治理体系。在提高治理能力和治理体系现代化的过程中，也应进一步完善法律体系中关于司法公信力的相关制度。

四、智慧法院下的司法公信力提升

结合前文对司法公信力的阐述，我们可以看出智慧法院建设下对于司法公信力的提升，可以从两条路径上进行：

其一，通过个案正义辐射社会公众。十九大报告再次强调"要努力让人民群众在每一个司法案件中都感受到公平正义"的要求，已经指出了个案正义的重要性，法庭作为国家和人民群众联系的纽带应当使得人民群众可以在司法个案中学习领悟到司法的公平和正义。正如"许霆案""彭宇案"等具有重大社会影响力的案件，社会公众经过舆论的发酵与煽动后对此格外关注。基于此，我国可以通过树立典型案例和社会影响力较大的案件，推动法院的公信力建设。"阳光是最好的防腐剂，公开是最有效的监督。"[1]一方面，主审法官自身在庭审上的表现可以通过直播等形式予以公开，彰显其业务能力与法律职业水准；另一方面，在裁判文书上，充分对裁判文书进行说理，既可以达到定纷止争的目的，也可以实现法律宣传效用，在依法审判的前提下，做出符合民意且权衡情理、法理和事理的法律文书，达到裁判结果和社会效果的统一。

其二，将庭审流程公开，从而提升公众对法院的信任度。清晰化、透明化的庭审过程，一方面可以使得社会公众了解法院的工作任务及态度，接受公众的意见、质疑；另一方面也可以使社会公众了解规则，如法律法规、司法解释等。司法公开能够让民众充分了解司法运作与内部程序，从而对法院的司法裁判予以认可，同时也通过司法公开加强了对司法活动的监督与制约，促进司法裁判的公平正义，提升司法公信力。凭借"互联网+"、大数据、人工智能等现代科技手段，能够比以往更容易地实现阳光司法的理想。

目前，我国三大司法公开平台（中国审判流程信息公开网、中国裁判文书网、中国执行信息公开网）的建立与运用对司法公开透明的实现起到了极

---

[1] 顾培东："效益：当代法律的一个基本价值目标——兼评西方法律经济学"，载《中国法学》1992年第1期。

大的助推作用。具言之，通过审判流程公开、庭审现场直播、司法裁判文书网上公开、执行信息网上公开以及依据经验法则实现算法建模，让司法成为科学，让司法过程的追溯有据可循；利用虚拟化与超融合技术，进行司法大数据的集中采集、存储与分析运算；利用物联网技术，实现司法办案场所的网络信息化、智能化建设。通过高度信息化与智能化的司法活动实现了司法过程的规范化与标准化，促进了司法公开与司法效率的提升。人工智能的"法官办案全程行为记录"可对法官行为进行隐性约束与预警，增加了审判过程的公开与透明，从而有效减少甚至避免了司法恣意，并使责任追究有了明确依据。通过互联共享的方式，提高了司法效率，及时实现了司法公平正义。

第四章 智慧司法建设的原则

第一节　知识平台与司法活动的有机结合

人工智能、互联网等作为依法治国视野下科学决策的驱动力，是指在智慧司法的建设过程中，将知识平台作为一个端口，与司法活动有机结合起来，发挥人工智能下知识平台的效用。

2013年，我国最高人民法院颁布的《关于推进司法公开三大平台建设的若干意见》提出，要进一步深化司法公开，依托现代信息技术，打造阳光司法工程，全面推进审判流程公开、裁判文书公开、执行信息公开三大平台的建设，增进公众对司法的了解、信赖和监督。

审判流程公开、裁判文书公开、执行信息公开三大平台并不是各自为营的独立平台，而是一个有机联系、结合的统一整体。人民法院的政务网站作为其平台基础，利用互联网聚合三大板块，而在其使用特性上却各有侧重，在资源上可以实现互联互通、互帮互助，在内容上也可以做到互为补充。司法公开三大平台，既是人民群众在司法诉讼过程中最关心的三个关键环节，又是制约和影响司法公正的三个关键节点。最高人民法院提出的"公开为原则、不公开为例外"指导思想应当坚决予以贯彻。除常规审判流程信息外，各类案件实体材料也应当及时公开。著名法学教授熊秋红认为："司法公开是一个渐进式的过程，改革不断深入，司法公开的深度和广度也应该不断完善。"[1]司法公开主要表现为四个方面，即审判流程公开、裁判文书公开、执行信息公开和庭审公开。

审判流程是指在立案、庭审、听证、合议、宣判等诉讼过程中人民法院

---

[1] 参见"最高法除死刑复核外审判信息全公开"，载中国法学会网：https://www.chinalaw.org.cn/portal/article/index/id/15314/cid/，2020年12月5日访问。

所展现的相关信息，相关信息中既包括静态信息又包括动态信息。因此，通过建立审判流程公开平台，就是为了实现将上述信息依照合法程序向当事人和社会公开。最高人民法院对此进行了科学的部署。第一，将政务网站作为一个基础性平台，在此平台上，利用电话语音、手机短信、电子屏幕、微信、微博等先进手段，为当事人和公众提供多元化的综合性司法服务。第二，开发一个相对完整的审判流程查询系统，当事人可以在该系统上查询案件的进展情况。如此一来，审判工作将最大限度地实现透明化，信息寻租空间将被压缩。具体而言，当事人能够自案件受理之日起凭密码从上述平台获取以下信息：①立案相关条件、申诉具体要求、诉讼必要流程、诉讼费用标准、诉讼风险提示以及可供选择的非诉讼纠纷解决方式；②法院地址、联系方式、管辖范围以及权益遭受侵害时的投诉渠道；③当事人的案件名称及案号、案由、日期等立案情况；④合议庭组成人员、书记员的姓名及其他联系方式，评估、拍卖等机构的名册信息；⑤案件送达、管辖权处理、先予执行和财产保全等情况；⑥开庭时间、审理期限、审限变更、程序变更等审判中的节点性信息。第三，全力改良诉讼档案电子化工程，完善转化流程、传送机制和备份方式，从而发挥电子卷宗在降低成本、提高效率、便民利民方面的作用，减轻当事人的诉讼累赘。第四，积极创新庭审的公开方式，可以通过视频、音频、图文等方式在微博、微信公众号等平台及时公开庭审过程。第五，全面推进云科技法庭的建设，特别是对案件的庭审活动全程进行同步录音、录像，并逐步实现"每庭必录"，为当事人及时查阅案件相关情况提供便利。

在我国，最有代表性的审判流程公开平台就是中国审判流程信息公开网。该网站作为最高人民法院设立的公开司法平台，主要功能是公开审判流程信息。最高人民法院以及北京、重庆、浙江等二十多个省、自治区、直辖市辖区范围内的地方人民法院案件的审判流程信息，如当事人及其诉讼代理人的立案、分案、庭审信息，都能在该网站上查询到。此外，该网站还可向案件当事人及其诉讼代理人提供关于庭审录像、庭审笔录和电子卷宗的查询服务以及各类实体材料的电子送达服务。这一功能将使案件当事人及其诉讼代理人及时掌握案件进展情况，有针对性地参与诉讼，而不需要通过非正常渠道收集案件信息。

裁判文书入网备案查询同时也是司法公开中极其重要的一环。自党的十八大以来，最高人民法院及相关部门极力推进裁判文书入网备案工作，并率先做出示范，于 2013 年 7 月 1 日开通中国裁判文书网——司法公开的三大平台之一。同年 11 月 27 日，中国裁判文书网与各高级人民法院裁判文书传送平台进行了联通，这标志着全国四级法院裁判文书统一发布的技术平台搭建成功。同年 11 月 28 日，最高人民法院公布了第一批生效的裁判文书。这一批生效法律文书覆盖了刑、民、行政、执行等不同类型的案件，依照二审、再审等不同审判程序审理的案件也被公开。审判文书公开是法院系统积极回应社会关切，主动接受社会监督、人民监督的重要举措。这一举措有利于增强司法工作的透明度，压缩司法权寻租空间。互联网及时、全面地公布法院的生效裁判文书，速度快、覆盖面广、查阅便利，极大地顺应了国际司法领域的趋势。2016 年最高法颁布的《最高人民法院关于人民法院在互联网公布裁判文书的规定》明确表示，最高人民法院通过应用网络信息技术设立了中国裁判文书网，并及时公布各级地方人民法院的生效裁判文书；在中西部地区，基层人民法院在互联网公布裁判文书的时间进度由高级人民法院决定，并需要报最高人民法院备案。

司法活动应该依据现有的客观证据推定已经发生的客观事实，并据此寻找合适的法律来分配当事人之间的权利义务。因此，司法活动既要符合严格的诉讼程序、证据规则、法律逻辑，同时也要将此过程向当事人和社会公众展现，以实现"看得见的公正"。裁判文书是审判活动的最终产品，这一性质决定了它不仅要全面反映当事人主张、举证和质证的全过程，还要完整展现裁判结论的法律依据、推理过程和事实证据。一份客观、公正、全面的裁判文书最能说明人民法院裁判的正当性。因此，通过互联网信息技术在网络公共平台上公布各级人民法院的生效裁判文书，是对传统法律公开的一次意义重大的革命。

执行信息公开是指全国各级人民法院将案件执行的过程中所产生的各种案件信息通过网络信息公开的方式进行公开，并以此来反映人民法院的执行活动。各级人民法院通过建立执行信息公开平台，可以让公众和当事人及时、有效地了解人民法院为实现当事人的胜诉权益所采取的执行措施，这样不仅可以争取人民群众对法院执行工作的理解，还能挤压执行权力寻租空间，实现执行公开，防止腐败滋生。

最高人民法院发布了对于执行信息平台建设的具体要求：①严格规范执行信息的收集、整理、交换、使用行为，在一致确保信息安全的基本前提下，实现了各区域法院之间、上下级法院之间、同一法院之间的立案、审判、执行部门之间的执行信息共享。②通过执行信息公开平台的发布，向公众包括当事人公开以下信息：第一，执行案件的立案条件、启动的具体程序、执行收费的一般标准；第二，相关风险提示；第三，悬赏公告、拍卖公告等。③完善执行信息查询系统，开通一个执行信息短信发送系统，方便当事人掌握以下信息：第一，执行立案信息；第二，执行人员信息；第三，执行程序变更信息；第四，执行措施信息；第五，执行财产处置信息；第六，执行裁决信息；第七，执行结案信息；第八，执行款项分配信息；第九，暂缓执行、中止执行、终结执行信息等。④各级人民法院对重大执行案件的听证、实施、完结等过程进行同步录音录像，并允许相关当事人依申请对所需要信息进行查阅。进一步说，具备相应条件的人民法院应当为执行人员配备与执行指挥中心系统对接的信息系统，将执行现场的录音录像实时传输给执行指挥中心，并存档、公布，从而实现执行案件全程公开。⑤通过信息系统，利用网络公开平台在社会上公开失信被执行人名单信息、限制出境被执行人名单信息、限制招投标被执行人名单信息、限制高消费被执行人名单信息等，充分发挥执行信息公开平台对失信被执行人的信用惩戒功能。⑥为各类征信信息系统提供更加科学、准确、全面的案件信息，并积极推进执行信息公开平台与社会诚信体系对接，促进社会诚信建设。

中国庭审公开网是继审判流程信息公开、裁判文书公开、执行信息公开之后的第四大司法公开平台。早在2013年年初，中国人民法院新闻传媒总社（以下简称"总社"）就牢牢把握住了国家司法公开的大趋势，开发出了中国法院庭审直播网，并于2013年12月11日上线运行，直播了大量庭审案件，受到社会各界的广泛关注和一致好评。2016年，在最高人民法院的科学部署下，总社积极与新浪网开展合作，借助新浪网在资金和技术方面的优势，开发出了中国庭审公开网，于2016年9月27日正式上线运行。当然，总社不忘科学分析庭审公开的利弊。在庭审公开网运行期间，总社两次组织全国各界知名专家、学者、律师、司法工作人员等召开研讨会，深入分析了庭审公开的理论基础、社会意义、存在的价值风险，并进行了严密的论证。与此同时，总社连续两年在全国法院媒体融合发展会议上将庭审公开作为重点工作进行安排，着力提高社会各界（尤其是各级法院）对庭审公开的认知度和认可度。这些举措的效果十分显著，截至2017年底，已联接中国庭审公开网的法院高达3314家，覆盖了全国94%的法院。其中，27个省、自治区、直辖市辖区范围内的法院实现了全覆盖。截至目前，我国已经初步实现人民法院庭审公开案件全覆盖的目标。

按照最高人民法院的部署，中国庭审公开网将重点抓好庭审公开平台的优化升级任务。第一，将庭审公开网与其他公开平台紧密联系在一起，使得该网站所提供的服务实现智能化与人性化的有机结合，不断满足人民群众对日益增长的参与司法、监督司法、保障实现司法的需求。第二，做好舆论引导、舆情分析和应急处置工作，对庭审的过程进行实时线上跟踪，及时评估舆情走势。如此一来才能在第一时间应对各种问题，确保庭审直播工作的顺利开展，健康发展。

上述知识平台都贯穿于司法全过程，为司法活动每一步的智慧化保驾护航。要实现智慧司法，离不开这些平台的建设，我们要在注重这些平台建设的系统性、顺畅性以及有效性的基础上，开展各项司法活动，推进智慧司法建设。

第二节 尊重司法规律

习近平总书记在关于司法体制改革重要讲话中提出："坚持符合国情和遵循司法规律相结合，坚定不移地深化司法体制改革。"司法活动有其固有的规律性，我们只有正确地认识、把握、遵循和运用司法规律，才能够促进智慧司法的建设，进一步深化司法体制改革，推进司法文明的进程。建设智慧司法不能违背司法活动的规律，这是不可逾越的"底线"。

司法规律是由司法活动过程中的特性所决定的，能够体现司法活动和司法建设的客观要求，是对司法权运行规律和司法活动客观规律的总结。司法规律是指司法活动开展过程中的本质属性及其内在联系，它预示着司法活动开展的必然趋势。[1]

认识和遵循司法规律的基本意义，在于最大限度地发挥司法的功能，以实现社会公正、践行国家法治、化解社会矛盾、维护社会秩序。和其他规律一样，司法规律同样也应具有客观性、必然性和普遍性的特征。但就其自身

---

[1] 陈光中、龙宗智："关于深化司法改革若干问题的思考"，载《中国检察官》2013年第21期。

而言，司法规律内部具有相互联系性和整体性，这主要通过司法机关在司法活动和司法建设的各个环节中体现。关于司法规律，我们可以从两个层面进行了解：一是将司法规律作为在司法工作中应遵循的规律或者办案规律来理解；二是将司法规律作为司法制度的发展规律来理解。

关于司法规律涵盖的具体内容，不同的学者从不同的视角对司法规律进行了剖析。江国华提出司法规律内在地包含构造论规律、运行论规律和生成论规律三个基本层次。[1]刘仁文在确定基本思路的基础上，以列举的方式排除不符合司法规律的现象来解释司法规律。他提出关于阐述司法规律的基本思路包括三方面：①要切实贯彻落实"全国各级人民法院依照相关法律法规规定进行独立行使审判权、全国各级人民检察院依照法律法规规定独立行使检察权，不受行政机关、社会团体和个人以及舆论的不公正干涉"。②要正视司法的亲历性，做到让审理者裁判，由裁判者负责。③要将运动员和裁判员的角色分开。[2]大法官胡云腾将依法治国、实现国家治理体系和治理能力现代化的要求与当前审判工作相结合，总结了我国司法制度的特有规律。其主要表现在以下十个方面：①审判的直接性。中国古代讲究"五声听狱讼"，要求法官必须亲自断案。在现代司法体制中，我们同样强调办案法官和当事人的法庭接触，法官要直接与当事人打交道、直接言辞听取、当面质证等，如此将有利于法官进行公正裁判。②审判的不受干扰性，即司法的独立性，审判权是一种判断权而非行政权，法官必须独立进行判案，不受其他任何权力的干预。③审判的民主性。民主是法治的里子、法治是民主的面子，我们越是强调依法治国，就越是要实行民主。法治必然都是民主的法治。具体到司法领域，即要求我们必须坚持"民主决策、民主参与、民主程序"三原则。④审判的责任制，即谁裁判、谁负责。⑤审判的诚实性。一方面，我们的审判必须是弘扬诚信的，另一方面要求通过司法的诚信来促进社会的诚信。⑥审判的和解性或者和谐性。强调判调结合，鼓励和解，构建多元化纠纷解决机制。⑦庭审的决定性。凡是需要在法庭上调解决定的，一定要让庭审法规起决定性作用。⑧审判法官的有限性。通过法官员额制改革提升法官队伍的整体素质。⑨法官待遇的优厚性。法官的待遇应当与其能力、工作内容相

---

〔1〕 参见江国华："司法规律层次论"，载《中国法学》2016年第1期。
〔2〕 参见刘仁文："何为司法规律"，载《同舟共进》2017年第5期。

匹配。⑩司法的公开性。司法要有权威、有公信力，让人民感受到公平正义。

司法规律的内容极其丰富，也存在着不同的层次，对于其内涵，我们难以采用详尽列举之方式进行说明，但我们可以从那些已经客观存在的司法规律中提炼出一些总括性的定律来作为司法规律。立足于法治中国的国情，并参考域外法治国家运行的经验，笔者认为我国司法体制改革应当遵循以下的基本司法规律。

一、司法公正

司法以公正为价值取向，这是法治国家的基本标志。英国文艺复兴时期最重要的哲学家弗兰西斯·培根（Francis Bacon）曾经指出："一次不公正的裁判比多次不公的举动为祸尤烈。因为这些不平的举动不过弄脏了水流，而不公的裁判则把水源败坏了。"[1]法治条件下的司法应当是贯彻正义和公正原则的司法。公正作为司法的首要价值，为人们所共同追求。司法以公正为灵魂，是实现公平正义的最后一道防线。《中共中央关于全面推进依法治国若干重大问题的决定》提出："公正是法治的生命线。司法公正对社会公正具有重要引领作用，司法不公对社会公正具有致命破坏作用。"司法公正是人民群众在司法行为过程中评判司法体制改革成效的重要标准。

在智慧司法的建设中，守住最后一道防线至关重要，司法公正作为司法规律的外化表现，应当体现在智慧司法建设的全过程。要保障司法权行使的公正性，就必须规范司法行为，加强对司法活动的监督，完善司法管理体制和司法权的运行机制，让人民群众切实地在每一个案件中感受到司法过程中的公平正义，守住社会整体的公平正义。欲达成司法公正的最终目的，结合司法权的运行，我们可以从以下几个方面考虑：

（1）要坚持法律面前人人平等。要实现司法的公正，我们就必须先保证法律面前人人平等。皮埃尔·勒鲁（Pierre Leroux）在《论平等》一书中提到："平等是一项原则，一种信条；而平等这个词的革命象征就意味着：平等是一项神圣的法律，一项先于其他一切法律的法律，一项派生其他法律的法

---

[1] [英] 弗·培根："论司法"，载《培根论说文集》，水天同译，商务印书馆1983年版，第193页。

律。"[1]平等是人权和法治的基本要求,坚持在法律面前人人平等,这是实现全面推进依法治国总目标所必须坚持的一项基本原则。而在全国各级人民法院审判过程中,要坚持"以事实为依据,以法律为准绳",要做到准确定性,恰当量刑。我们必须始终强调法律面前人人平等,同时更要坚持相同的情形同等对待,不同的情形区别对待。该原则包括两个方面:立法上的平等以及司法适用过程中的平等。立法上的平等主要可以表现在法律平等地分配基本权利、基本义务;法律主体平等地承担责任等方面。此外,我们不仅要追求形式平等,更重要的是追求实质平等。由于每个人的天赋、身体机能等各方面都存在差异,法律除了兼顾形式上的平等外,还应当对弱势群体进行合理、适当的差别对待,实质上为公民提供平等发展的条件。司法适用上的平等是指国家司法机关和行政机关在适用法律的时候对所有人一视同仁,不得区分适用对象并进行区别对待。换言之,要对公民的合法权利一律给予保护,对公民的违法行为一律追究法律责任,禁止因人而异,同责不同罚。

(2)实体公正。程序公正和实体公正都是司法公正最为重要的内容。对于实体公正,也就是裁判结果的公正,必然要求法官在审理案件的过程中始终坚持"以事实为根据,以法律为准绳"的基本原则,通过当事人的举证、质证以及法官对证据的审查来认定案件事实。同时法官要严格地服从法律,按照合理、公正的原则办事。以此来确保当事人实体权利得以保障、实体义务得以履行,并最终实现司法公正。

(3)程序公正。实现程序公正的过程具体表现在以下几方面:①案件程序的中立性,即要求法官在诉讼中应当做到不偏不倚,与双方当事人保持形式上和实体上的绝对中立;②程序的公开性,即在司法过程中,要做到审判过程中诉讼行为公开以及诉讼程序公开;③程序的平等性,即要求法官在诉讼过程中要保障各方当事人的诉讼地位平等;④程序的科学性,即要求程序的设计必须科学、合理,符合在审判过程中诉讼行为的客观规律;⑤程序的及时性,即应当避免复杂烦琐的审判程序,严格遵守法定的时限,以及及时告知当事人各项权利。

---

[1] [法]皮埃尔·勒鲁:《论平等》,王允道译,商务印书馆1988年版,第239页。

二、司法公开

对于权力来说,阳光是最好的防腐剂。党的十八届四中全会通过的《中共中央关于全面推进依法治国若干重大问题的决定》要求:"构建开放、动态、透明、便民的阳光司法机制,推进审判公开、检务公开、警务公开、狱务公开,依法及时公开执法司法依据、程序、流程、结果和生效法律文书,杜绝暗箱操作。加强法律文书释法说理,建立生效法律文书统一上网和公开查询制度。"加强司法公开是落实宪法法律原则、保障人民群众参与司法的重大举措,是深化司法体制综合配套改革、健全司法权力运行机制的重要内容,是推进全面依法治国、建设社会主义法治国家的必然要求。[1]

在司法审判的过程中,诉讼的每一阶段、每一环节和每一步骤都应当以当事人和社会公众可以知晓的方式进行,以实现公开透明。在司法审判过程中,要实现以公开为原则,以不公开为例外。坚持做到审判流程公开、庭审活动公开、裁判文书公开、执行信息公开。我们只有通过司法公开,才能以透明的"看得见"的方式来实现司法公正。要坚持依法公开、主动公开、及时公开、全面公开、实质公开、真正公开,让人民群众参与到司法活动的过程中,切实保障人民群众的知情权、参与权、表达权和监督权,从真正意义上提升我国司法机关司法为民、公正司法的能力。

三、司法权力受制约性

司法权属于公权力,为了避免滥用司法权、损害当事人的合法权益和司法的权威性,司法机关应当禁止恣意的行为,以避免造成冤假错案。司法监督是司法民主的重要体现。党的十九大强调:"要切实加强人民群众对权力运行过程的制约与监督,真正意义上实现让人民监督权力、让权力在阳光下运行、把权力关进制度的笼子里。"司法监督,既包括对司法机关及其工作人员活动的合法性的监督,同时也包括司法机关依法对行政机关及其工作人员司法性质活动的合法性的监督。司法公正的真正实现,有赖于司法监督的有效实施。要强化司法监督、规范司法行为,努力营造风清气正的良好司法生态,

---

[1] 参见最高人民法院关于进一步深化司法公开的意见",载中国法院网:https://www.chinacourt.org/article/detail/2019/01/id/3707649.shtml,2020年10月18日访问。

确保司法为民、公正司法。要真正实现将司法权力关进制度的笼子里，应从以下四个方面采取有效措施。

（1）拓展多元化的监督渠道，增强各级领导干部自觉接受监督的意识。要积极培养各级干警愿于、敢于、乐于接受各方面监督的意识，认真总结廉政监督员、人民陪审员、廉政账户、廉政档案等经验做法，全面推动廉政建设在观念上、制度上与实践上的全面创新。积极争取地方党委、政府的全方位的有力支持，进一步完善司法公开三大平台的运行，充分运用现代网络技术和网络平台等载体，完善庭审实时录音录像、生效裁判文书100%上网等工作，最大限度地实现公众对司法工作的知情权、参与权和监督权，增强公众在司法方面的获得感。

（2）着眼于解决突出重点问题，切实加强司法廉政作风建设。要牢牢把握廉洁公正司法的重要抓手（即作风改进），进一步明确法院班子成员的各项责任，创新督查工作的体制机制。同时，要抓住领导干部这个"关键少数"，严格推进党的廉政建设责任制，使中层以上干部既做到科学决策、民主决策、自我约束，为干警做出表率，同时充分发挥管理作用，领导好各分管部门和各工作人员。"庸懒散拖扯"和"四风"等具体问题也值得具体关注。应结合实际情况分析具体原因，从源头上堵住滋生不良作风的制度漏洞。要坚持不懈地开展理想信念教育、司法为民宗旨教育、党性党风党纪教育、法官职业道德教育与群众观念教育。领导干部应深刻认识到有权必有责，领导干部是人民的公仆，应始终坚持为人民服务的宗旨。各级审判者也应深刻认识到，人民法院不仅仅是行使国家审判权的公权力机关，更是群众工作部门，人民法官不仅仅是在司法工作中的司法工作者，同时更是群众工作者。作为一名合格的法官，只有深入到基层，才能真正接触到人民群众，才能怀揣着司法为民的强烈责任感、使命感，认真、负责地办好每一起案件。

（3）全面推进司法结构管理体制机制创新，让审判权和执行权在阳光下平稳运行。党的十八届三中全会提出了"让审理者裁判、由裁判者负责"的改革思路。这就要求全国各级人民法院法官要牢牢抓住群众最为不满的关系案、人情案、金钱案等问题，严格遵守任职回避等法律规章管理制度，防止法律内部人员干扰办案。要通过防范廉政风险、预估案件风险、制定防控措施等方式，使得权力依照法定程序行使。要全面、充分地运用各地法院综合信息管理系统，真正对每一个办案节点、每一个工作环节、每一个工作流程实行全面监控。要坚持强化审判委员会对案件质量的把关作用，落实办案质量终身负责制和错案责任倒查纠错制。

（4）加强对领导干部的管理，强化纪检、监察的监督作用。很多沉痛的事实经验告诉我们，"千里之堤，溃于蚁穴"，如果在队伍管理上失之于软、失之于宽，会对整支司法队伍和司法制度造成极大破坏。因此，各级法院党组应看好自己的"责任田"，树立廉政建设意识。与此同时，要严格执行、落实党的财经、组织、工作纪律，反对自由主义和好人主义。对于监察部门来说，要切实履行好监督责任，充分发挥其部门组织协调、督促检查、分类指导的作用，并建立起切实有效的监察部门与立案信访、审判管理等部门之间的沟通管理机制，如此才能形成有效的监督合力；要教育督促党员、干警严格按照党员的标准来要求自己；在进行监督工作的过程中，应敢抓敢管，严肃查处违纪违法行为，增强监督的严肃性、协同性和有效性。政工部门要认真开展领导干部党风廉政建设考核，并将考核结果作为评价、选拔领导干部的重要依据。而其他业务部门要主动配合上述部门完成反腐的各项工作任务，进行数据统计，针对问题频发的重点部分进行漏洞堵塞，从源头上预防和治理腐败。此外，要强化纪检、监察队伍建设，充分利用资源，依托审务督查员、退休法官和检察官等人力资源，配齐、配强专兼职纪检、监察人员；加强纪检、监察人员教育，定期组织学习，掌握法院纪检、监察工作需要的业务知识，不断拓宽视野，完善知识结构，促使纪检、监察人员切实提高有效防治司法腐败的能力和水平。

四、司法的亲历性

司法活动的亲历性主要是指在审法官应当亲身经历案件审理的全过程，直接接触案件的证据，直接听取当事人的陈述，并依据此内容直接作出裁决。司法活动具有亲历性的特征，即要求法官直接听取双方诉讼当事人的主张、当面听取双方的质辩意见。在司法实践中，案件是复杂多样的，如果司法人员不亲自对各种证据进行审查，了解具体详细的案件信息，就难以对其中的是非曲直、真假进行全局性的把握，那么也就难以发现事情的真相，并作出公正的审判。

司法的亲历性的基本要求主要包括以下几方面：第一，直接言词原则。该原则要求法官和当事人在庭上进行面对面、言辞对言辞的对话。原则上，法官都应当直接审理，而不得采用书面审理或者间接审理等方式。第二，以庭审为中心。应当将庭审作为整个审判流程的核心环节。和审判流程中的其他环节对比，庭审是法官进行实质审理并真正决定最终裁决结果的环节，法官对案件事实的了解、对证据的梳理以及对案件的审判主要都是通过在庭审过程中对案件的发现来实现的。第三，集中审理。法官在案件审判过程中应当不间断地进行审理，裁判者不得随意离场。第四，裁判者不更换。裁判者应当参与案件审判的全过程，避免中途更换。第五，事实认定出自法庭。法官对于案件事实所形成的理解，应当从庭审环节的当事人陈述、质证中得来。第六，审理者裁判，裁判者负责的原则。[1]审判分离的形式不利于司法公正真正意义的实现。近年来，由于司法行政化、官僚化的不断加剧，导致出现了"审者不判、判者不审"的局面，阻碍司法公正的实现。司法的亲历性要求亲历过程以及亲历结果相统一。审判分离既有悖于司法的亲历性原则，又无法保证司法公正和效率，也难以实际有效地施行错案追究责任机制。为此，我们要通过实行司法责任追究机制，让审理者裁判、由裁判者负责，实现权责相统一，建立办案质量终身负责制和错案责任追究制。[2]

五、司法的终局性

司法的终局性是指法院对于其所管辖的案件所具有的最终裁决权。司法活动具有终局性，同时终局性也是司法职能的基本要求之一，是树立司法公信权威的必要条件。司法具有终局性，是为了防止裁判者对案件结果进行肆意更改，以保障人民的基本权利。司法的终局性主要表现在裁判的终局性上，即对于已经生效的案件裁判文书，是具有公信力、确定力、拘束力以及执行力的。裁判作出后，若允许当事人反复提出意见，则司法机关难以发挥平息纷争、解决纠纷的功能。

六、司法人员的专业化、职业化

司法人员主要是指从事司法工作前已经进行了专门的、系统的法律知识的学习，具备法律思维，掌握一定法律技能的人员。十八届四中全会通过的

---

[1] 朱孝清：：""司法的亲历性"", 载《中外法学》2015年第4期。
[2] 张文显：：""论司法责任制"", 载《中州学刊》2017年第1期。

《中共中央关于全面推进依法治国若干重大问题的决定》提出了司法人员专业化改革的路径。具体包括：设置法律职业资格考试准入制度；对于司法人员的录用采用多元化的方式；根据司法工作人员的职业特点，对司法人员进行分类管理；采用逐级遴选的方式来招录司法人员。努力打造一支职业化、精英化、专业化、示范化的司法队伍，提升全体司法人员的素质，更好地维护法律的尊严，保障人民群众的合法权益。

"数字法治、智慧司法"的蓝图已经绘就，今天，我们能够看到各地智慧司法的先进性经验。以我国首个刑事案件智能审判辅助办案系统（简称"206系统"）为例，该系统推进办案智能化、提升了办案效率。"206系统"是根据我国《刑事诉讼法》关于"案件事实清楚、证据确实、充分"的规定和中央关于推进以审判为中心的诉讼制度改革的部署，运用互联网、大数据、云计算、人工智能等现代科技手段，制定统一适用的证据标准指引、证据规则指引并将其嵌入刑事办案系统中，实现对刑事案件证据标准、证据规则的统一性指引和形成对证据进行校验、把关、提示、监督的刑事案件智能辅助办案系统。[1]我们能够看到，"206系统"结合了全面深化司法体制改革的大背景，以遵循司法规律为基础，实现了科技理性、法律理性、人类理性的深度融合创新，标志着人工智能在司法领域由初级应用迈向高级应用。严格遵循司法规律，准确把握司法规律的特点和人工智能的发展阶段、特征，根据司法规律和人工智能各自的特点，使其紧密结合，通过深度融合应用，实现智慧司法创新，促进理念思路的提升、机制体制的创新、司法行为的规范、诉讼制度的完善，以期更好地为司法服务，推进司法制度的深化改革，形成人工智能与司法深度融合的正确进路。

第三节　发挥司法人员主动性

2016年年中，国内媒体关于南京市中级人民法院拟引入机器人辅助判决的报道引起了社会公众的广泛关注。据报道，只要对机器人输入案件的基本事实和主要情节，机器人就会自动弹出有必要适用的基本法律，在之后"输出"它所认为的判决结果。南京市中级人民法院针对该报道作出回应："机器

---

〔1〕　崔亚东：《人工智能与司法现代化》，上海人民出版社2019年版，第104~105页。

人虽然介入法官的工作但将永远不可能取代法官的工作，法律是工作经验和基本价值的有机结合，尽管我们发现机器人聪明，但它们却只能胜任一些辅助性的工作。"[1]

我国法院的司法人员在办案过程中遇到的最主要的问题是"案多人少"，案件与司法人员之间的数量不匹配时常导致审判人员为了迅速结案而对案件仅停留在较粗浅的了解阶段，更不用说真正实现"让每一位人民群众在每一个司法案件中感受到法律的公平正义"的法治目标了。而智慧司法的建设，通过对数据乃至法律文本数据的深度挖掘，提升了司法人员的工作效率和工作质量，避免司法人员将大量时间耗费在重复、烦琐性的工作上。智慧司法利用了大数据、人工智能等技术手段，对各类信息进行采集分析，并分析如何节约诉讼资源和提高司法效率，以实现节约诉讼资源和成本的目的。但在司法实践中，由于司法人员数量和案件数量不成正比，案件堆积现象严重，加上对事实和证据认定标准不一，导致同案不同判现象频发。在此种情形下，在司法工作领域广泛运用人工智能技术能够帮助司法人员完成大量机械性的重复工作，通过减缓司法工作人员的压力来提高司法审判的质量和效率。将人工智能与司法实践相融合的大胆探索，对于全面推进依法治国、建设社会主义法治国家来说，既是机遇也是挑战。

司法活动有其自身的规律性和特点，如司法的公正性、司法的亲历性、司法的公开性以及法官、检察官和侦查人员的经历、经验、理性判断等，这些都决定了法官、检察官、侦查人员是办案的主体。同时，现阶段人工智能的发展属于初级阶段，也即我们所说的"弱人工智能阶段"，具有不确定性和局限性。目前，人工智能处理的是一些较为单一的事物，其发展程度远未达到能够模拟人脑思维的程度，不可能做到像法官、检察官、侦查人员那样对案件进行分析、思考和判断。因此，现阶段人工智能的主要作用还只是辅助司法人员进行办案，其定位只能够是 AI 法官助理、AI 检察官助理、AI 侦察助理，不能替代法官、检察官、侦查人员办案，更多的还是要发挥司法人员在立案、起诉、审判、执行等过程中的积极性和主动性。

在这个人工智能被广泛运用的时代，若要同时抓住时代发展机遇和有效

---

[1] 参见"南京法院拟引入机器人辅助判案？官方回应系编造"，载中国法院网：https://www.chinacourt.org/article/detail/2017/01/id/2501782.shtml，2019 年 9 月 21 日访问。

应对现实挑战，就要从人类自身出发。特别值得注意的是，人工智能与司法实践的有机融合并非科技与司法建设的简单叠加，而是真正意义上的实现其切身发展。在享受科技给司法领域带来便利的同时，应警惕司法人员被人工智能所取代。因此，我们可以看出，确实大有必要培养复合型的司法人才。司法实践中，我们不仅要加强对司法工作人员的思想政治教育，还要对司法人员进行信息化专门培训，让他们准确认识并掌握区块链、大数据、人工智能等前沿科技的运用方法，培养老一代和新一代司法人员运用智能化手段进行工作的意识，有针对性地培养司法系统内部的科技骨干力量，让他们积极参与司法人工智能系统的研发，防止核心算法技术被外包公司垄断。

我们还应意识到，"法律+技术人才"与人工智能的深度融合首先是人工，人仍然在智能系统开发与运用方面发挥根本作用。应从以下几个方面发挥人的核心作用：第一，培养"法律+人工智能"的跨界人才。以西南政法大学"人工智能法学院"为例，在高校中启动法律人工智能课程，重点培养既精通法律又熟悉人工智能操作的综合性人才，达到"法律人明晰人工智能的基础性技术构造，技术人员知晓法律的基本原理"的标准。第二，"法律人—法律工程师—技术公司"三元主体模式值得被建立。正如前文所说，"人"起着最核心的作用，法律人才是法律人工智能真正的"导师"，法律人工智能系统的开发和运用应当以法官为核心。熟悉系统操作后，法官则负责从业务需求角度确定功能、制定操作规范。而作为"术语翻译师"的法律工程师负责执行法官下达的指令，负责与外部技术公司的沟通对接工作。法官与法律工程师之间相互支撑、相互作用。

第四节 维护网络信息安全

在人类与人工智能共生的环境下，我们首先必须遵循基本伦理原则。只有在人类的安全得到保障的前提下，追求公共利益才有意义。此处的人类安全，应当做广义上的理解，包括健康、经济、粮食、环境、政治、信息安全等。在此，我们主要针对在人工智能运行的情况下如何维护信息网络安全进行讨论。

伴随着世界经济全球化的不断发展，我们国家的经济也进入了稳步上升的阶段，国民物质生活水平显著提高，人工智能产品在企业、机关单位、学校和家庭中随处可见，改变了人们的生活。但任何事物都有两面性，在人工智能产品广泛使用的过程中必然存在需要注意的风险，如我们在享受 WIFI 强大共享功能的同时，也要承担信息泄露的风险。在人工智能的崭新时代下，我们必须重视网络信息安全问题，不断强化对信息的维护，这样才能真正让信息技术为智慧司法服务。

一、人工智能时代下的计算机网络信息安全

网络信息技术在我国各个行业的发展中均发挥着非常重要的作用，同时也出现了很多黑客对各种网络进行攻击，尤其是一些存有大量数据资料的网站很容易成为黑客攻击的目标，这极大地破坏了网络信息安全。网络信息安全，主要是指广大用户在应用网络系统的过程中，相关的软硬件设备不受破坏，广大用户的数据不被改变，网络服务不被中断。在人工智能时代下，如何加强计算机网络信息安全防范是亟待解决的问题。只有做好人工智能时代下的计算机网络信息安全管理，才能避免非法的网络软硬件系统在不知不觉中被使用，避免出现网络数据资源被破坏的现象。因此，在当前网络信息的安全管理过程中，不但需要注意保障计算机硬件的安全，而且还需要保证网络系统、物理和相关计算机程序的安全性。

二、人工智能时代下影响计算机网络信息安全的主要因素分析

（一）计算机网络信息特殊性和自然环境的影响

计算机网络信息是由各种各样的数据组成的，而这些庞大的数据可以被划分为一个个不同的数据库。这些数据库原本是一个个封存完好的盒子。但是当这些盒子遭到人为的恶意破坏和攻击时，就会出现漏洞，使得盒子里面的数据语义出现偏差，从而带来一系列影响。计算机网络信息在进行传输时，信息数据也可能遭受双面性盗取，从而造成计算机网络信息泄露。[1]当然，导致计算机网络信息出现安全问题的原因是各种各样的，除了以上的人为因素外，还有自然环境、天气等因素，如恶劣的雷雨天气、台风、地震等突发情况，都可能毁损计算机相关设备，使信息数据出现遗失和断层。在网络信息设备被损毁之后，就会出现无法检测当下的数据是否完整、准确的问题。

---

[1] 刘锋：" 防火墙技术在计算机网络安全中的应用"，载《科技风》2019 年第 16 期。

(二) 工作人员安全意识薄弱

虽然我们相信工作人员在工作时都怀着极其敬业的态度，且有着不俗的专业水平，但依然有一些工作人员对网络信息安全问题的认识不到位，导致他们在日常工作时出现失误，给了黑客们攻击、破坏系统的机会，造成了计算机网络信息数据的破坏和遗失，甚至让网络系统出现大面积瘫痪。网站上的个人信息的泄露会给企业、单位、组织和个人造成极其严重的损失。

(三) 计算机网络信息技术的漏洞和网络病毒的影响

当今世界，随着计算机网络信息技术进入高速发展时期，所有的技术都在快速攀登高峰。但由于当下技术仍存在很多限制，在网络信息安全的部署上仍存在瑕疵。这些瑕疵给了黑客们可乘之机。网络信息病毒则是另一个重大的隐患，虽然不得不承认它和现代的计算机网络信息技术一样，都是人们智慧的结晶，但与网络信息技术不同的是，网络病毒存在的主要目的就是攻击和破坏网络系统，加上它本身具有极强的感染性、超强的破坏性和极快的传播速度，导致网络信息安全维护的难度系数大大增加。

三、基于人工智能时代下计算机网络信息安全问题的主要危害

在人工智能时代的发展背景下，网络科学技术在为广大人民创造更加快捷、便利条件的同时，也提出了一些挑战。计算机网络信息技术在具体应用的过程中不仅大幅度提高了人们的工作效率，能够帮助广大人民更好地完成自己想要做的事情，还可以为更多的工作难题提供较好入手的前提。但这却也给一些不法分子创造了可乘之机。计算机应用用户越来越多地依赖计算机网络提供的各种服务，以实现生活、工作所需。而基于此，由于利益所图，黑客攻击事件愈演愈烈，造成了越来越大的破坏、影响。由于黑客攻击技术的持续进步，网络攻击者可以非常容易地利用分布式攻击工具有效地发动拒绝服务攻击，扫描潜在的受害者以及危害存在安全隐患的系统。黑客攻击的技术根源是软件和系统的安全漏洞，操作系统、应用软件等安全漏洞每年都会被发现，需要网络管理员不断地用最新的软件补丁修复这些漏洞，但日日防贼也不能尽善尽美。尽管网络管理员已经尽可能找到并修补漏洞，但黑客经常能够抢在网络管理员修补这些漏洞之前发现这些漏洞并发起攻击，非法侵入网络中重要的信息系统，窃听、获取、攻击、侵入网络信息系统的有关敏感性重要信息，修改和破坏信息网络的正常使用状态，造成数据丢失或系

统瘫痪，给社会造成重大影响和经济损失。

人工智能技术使得网络攻击多样化。一方面，人工智能技术降低了网络攻击门槛，黑客入侵的工具与技术愈发多样化，他们可以利用开源工具欺骗识别系统。另一方面，人工智能技术对信息网络安全的攻击、危害愈演愈烈。利用人工智能技术或其他智能设备发起攻击，有可能导致存储信息系统的物理设备遭受损害，甚至威胁存储关键信息的基础设施的安全，这也将增加个人信息、隐私泄漏的风险，进而严重威胁国家的发展，毕竟，在人工智能时代下，推动国家发展是第一位。

四、基于人工智能时代下计算机网络信息安全防范策略

（一）降低网络运行环境的安全风险，切实保证、保障计算机网络信息传输的安全性

我们在正常的进行网络运行的过程中，若不关注对其网络风险的防范，便有可能遭受一些黑客或者是不法分子的非法侵害。为了给计算机网络信息的安全提供最严密的切实可行的防护，需要全面分析现如今电子信息网络的运行环境，强化对关键重要信息的保护以及对所属基础设施等重要信息系统的安全防护。同时，要重点关注对关键基础设施的控制系统、体系架构、特征的全方面的有机结合，要始终有目的性、针对性地开展漏洞挖掘、安全测试，排查关键信息基础设施的安全风险隐患。尤其是着重提升关键信息基础设施的抗侦听、抗攻击和恢复能力。一旦发现网络在运行过程中存在风险性因素，应及时采取一系列的防范措施，进而为公众创造一个安全、健康的网络运行环境。

（二）重点突破人工智能网络安全技术，利用人工智能的优势优化安全管理工作

充分发挥人工智能技术的优势与特点，以科学、合理的方式将其运用到网络信息安全管理工作中，这样不仅可以促进网络安全管理工作的高效率运转，同时还可以更有效地保障网络安全管理。全方面、有效地运用人工智能技术，深入分析其对计算机网络攻击的特点、性质和规律，发现之前网络攻击的共性和特殊性，可以更加透彻地研究恶意程序和攻击手段的演化方向，最终提升网络攻击防御的效率和精准度。

为了推动人工智能技术在网络防御领域的全方面应用，我们要切实做到

以下三点：第一，加强与重视对网络信息的前瞻性、基础性进行深入研究、深度学习乃至提升机器学习的研发、开发力度。努力实现算法的可解释性、透明性，全方面实现运行效率的高速化提升。第二，要全面加强对人工智能的漏洞挖掘、安全测试、威胁预警、攻击检测、应急处置等网络信息安全管理技术，提升人工智能安全态势感知、测试评估、威胁信息共享和应急处置等能力。第三，加强对应用技术研究改革的支持，重点是加强对抗性机器学习研究，分析对抗性攻击对人工智能系统的危害程度，提出应对的技术方案，提升算法的精确性。

（三）安装相应的杀毒软件，及时检查漏洞，更新、安装补丁程序以确保系统的安全性

在现如今高新技术快速发展的背景之下，人工智能高速发展，其重要举措在于全面检测入侵的病毒，以实现网络监控以及计算机网络安全强化防护。杀毒软件的功能变得越来越强大，涉及面越来越广泛。当前所使用的杀毒软件具有监控网络、判定病毒与病毒扫描等功能，一些功能较强的杀毒软件甚至具有破坏数据修复和防止黑客入侵的功能。安装杀毒软件对防范计算机网络安全风险具有重要的作用。同时，安装杀毒软件，定期对电脑中保存的文件、视频和图片等存在的病毒进行查杀，能够最大限度地降低计算机在数据传输的过程中感染网络病毒的风险，真正达到抵御黑客攻击的目的，全面进行监控数据分析，提升计算机网络信息的安全防护效率。同时，应该全面检查网络信息数据中存在的漏洞，以便及时安装补丁程序，有效地保障计算机网络安全防护的实效性。

（四）做好计算机硬件设备维护，强化计算机网络信息安全

在防范计算机网络信息安全风险的过程中，一个非常重要的环节就是做好计算机硬件设备的检查、维护和升级工作。通常在计算机网络信息数据的传输过程中，数据储存设备的重要性也非常突出，所以计算机网络信息管理的工作人员可全面检查数据储存硬件的设备状态，全面、深入地分析网络在不断运行的过程中是否存在异常的现象，以此来保障计算机硬件设备能够更加顺利地运行，切实保障计算机网络信息的安全性。

（五）做好网络传输数据的加密处理，保障网络信息数据的安全

在当前人工智能高速发展的时代背景下，通过对网络设备所传输的重要文件信息、数据资料采取加密处理的方法，切实减少电脑中相关信息被窃取

和遗失的风险，为网络信息的安全设立一道良好的防护屏障，以此保障网络信息数据的安全。比如，使用了 SSL/TLS 加密的 HTTPS 协议。其作为 HTTP 的安全版，通过 TLS/SSL 协议的身份验证、信息加密和完整性校验的功能，从而避免信息窃听、信息篡改和信息劫持的风险。HTTPS 协议在数据传输中凸显了以下特性：①可信性（Authentication），即通过权威的第三方发布的 CA 证书进行身份验证，主要是确认服务器端的真实性，如银行的某些应用也会对客户端进行认证。②机密性（Confidentiality），即通过可信的 CA 证书进行非对称的会话密钥交换，会话密钥提供信息加密，以保证数据的安全传输。③完整性（Message Integrity），即通过对信息的数字摘要进行数字签名，保证信息传输过程中数据的完整性，防止被修改。在如今社会人工智能快速发展的时代背景下，各类身份识别技术不断涌现，例如声音识别方法、指纹识别方法和利用第三方平台以短信形式识别的方法，合理选择相关技术能在较大的程度上强化计算机网络信息的安全性。

（六）强化网络信息安全防护的重视程度，切实增强网络信息安全防护意识

在现如今人工智能时代的高速发展背景下，为了切实、有效地提升计算机网络信息安全的防范水平，使网络信息泄露的风险降到最低，我们要注重两个关键点。首先，加强对网络信息安全防护工作人员的培训，定期组织其参与专业培训，让其通过不断学习掌握较高的专业技术，真正认识到计算机网络信息安全防护的重要性，从而为提升计算机网络信息安全的防范奠定坚实的基础。其次，应该明确网络信息安全防护人员的工作职责，将网络信息传输的各个环节的管理真正落到实处，以便为网络传输创造良好的保障条件。

计算机网络信息技术是把"双刃剑"，在网络信息技术高速发展的同时，广大人民的生活方式也深受影响。人工智能虽然为我们的生活、工作乃至方方面面都带来了极大的便利，但是也会给网络安全带来巨大冲击。当前的人工智能已经渗透到了人们的实际生活中，所以需要充分认识计算机网络信息安全防护的重要性，结合人工智能带来的机遇和挑战，准确把握好每一道网络信息安全防护的关口，以便能够让计算机网络技术更好地服务人们的实际生活。通过全面保障计算机网络用户的信息安全，从源头上避免出现计算机网络信息被泄漏的风险。

第五节　保障法官司法权的独立行使与中立性

一、保障法官司法权的独立行使

习近平总书记强调指出，"要确保审判机关、检察机关依法独立公正行使审判权、检察权"，"司法不能受权力干扰，不能受金钱、人情、关系干扰，防范这些干扰要有制度保障"。让权力在阳光下运行，就要扼住权力伸向法官司法的任性之手，令其无法污染司法的源头。

法官司法独立的内涵可以从两方面解读：一是法官司法权独立于政治统治权存在。二是法官司法权独立运行的核心内容——法官独立，即法官依职权按照法律和良心、经验独立审理、裁判，不受任何机关和个人干预。我国奉行的审判独立，要求法官在裁判中表述个案认识和法律理解时与其所在的法院保持一致，法官的裁判就是法院的裁判，这种集体的法官司法独立不被国内学者解释为法官独立行使司法权，但实质上，审判独立也应是法官独立行使司法权的表现形式之一。[1]法官行使司法权有三层含义：第一层含义是指法官行使司法权，即法官司法权作为一项判断权独立于行政权而存在。法院、检察院、公安机关分工合作、相互配合、相互制约。第二层含义是指法院行使司法权，法院行使司法权是法官行使司法权的制度表现，是法院作为一个整体所体现出来的独立性，包括法院与非法院机构的相互独立和法院之间相互独立，审判权的行使主体只能是法院，其他机关、政党、社会团体和其他个人都无权行使此项权力，也无权对刑事案件作出有罪、无罪以及罪轻罪重的判决。第三层含义则是指法官自身的独立。习近平总书记指出："司法人员公正办案，只服从事实、只服从法律。"[2]法官在定罪量刑的过程中，只能以权威的制定法为依据，在限度内进行自由裁量，而不受立法机关、行政机关的干预，也不受本级法院和其他法院的其他法官的影响。中国共产党第十八届中共中央委员会第四次会议明确指出，要切实建立对领导干部干预司法正常活动、插手具体相关案件处理的记录、通报以及责任追究制度。

---

〔1〕 华小鹏："论司法的独立性与司法的政策性"，载《公民与法（法学版）》2012年第11期。
〔2〕 习近平："坚持严格执法公正司法深化改革　促进社会公平正义保障人民安居乐业"，载《人民日报》2014年1月9日。

我们通过保障法官司法的独立性和中立性，做到"依法公正对待人民群众的诉求，努力让人民群众在每一个司法案件中都能感受到公平正义，决不能让不公正的审判伤害人民群众感情、损害人民群众权益"。[1]

当然，坚持法官司法权独立行使并不意味着法院不受任何监督和制约。法官司法权同其他权力一样，都存在被滥用的可能，因此都要接受监督和制约，不受监督和制约的权力将会滋生腐败。在我国，各级司法机关必须正确处理好与党委、权力机关、行政机关以及人民群众的关系。

法官司法独立是不能够脱离人民代表大会监督的。人民代表大会是我国的权力机关，司法机关要对其负责，受其监督，维护和实现人民的意志。另外，司法也必须接受党的领导，中国共产党是我国的执政党，司法机关要服从党委对司法工作的领导，使法官司法权的行使有政治保证。我们虽然要求法官独立行使司法权，但是法官也要接受上级司法机关的监督和指导，保证法官司法权的统一行使，尽量避免擅断。最后，司法独立还要接受社会公众的监督，以便正确地适用法律，防止司法腐败等现象的发生。

人工智能司法裁判的出发点是促进审判体系和审判能力现代化，其本质是用先进的科技手段弥补人类思维的局限性，将科技智慧与人类智慧相结合，从而实现法官审判能力的提升，而不是用人工智能干涉甚至是主导司法活动。一方面，司法的独立性要求人民法院依法独立行使审判权，不受行政机关或其他个人的干涉，以确保司法活动在不受无关干预的情况下独立开展；另一方面，我国法院二审终审制度的意义在于通过各个审级的独立判断，从不同的层面和角度维护司法活动的公平正义。人工智能技术的应用给司法活动的独立性造成了非常大的冲击和影响，人工智能能够实现上级法院对下级法院的全要素监管，迫于远程监督的巨大压力，下级法院的庭审活动可能会在"装饰"下进行，庭审活动的真实性内容难以展现。为了防止监督异化影响审判活动的独立性，应当对上级法院的监督权限和监督范围予以限制。因此，建议从以下三个方面进行改进：其一，明确智能辅助系统的主要功能在于服务法官更好地行使审判权，在保障法官主观能动性的前提下，辅之以技术的理性和效率，发挥司法活动的最大效益，而不是限制法官的独立和自由。由

---

[1] 习近平："在首都各界纪念现行宪法公布施行30周年大会上的讲话"，载《人民日报》2012年12月5日。

审判管理转型为审判服务,减少对法官开展审判活动的干扰和介入,强化对审判活动的支持和帮助,使得办案人员真正享受到智能辅助系统带来的便捷和福利。其二,限制政府对司法数据库资源访问的权限,政府基于非必要和合理原因不能过分干涉司法数据,坚持和维护法官的审判独立地位,坚持以审判为中心的诉讼改革,摒弃机器万能主义思维。其三,在不同的审级中设置相应的壁垒和适用程序,改进算法模型,确保各个审级都经过各自独立的审查判断,层层把关,以维护审理的独立性和裁判的合理性。

二、保障司法的中立性

中立性是司法的本质属性。2013年11月,十八届三中全会决定,要确保独立行使审判权和检察权,司法的中立性又再一次被提出。

若要确保法官的中立性,首先,必须确保法官不是本案的当事人或者当事人的近亲属。其次,还要确保法官不能与案件最后处理的结果有利害关系。从法官自身角度出发,对于案件不能有先入为主的观念,用自己固有的思维模式去作出判断,否则很容易对一方偏袒,或歧视一方当事人。若要实现司法公正,确保司法的中立性是最基础的。司法的中立性,可以被概括为以下几个方面:第一,法官不能成为自身案件的裁决者,做了运动员就不能再做裁判员。这是因为身份和立场的不同会在极大程度上影响人们的判断,若法官担任自身所涉及案件的审判者,在很大程度上会自然而然地忽视于己不利的事实,作出有利于自身的裁判,如此的判决有失公允。第二,司法裁判者不得在全面审视案件之前抱着先入为主的观念看待案件和当事人,也不得凭个人的喜恶进行判断,否则何谈司法公正。

如上段所述,司法中立对于司法公正来说至关重要,而做到司法中立最关键的一点在于培养法官保持中立性思维,而中立性思维则以中立性思考为前提。中立性思考最重要的是法官在对案件进行抽丝剥茧的深入分析时,与双方当事人之间的距离必须相等,这种相等的距离对于消除法官的心理定式效果显著。只有手握裁判权的裁判者始终保持着中立的思维,司法权威才能得到维护。应当从以下几点来保证法官的中立性思维:首先,主体中立是大前提,法官不能与本案或当事人存在可能影响案件公正裁判的利害关系;其次,制度独立,诉讼制度的设计必须使得法官与双方当事人之间的距离是相等的,不偏袒任何一方;最后,庭审独立是最终的保障。庭审是整个审判的核心，在庭审过程中，裁决者必须同时拥有过硬的能力和良好的品行，始终保持中立性、被动性、理性客观的思考，向当事人和社会展现出一个裁判者该有的中立立场和理性的法言法语。这事实上对法官提出了很高的要求，法官要不断克服人性的弱点，不断警示自己必须始终扮演"正义使者"的角色。

司法中立还要求法官应避免各种各样的干扰。每一位有经验的法官都能感受到，自己无法活在单纯的法律世界中，而是会经常面对来自行政领导、社会舆论方面的干扰。在面临众多干扰的情形下，法官能拥有一个相对独立的法律思维空间对案件裁判来说至关重要。对这个空间的维护不仅仅要依靠法官自身的职业素养，还在于法官如何处理来自社会各层面的影响，不然"以事实为依据，以法律为准绳"的司法本意很难被真正践行。

避免法官不当行为对司法中立性的损害也是维护司法中立的重要一环。法官在履行裁判职责时，不仅仅要自己认为自己已经做到实体公正和程序公正，还要通过自己在法庭内外的言行举止体现出司法公正，从而避免公众对司法公正产生合理的怀疑，让社会公众真正从内心深处产生对法律的敬畏和信仰。《中华人民共和国法官职业道德基本准则》第13条规定法官应当遵守的行为准则："自觉遵守司法回避制度，审理案件保持中立公正的立场，平等对待当事人和其他诉讼参与人，不偏袒或歧视任何一方当事人，不私自单独会见当事人及其代理人、辩护人。"法官应当坚决避免做出不当行为。

司法中立对法官也提出了最高的要求——平衡矛盾和利益冲突。所谓平衡就是要求法官在适用法律过程中要充分实现法律公正和取得当事人信任的统一。许多法官都有类似的心路历程："这判决是根据法律用正确的逻辑推导出来的结论，但自己感觉并不是十分合理，这就是法律和情理之间的价值冲突，也是一个很难有概括性答案的问题，只能依靠法官在个案中去摸索。"但法官至少应当做到以下几点：第一，在具体适用法律时，应以立法者本意和法的价值精神为出发点，尽量使得法律实施的结果符合法理和情理，既实现法律公正，又赢得当事人和社会公众的信任。法律公正可以通过法官不断提高理论水平来实现，而赢得当事人和社会公众的信任在实现法律公正的基础上，还多了些感性的因素，即法官的言谈举止、亲和力。尤其是在民事案件中，法官的亲和力对案件的处理具有良好的导向。然而，过犹不及，任何事物的发展都不能超过必要限度，法官的亲和力也应该有一个适当的限度，否则便会失去作为一个裁判者必须保持的权威。第二，在各种利益之间寻找平衡点时，应始终以法律秩序为界限，警惕超越法律秩序框架、过度考虑情理。第三，法官应当有保障安全的思维，努力保障各个社会成员的身心安全，尽量用和平手段解决各种矛盾与争端。一位高素质的法官在听取原、被告对簿公堂时发表的不同意见之后，不能只看到双方的对立，而应不断从对立的意见中找到最佳的解决纠纷的方案，并让这种和平手段通过程序中的解释与论证成为具有规范效力的共识。这种方式并非简单的中庸之道可以概括，也不是有些人认为的依牺牲原则作出妥协所换来的平衡，而是只有通过专门职业训练并拥有大量社会经验的法官所特有的能力。

第五章 智慧司法的基础理论

第一节 法官前见

步入21世纪后，科技的飞速发展促成了司法活动从程序到实体的转型，而随着人工智能的兴起，智能法官、智能裁判等设想似乎逐渐从幻想走向现实。《最高人民法院关于深化人民法院司法体制综合配套改革的意见——人民法院第五个五年改革纲要（2019-2023）》对人工智能应用于司法裁判，建设"智慧法院"寄予了厚望，认为"充分运用大数据、云计算、人工智能等现代科技手段"能破解改革难题、提升司法效能"。可见，司法技术改革已然与司法体制改革比肩，堪称未来司法体制改革不可或缺的基石之一。然而，即使排除了对强人工智能取代法律职业的忧虑，[1]已经在各地法院智能化试验浪潮中初步实务化的弱人工智能、大数据技术和区块链等技术同样引发了争议。的确，这些技术并无取代法官职业之虞，然而，在司法裁判的过程中不可避免地包含着价值衡量和主观事实构建，那么即使是不具有意识和意志的技术本身，也可能具有影响法官判断的能力。以辅助量刑系统为例，辅助量刑依赖于算法建构，算法本身或许对符合标准的行为人一视同仁，然而在算法设计阶段，不可避免地会融入设计者的见解。[2]那么，当法官接受乃至信奉算法并得出的结论时，究竟是谁在裁判？如果承认在个案裁判中保持法官独立是现代司法原则之一，那么用拟人化的语气提出问题：像人工智能这样的技术是不是悄无声息地侵夺了法官在认识和意志上的主体性，以至于人

---

[1] 黄伟文："从独角兽到AI：人工智能应否取代法律职业？"，载《法制与社会发展》2020年第5期。

[2] 朱体正："人工智能辅助刑事裁判的不确定性风险及其防范——美国威斯康星州诉卢米斯案的启示"，载《浙江社会科学》2018年第6期。

工智能辅助裁判系统全面铺开时，法官就成了算法设计者和人工智能开发者的代言人？这是本节试图回答的问题。在第一部分，笔者将结合法律现实主义的论述，说明人工智能在法官裁判中的影响是通过非强制方式对法官的前见塑造；在第二部分，笔者将阐明法官在个案裁判中的反思平衡和法律论证，可以为法官过滤前见，为裁判正当化提供可能。

一、性质问题：法律现实主义的回答

值得注意的是，并非所有人工智能对法官裁判过程产生的影响都可以从性质上归咎于人工智能。因此，有必要区分人工智能可能对法官独立裁判产生负面影响的情形：

第一，法官对人工智能辅助裁判系统的有意识依赖。毋庸置疑，可视化系统对案情的直观重构、大数据对海量法律规则和类案快捷检索、辅助量刑，为法官量刑提供了看起来更加可信的依据，这些对法官而言极具诱惑力。面对如今激增的案件数量和硬性法定审理期限的现实，兼之人天然的惰性和趋利避害心理，不免让人担心：法官对人工智能辅助裁判系统的依赖将上升至不恰当的程度。但是，这并非本书所关注的重点，这是因为，这种情形与其说是人工智能影响了法官，不如说是法官违背了司法传统上的亲历原则：法官应当亲身经历个案裁判的全过程，在此过程中通过自身的判断形成结论。同时，法官作为案件裁判者享有了司法裁决的权力，也由此产生了需对裁判结果承担的责任，这一责任是无法被人工智能的运用所消解的。总而言之，这一类型的负面风险是基于法官主体的职业操守而产生的，司法中人工智能的运用只是作为其作用方式呈现。

第二，人工智能塑造了法官的前见。人工智能本身和人为都可能产生相应风险，导致最终呈现给法官的数据不够全面或有所偏差。有学者用锚定效应对此进行阐述。锚定效应是指人们对事物的第一信息或第一印象总是对该事物的结果判断产生较大的影响，即使后续获得其他不同的大量数据，仍会因初始印象偏差而对结果判定产生偏差。随着司法大数据的应用，除了使种类繁多、数量庞大的案件拥有自己的姓名、分门别类的机会外，也有可能令法官在审判前便已对案件情况有所了解，形成前见，以致造成可能的不公正的司法判决结果。在司法过程中运用现代技术，无疑是具有极大优势的，可通过算法对纷繁复杂的案情进行梳理，可应用司法大数据对"类案"进行检

索，甚至还可根据人工智能的深度学习能力、大数据比对和输入个案中被告相关数据的算法模型形成建议量刑结果。在这种情形下，法官是否受到人工智能的影响，不在于法官本人的意向行动，毋宁是，在人工智能辅助系统铺开的背景下，法官必然将从系统中接受带有价值判断的信息，可以说，这是根植于人工智能辅助裁判系统的问题，因而是本节研究的焦点所在。

虽然研究的对象——人工智能——是司法系统前所未见的新对象，但就问题本身而言，依然可以被纳入传统司法裁判的理论研究之中。人工智能对法官思考潜移默化的影响，实际上是一个屡遭考验的理想法院模型的新版本：理想的法院模型设定了一个"独立法官"[1]——法官应当不受法律之外的因素影响，按照实体法、证据法与法定程序认定事实并通过演绎推理得出裁判结论。然而，从法律现实主义的层面来看，无论是司法中人工智能提供数据支撑法官判决可能对法官造成的影响，抑或是无人工智能等现代技术时的法官判决，现实都不可能支持"独立法官"的存在，法官的目光不可避免地需要穿梭在法律和现实之间，也就无比免除产生前见的可能性而独立于法律维度。

司法具有其不确定性，因此法律现实主义认为，由于法官不可能像夏皮罗所描述的"独立法官"那般进行裁判——进行纯粹的法律形式主义审理，所以研究方向应从法律程序转向法官的实质行为。现有的法律规则并不被法律现实主义认为是唯一的判决依据，其认为如传统与流行文化、现象和实证科学研究成果和社会制度等相关事实性因素都会对判决结果造成影响。正如典型的强调法律经验的霍姆斯法官所言："法律的生命是经验，而非逻辑。一个时代为人们感受到的需求、流行之道德与政治学说、习知或下意识的公共政策直觉，甚或法官与其同胞共有的偏见，在决定赖以治理人们的规则方面的作用都比三段论推理大得多。"[2]从法官决策的外部角度来说，这是法官在裁判时所必须考量的法律外部思想谱系。从法官决策的内部角度来说，这些因素将潜移默化地对法官的思维和认知产生影响，甚至造成法官偏见，以致可能对最终司法判决形成负面作用。美国学者杰罗姆·弗兰克（Jerome

---

[1] 马丁·夏皮罗认为，一个理想意义上的法院模型除了"独立法官"外，还包含"使用先存的法律规则""对抗性诉讼程序"和"经历诉讼后将作出一个两分性的判决"。

[2] 参见 [美] 马丁·夏皮罗：《法院：比较法上和政治学上的分析》，张生、李彤译，中国政法大学出版社2005年版。

Frank）提出了 R（规则）×SF（subjective facts，主观事实）= D（判决）的公式。其认为传统的审判认为的是 R（规则）×F（事实）= D（判决），弗兰克认为这里存在的事实因素只可能是主观事实因素，并非是客观事实因素。他认为，法官所构建的案件事实都具有其个人的经验和认知，换言之，即使面对相同的证据，不同法官，乃至同一法官在不同状态下都可能有着不同的理解和建构。弗兰克还有些犹豫地质疑法律论证的约束力。他主张，法律论证实际上是法官从模糊的结论出发进行的合理化论证，实际上，没有什么东西可以约束法官选择一个规则而不是另一个规则。以弗兰克为代表的法律现实主义对司法裁判实然状态的描述具有一定的洞察力，以至于法律过程主义作为法律现实主义的批判学派之一，其理论和批驳也是建立在认同这一描述之上的。

因此，法官事实认知和裁判的过程中受到主观意识限制是不可避免的事情，并非人工智能等现代技术应用于司法后才形成的。不论是激进的还是温和的法律现实主义者，也不论是认同司法裁判会受到个人偏见或是普遍性情感的影响，都于法官裁判问题上得出了一致的结论：法官在事实认知和裁判过程中都无可避免地会受到法律系统外部的法官经验性因素的影响。事实上，在这个层面，决定论从未停止对哲学社的自由意志论者进行抨击：如果存在解释性的原因而导致每个人的行为和选择，那么人们的行为就和自己的意志无关，因为此行为并非由自己的意志所决定。但这并不意味着我们不必关注人工智能等现代技术融入司法对法官造成的影响，而是言明人工智能影响法官思考这一新现象的元问题：如何看待外部因素对司法的影响。那么，我们就可以在一个既有框架下进行讨论：如果我们的确同意依法裁判是法官的义务，也主张法官独立裁判是值得珍视的价值，那么面对外部性因素，特别是人工智能，这可能吗？

二、进路问题：独立判断在反思中实现

如上所述，法官在作出判断时必然会受到外部因素的影响，那么当法官所受影响的外部因素又来自于科技现代化呈现出的"事实"时，法官应当如何保持独立判断呢？

司法裁判行为作为一个公共行为，且以法律规范为行为的正当性来源，其行为应当是基于法定的公共理由所作出的。法律过程主义将法官在判决时

所负有的提供判决结果公平公正之依据的责任归结为法官的"理性阐述"，概言之，主张一个裁判的理性独立作出，并非要求法官排除外界因素对法官思考的因果影响，而是要求裁判奠基于具有规范性和可理解性的法律理由之上，如果法官不受到物理或精神强制、恪守司法伦理并以妥当而自洽的裁判理由证立裁判结论，那么我们就可以说法官负责任地独立形成了裁判结论。

那么，虽然在法官裁判的过程中，外部因素（如个人偏好、价值、经验等因素）融入其中是无可规避的，但这会令法官对案件事实的理解和对法律规范的适用有所差异，也会令法官最终所提供判决的理由以致结果有所不同。但移除负面影响的重点并非在于排除法官的负外部经验因素，而这种负外部经验因素也极难取证和完全剔除，重点应在于法官在判决时为其判决结果是否能提供理性化且正当化的理由。法官的释法说理使法官必须面对法官本身的职业伦理的拷问，是否实现了法律正义，是否展现出对案件事实认定的客观性和准确性、案件裁决的公正性，是否达到了社会效果和法律效果的统一，是否切实解决了权利义务争议，以一种具有约束性的普遍的道德标准去审视自身裁判过程，审视外部因素对自身判决的影响，并反思此是否具有合理且正当的辩护理由，进而排除不恰当的因素影响。概言之，法官是基于某种经验性的判断标准而形成初步评判，甚至是最终判决本身。但正如众多推崇法律方法论的学者所主张的一般，在司法裁判中"法律发现的过程"和"法律论证的过程"是两种截然不同的心理过程，法官经过初步或严密的判断后"发现"结论，随之要接受"论证"的检视，首先是对其合理性的审视，法律规范作为司法裁判的准则，若司法行为无相关法律的支持则应当摒除，其次是对其判决的合理性和适当性的审视，最终以达到司法裁判的公正性。

综上，即使法官的初步判断受到外部性因素的影响，但在作为法官应该遵循的责任之一——法官释法说理的过程中，法官依旧能从其反思中实现自由心证和独立判断。因此，在人工智能等现代技术融入司法裁判的过程中，法官反思论证的内在机制应愈加得到重视。而法官反思论证的内在机制是在法官的认知结构基础上建立的对法官司法认知内化后外化审核的过程。

（一）法官认知结构对反思论证机制的基础作用

从前文可知，法官个人的认知结构一般被用于司法对社会事实的引用。社会事实是指关于人类和制度的本质与行为的一般陈述，以及关于世界和社会的本质的一般陈述。[1]社会事实通常涵盖了现实中的多个领域,包括对社会道德、文化、专业知识(如法律知识、医学知识等)、生活的认知等。若从社会事实内容层面来分析,于司法领域,法官个人的认知结构可被分为两个类型:一是来源于直觉层面的认知。直觉层面的认知不经逻辑性的思考,为纯粹感性的感知,因此其准确性有待考量。它是指一种内在的感觉形态,类似人从味觉、听觉、嗅觉直接获得的讯息,只不过现在是从人的心理去分析。该种含义是由亚里士多德提出的,意指动物灵魂做某事的一种能力,使不同的个体能够感知物理事物的特征。[2]二是侧重于逻辑规则层面的认知。逻辑规则层面的认知建立在第一层感性认知的基础上,作为一种理性思维方式联结认知双系统中的外部与内在结构的基础。在法官裁判过程中,这个层面的认知常常是指法官依赖其经验和专业技能,而对裁判规范的选择适用。

法官个人的认知结构会对司法裁判造成影响的情况,一般分为以下两种:第一,在司法审判中,缺乏相关的有效证据,而只能由法官依据个人认知的常识性事实陈述形成相关推理,进一步构筑出裁判事实并形成结果。简而言之,法官的个人认知在此情形下就是作为一种判断和推理案件事实的前提与根据而参与到事实推理中。第二,在司法裁判中,往往存在着法官需要在相互竞争的法律规则中识别出最恰当适用的规则,在此识别过程中往往有赖于认知的参与,事后也可以借此来评估法律适用的效果。概言之,法律并非全面的、可完美具象适用于每个个案的规范,而是抽象的概括性规范,不免有规范冲突、规范编辑、规范漏洞等情形出现。当法官面对个案的案件事实认知和法律适用困境时,法官常常需要融入对解决规范冲突、规范意义解释、漏洞填补的思考中,促使法官作出法律规范选择。

同时,法官个人的认知结构本身也有存在问题的可能,而人工智能等现代科技的运用则加剧了认知结构出现问题的风险。第一,运用认知结构的主体限制了认知的客观和公正。法官个人的认知结构也有可能表达出仅含其个人的理解和判断。第二,法官个人的认知结构运用可能会阻碍司法推理的精确性。这体现在以下三个方面:第一,存在法官认知结构与现实十分不符的

---

[1] 马丁·夏皮罗认为,一个理想意义上的法院模型除了"独立法官"外,还包含"使用先存的法律规则""对抗性诉讼程序"和"经历诉讼后将作出一个两分性的判决"。参见[美]马丁·夏皮罗:《法院:比较法上和政治学上的分析》,张生、李彤译,中国政法大学出版社2005年版。

[2] Joe Sachs, *Aristotle's On the Soul and On Memory and Recollection*, Green Lion Press, 2001, p.17.

情形。在"Koehler v. Cerebos 案"[1]中,原告宣称其精神疾病系在工作过程中压力过大所导致,因此主张其工作单位进行赔偿。在此案件的审判中,法官对此事实认知采取了一种基于其认知结构下的"社会常识"———一些可识别的精神疾病是由压力所引起的,这是一个普遍的常识。但一方面此工作机构是一个复杂而巨大的国际组织;另一方面,从澳方 20 世纪 80 年代至今的研究数据可看出,员工承担高负荷工作极有可能患上精神疾病,这一想法作为一个具有普遍性的常识,则略有些蚕绩蟹匡。第二,存在着法官在某些情形下的认知缺失或是认知误用和滥用的情形。举例而言,存在着法官在发现事实过程中留有遗漏以致对后续判断产生影响的情况;在对个案审判过程中,存在着游离于该案件事实外的个人认知被应用于该案认知当中的情况;在对个案审判过程中,存在着不适用于本案的认知被加以运用的情况。第三,案件中常存在着多种相排斥的认知通路需要法官判断适用的情形。而在此适用过程中,一旦法官有所抉择,则有促成法官个人对此案件的认知偏见的可能。

(二) 司法认知内化过程对反思机制的影响

司法认知的内化过程是将自下而上的加工和自上而下的加工相结合。其中,自下而上的加工指认知主体从环境中细小的信息开始,将它们以不同的方式加以组合以形成知觉,是一种将信息组合并进行推断的过程。自上而下的加工,则是指认知主体的期望、知识理论或概念引导主体在模式识别过程中进行信息选择和整合。在司法认知过程中,法官通常会根据信息线索,或按照时间顺序,或依据主体之间的权利义务关系,或以当事人主张事实的前因后果形成信息的排列组合,并结合已有的法律前见、启发式和认知融贯性作出反应,初步构建起具有法律意义的案件事实系统。

司法认知内化过程所存在的问题如下:第一,存在着对法官心证的先天排斥。存在这样一种观点,即认为坚持实事求是就足以了。但实事求是作为一种普遍的行为原则是否可以完全与法官心证相割裂呢?若可以,如果对其加以规制并制度化呢?若无法解决这些问题将无法于现实形态上践行此原则,而停留在形而上学。第二,如上所述,法官对事实的内化是否是主观肆意的?其实不然,法官心证的形成也需受到相关的制约,如实体制约、程序制约、内部制约、外部制约等各个层面。第三,如何证明事实内化并非主观肆意,

---

[1] 转引自高伟伟:"法官、常识与司法认知",载《宁夏社会科学》2018 年第 2 期。

在于法官心证也需适用于审判原则中的公开原则等，但鉴于实际情况，存在着大量法官说理过程心证不明的情况，同时也没有制度的制约，不能真正落实公开原则。

（三）法律解释之外化推理对反思机制的影响

法官的外化法律推理解释作为反省机制中最为核心的一步，是消解前述问题最关键的一步。

在我国的司法审判中，法官需要从案件中推理形成初步的事实与相关规范对应，并以此得出结论。为了裁判的结果能让公众信服，每一个论证过程都需要给出判决的理由，法官裁判便是将案件中抽离出的事实与法规相对照，并根据法律规定得出结论。而法官认知事实外化的心理过程便是，为了证明判决的合理性，依据法律、法理和情理，从事实认定等方面对裁判结果作出解释行为的思考过程。此时，事实认定是不可或缺的一环。在此，对事实的认定不同于认知内化过程中的事实认定。后者仅仅是法官裁判的先决条件，是法律评价的基础，是对客观事实的认知。而前者为法官进行法律评价时于法律规范所映照需要的案件事实认知。基于个人认知论，案件相关的客观事实并不因法官的认知而改变，而在司法裁判中对案件的法律事实的认定则会受到法官个人认知的影响。而能够作为判断案情依据的法律事实在法官认知的过程中，必然有法官的个人主观因素融入其中，为了证明其裁判的正当性和公正性，对案件裁判所认定的事实及其缘由进行说明是有必要的，因此法官认知事实外化前的逻辑推理是必经的心理过程。

人工智能等现代技术融入司法后，大量学者提到了"黑箱"等技术问题，认为因其不可知、不公开性或司法人员自身的技术水平导致司法人员不能了解技术实际运行机制，以致很难对技术问题进行反思。在此需要阐明的是，技术问题和技术规范问题并非是同一个问题，技术问题也应受到技术规范的规制，最终由技术革新去改善技术问题。同时，科技的发展难免会导致技术问题的产生，但对技术知识的了解程度并不过于妨碍对技术规范的探讨，就其本质而言是对技术与诸多公共原则间的关系的探讨而非技术本身。就法官而言，法官所面对的不是人工智能等新兴技术如何运用于司法，而在于人工智能等新兴技术在融入司法的同时反思其运用是否符合司法伦理和法官职业伦理，是否具有正当性、合理性和适当性等。

如上所述，在法官本身的个人认知结构和司法认知内化的过程中可能会产生相应的问题，而人工智能技术融入司法则是一把"双刃剑"。一方面，人工智能等新兴技术可突破法官本身个人认知结构的局限，进而更便利地获取大量信息并加以整合，方便法官内化案件信息认知。另一方面，人工智能技术获取的"事实和认知"有其局限性和算法风险，司法人员对算法结果的先入为主会导致个人认知结构的偏差和对案件的认知误差，最终导致司法裁判结果的偏离。因此，法官进行反思性思考是极为必要的，法官可在这种反思机制中逐步修正负面外部因素带来的偏差。即使外部因素的影响不可避免，若法官可以通过审视影响其裁判的诸多要素而保持反思性的思考，那么人工智能等新兴技术所造成的影响便是可化解的。如上文所述，运用于司法领域的人工智能技术仍未超越法律现实主义对司法风险概述的情形，因此其提出的应对策略仍然有效，如保证程序正义、判决的规范性及运用法律方法论证其司法裁判的正当性、合理性、适当性等。

随着不可阻挡的时代潮流，被誉为"第四次工业革命"的人工智能在司法领域快速发展，在提高司法工作效率、检索材料提供案件事实以帮助法官进行更好的认知和判断上展现出了巨大的优势。但在另一方面，一项新兴技术的引入难免会带来新式隐忧，即人工智能本身所具有的技术风险、适用范围、定位问题应该如何更好地被规避或界定。从人工智能本身所具有的技术风险层面来说，技术风险应由技术规范进行规避，并对应着不断更新的技术寻求其规制本质所保护之权利，以此革新技术规范加以规制。从人工智能在司法领域所适用的范围和定位来说，学界基本对此达成了共识：保证法官在司法过程中主体地位，人工智能只能作为辅助法官审理案件的工具，法官裁判作为司法权力的象征，意味着其不能仅通过简单的模式化算法适用所替代。正如霍姆斯大法官之名言："法律的生命不在于逻辑，而在于经验。对时代需要的感知，流行的道德和政治理论，对公共政策的直觉，不管你承认与否，甚至法官和他的同胞所共有的偏见对人们决定是否遵守规则所起的作用都远远大于三段论。"即使是在人工智能时代，也不可因技术革新及其运用而消解司法的固有属性和法官的主体地位。

第二节　智慧司法的认知心理学观察

认知心理学是心理学的一个分支，它用科学的方法研究心智。探讨人工智能往往离不开认知心理学。人工智能与认知心理学之间更多的是一种共生关系，即一方从另一方的发展中有所获益，与此同时另一方也有所增长。人为地复制人类知觉、记忆、语言和思维的方法的发展，有赖于对人类如何实现这些加工过程的理解。而人工智能的发展则增强了我们理解人类认知的能力。[1]

"智慧"一词，是人类意识的专属，也是人类的标识之一。"智慧司法"所涉及的互联网、大数据、人工智能等除了计算机技术作为物理基础以外，其认知基础、运作模式及目的效果均是以人类的认知心理为前提与参考的。因此，以数据和算法为基础的"智慧司法"，是对人类某些功能的模仿，终其功能主要是为人类提供服务。[2]鉴于此，阐述"智慧司法"的认知基础，对于理解智慧司法的建设具有重大理论意义。下文将从认知心理的发展沿革出发，进一步讨论以科技信息化为核心的"智慧司法"对人类认知模式的模拟，并在此基础上明确其相对于人类认知的局限与超越。

一、认知心理的发展沿革

认知心理学是企图了解人类智能的性质以及人们是怎样思维的科学，其核心是把人看作信息加工系统，根据信息论和控制论的方法，研究人们在环境中获取、加工、储存、适用信息的过程。认知心理学研究的内容主要是：知觉和注意、知识的表示、记忆与学习、问题求解和推理。[3]认知心理作为"智慧司法"的核心基础理论之一，其发展沿革的脉络对于此后的发展具有重要意义。

(一) 哲学先贤的认知断言

在人类认知模式尚无法借助更多技术进行探寻、研究以前，人类的认知

---

[1] [美] 罗伯特·L. 索尔所、M. 金伯利·麦克林、奥托·H. 麦克林.:《认知心理学》(第7版)，邵志芳等译，上海人民出版社2008年版，第434页。

[2] 刘红英:"'互联网+'背景下人工智能发展现状分析"，载《电脑知识与技术》2018年第16期。

[3] 李建国:"人工智能与认知心理学"，载《西南师范大学学报(自然科学版)》1986年第2期。

方式与原理已在哲学领域引发了无数天才式的哲思。这不仅构成了人类认知发展的脉络，也体现着人类智慧的不断进步。借助于认知心理学的定义，我们可从哲学先贤的断言中识别出认知心理发展的主要节点。

古希腊哲学家亚里士多德（Aristotle）在其《形而上学》开篇有言："人类由感觉、记忆、经验，积累智慧以建立理论学术。"[1]德国古典哲学创始人伊曼努尔·康德（Immanuel Kant）在《纯粹理性批判》中曾言："吾人之知识，发自心之二种根本源流：第一，为容受表象之能力；第二，为由此等表象以知对象之能力。由于前者，有对象授予吾人，由于后者，对象与所与表象相关，而为吾人所思维。故直观及概念，乃构成吾人一切知识之要素。"[2]英国哲学家大卫·休谟（David Hume）断言："我们的一切观念或较微弱的知觉都是印象或较活跃的知觉的摹本。"[3]英国哲学家伯特兰·罗素（Bertrand Russell）在《人类的知识》中表述："我们的信念一大部分建立在习惯、自满、自利或经常重复的基础上面。"[4]

哲学家们从古至今对于认知的断言，无不体现着人类最高智识对人类认知领域的好奇与渴望。

（二）认知心理的近现代发展

对人类认知进行科学研究与论断的先决条件，决定人类认知只有在现代科学技术的背景下，才能摆脱纯粹内省的思考与认知模式。

在19世纪，心理学界的主流观点仍认为"人类心智不能被研究"，原因是心智不能研究其自身、心智无法被测量等。但荷兰心理学家弗朗西斯科·唐德斯（Franciscus Donders）在1868年已着手开展"刺激与行为反应"之间关系的科学实验，其实验揭示——心理反应虽不能直接测量，但却可以通过行为反应进行推测。[5]

心理学之集大成者《心理学原理》（Principles of Psychology，1890），是美国著名心理学家威廉·詹姆斯（William James）的成名之作。相较于唐德斯，

---

[1] [古希腊]亚里士多德：《形而上学》，吴寿彭译，商务印书馆1959年版，第1页。

[2] [德]康德：《纯粹理性批判》，蓝公武译，商务印书馆1960年版，第78页。

[3] [英]休谟：《人类理解研究》，关文运译，商务印书馆1957年版，第21页。

[4] [英]伯特兰·罗素：《人类的知识——其范围与限度》，张金言译，商务印书馆1983年版，第73页。

[5] [美]E. Bruce Goldstein：《认知心理学-心智、研究与你的生活》（第3版），张明等译，中国轻工业出版社2015年版，第7页。

詹姆斯对思维、意识、注意、记忆、感觉、想象和推理等的阐述是依据他对自己心智运作过程的内省，而不是建立在实验结果的基础上。尽管如此，其对诸多认知问题的阐述在今天看来依然不失其正确性。

约翰·华生（John Watson）以苏联著名生理学家巴普洛夫（Pavlov）的条件反射理论为基础，创立行为心理学这一分支。他认为，内省分析方法并非符合自然科学的研究方法；心理学的研究对象不应局限于人类的意识领域，而应是对人类外显行为的实验研究。

第一次认知革命开始于 20 世纪 50 年代，借助科技手段等工具探查人类心智理解的认知心理学，挑战着以"刺激—反应"模式为基础的行为心理学，对内心的理解再次登上了历史舞台的中央。著名语言学家诺姆·乔姆斯基（Noam Chomsky）曾言：言语是心智构建的产物，非由模仿和强化所决定。这一认知革命形成了信息加工观，即着眼于认知过程中心理操作的顺序的观点。第一次认知革命的建筑师非常快地使用他们的认知假说来设计可以用来想象产生他们观察到的认知现象的物质过程的计算模型。[1]

数字计算机的出现强化了心理学研究者以信息加工的方式来理解心智，这是因为数字计算机的运行方式在诸多地方与人类认知模式相似。

（三）人类认知与计算机的早期结合

1. 图灵机假设

艾伦·麦席森·图灵（Alan Mathison Turing）被喻为"计算机科学之父"。他在 1936 年企图证明：我们可以设计出这样一种机器，它能求解任何可计算函数，即著名的图灵机（Turing Machine）。图灵机作为第一部认知机器的尝试，它在抽象上模拟部分人类的认知操作，其具有的"计算思维"（thinking as Computation）是该抽象计算模型成功的关键。

计算模型的核心有两个基本预设与两个对应问题：第一个预设是，计算的认知原则。该原则认为：认知过程可通过函数进行表征[2]，即用该函数的计算结果表征此认知过程的结果。譬如计算"1 加 1 等于 2"的认知过程，可由计算式"1+1=2"进行表征。当然，其问题在于：人类的认知过程是否可

---

〔1〕［英］罗姆·哈瑞：《认知科学：哲学导论》，魏屹东译，上海科技教育出版社 2006 年版，第 101 页。

〔2〕表征：信息在头脑中的呈现方式，是信息记载或表达的方式。

由可计算函数进行表征？这关涉计算技术发展史上的一个关键问题，即算法生成问题。第二个预设是，认知的计算可在真实机器（或硬件）上模拟完成。此机器类似于人类大脑和中枢神经系统（CNS），认知过程在其中发生。这一预设所涉及的基本问题是：人类的认知模式能否被认知机器予以模型化运行？这是心理学家用来在人类认知与认知机器运作模式间进行相互解释的基础问题。

图灵对上述两个预设对应的问题持肯定态度。他用来建构能够认知机器模型的基本原理，可以被概括为以下类比规则：大脑——思维：计算机器——计算。他认为：如果我们通过键盘和屏幕，无法断定我们是同认知机器还是人交流，那么我们必须承认机器能思维。从心理学观点来看，该认知机器的适当性问题取决于，在何种程度上把思维解释为计算是合理的。

2. 冯·诺伊曼架构

在图灵机构想具体化的过程中，在能进行抽象数学计算的机器中，最普遍的设计或架构是由冯·诺伊曼（von Neumann）完成的。在该架构的设计中，中央处理单元被具有"记忆"功能的存储器围绕，而数据信息用寄存器[1]的物理状态记性表征，计算规则用真实物质状态表征。

西蒙（Herbert A. Simon）和纽厄尔（Alan Newell）作为计算机人工智能领域的专家及信息加工心理学（认知心理学的一个分支）的创立者，其共同提出的"物理符号系统"假说认为：计算机和人脑都是加工信息符号的物质载体，负责完成符号操作过程。

人类认知与计算机的早期尝试与探索，为 21 世纪网络与计算机领域的飞跃发展提供了前提，为建立以模拟人类认知模式为基础之一的智慧社会奠定了根基，让"智慧司法"从可能成为现实。

二、"智慧司法"对人类认知的模拟

（一）"智慧司法"与人类认知的符号属性

1. 作为"信息"的人

人是自然属性与社会属性的结合。同其他生物一样，人类如同其他任何生物一样，在其有限的生命中，完善、编织着生物体的基因进化链条。但不

---

[1] 寄存器：中央处理器内部用来存放数据的一些小型存储区域，用来暂时存放参与运算的数据和运算结果。

同于其他生物的是，人又在社会中扮演着文化创造者与传播者的角色。因此，人成了基因与文化的承载者，而其生理机体则成了基因和文化生存、发展的唯一依托。文化的表现形式就是符号或信息。据此推断，人在本质上是一个基因和文化信息的统一综合体，通过繁衍与教育，不断生成与复制。

人与其他生物之间的根本差别非在于生理机体，而是社会属性。人类通过社会机制，不仅具有理性，而且能生产、使用工具作为辅助，更多地在于人类创造了符号并加以完善，逐步形成了认识客观规律的知识体系。

不同于持有"人作为信息载体"观点的"物理符号系统"假说，以"作为信息的人"为基础和前提的信息心理学，其研究对象不再局限于人的生理信息，而应包含人的心理信息，人不再单纯地作为"信息"的载体。依据此种观点，"人"成了一个具有多层网络结构的动态信息系统，包含着人的各种生理和心理信息；而人体硬件，即动态的物质生理系统，只是信息系统生存和发展的依托。[1]

2."智慧司法"的符号本质

作为"智慧司法"核心基础的人工智能，有两个最具代表性的学派：符号主义和联结主义。符号主义者认为：人工智能通过人类设定的特定逻辑规则与数据结构阐述特定领域的人类认知，在此基础上通过计算逻辑推理与策略搜索完成问题的自动解决。而根据大脑表征概念及属性特征提出的联结主义模型，是用于建立计算机模型的理论模型，该模型也被称为平行分布加工模型。联结主义者则认为，人工智能主要是通过人工神经网络模仿人类大脑的生物组织结构，通过大量数据训练获得联结权重的分布式表征，在此基础上通过并行运算对问题的自动求解。

符号主义的逻辑推理本身即是人类进行思考、决策，最终解决问题的常用模式，这也就使其逻辑推理过程更具有可解释性，进而也对其给出的问题解决方案及其结果具有更高的接受度。相较而言，联结主义给出的方案及其结果就会相形见绌。

通过两个学派的争论与阐述，我们可以看出，计算机的信息处理方法实际上是其设计者向人类心理系统处理信息方法学习的结果。尽管计算机实现

---

[1] 李宗荣、高莉莉、严炜：" 从'物理符号系统'假说到'信息人'假说——两次信息学革命推动心理学世界观方法论的跃升"，载《社会科学前沿》2016年第5期。

的是"人工的机器智能"（人工智能），人类心理系统具备的是天然的人类智能，它是人工智能机器的设计者。[1]但在当下，"智慧司法"基础的符号属性与人类的信息属性的相似性应当得到承认。

（二）运行模式的相似性

在认知革命初期，数字计算机引起心理学家关注的特点之一，在于它能够分不同阶段对信息进行加工。计算机运行流程是：输入—输入处理器—编码—存储器—检索提取—运算器—输出。在计算机工作流程中，首先输入处理器接收到信息，编码后将这些信息储存在储存器中，然后在运算器对信息进行加工时，对信息进行检索提取，运算后输出结果。

人类心智运行流程是：刺激/信息—感觉记忆—过滤器—觉察器—编码—进入记忆—从记忆中获取信息—推理—问题解决/输出。认知心理学的人类心智运作揭示了：当个体注意环境中的某个刺激时，其心智的变化模式。具体的流程分析如下：外界事物通过人类感知器官，在人类大脑内转化为信息，进入感觉记忆阶段；感觉记忆仅能够短暂地保存所有输入的信息，然后会将这些信息转移到下一个加工阶段；过滤器根据刺激的物理特性，识别注意到的信息，同时仅让注意到的信息进入到下一个的探测器中，其他信息都将被过滤掉；探测器加工的信息决定着信息能否得到进一步加工；短时记忆接收探测器输出的信息后，将理解将信息转移至长时记忆，长时记忆中的信息能够永久保存下来；而将信息放入长时记忆的有效方式是对信息进行编码；后期通过线索在记忆中提取信息，作为推理的资料，得出结论。

从以上二者的运行模式可以看出，计算机有着类似于人类认知的处理模式。

这也是为何称"智慧司法"建设是对司法实践当事人的认知延伸，并且在以人类能够理解和认知的方式向当事人提供辅助。

三、"智慧司法"较于人类认知的局限与超越

（一）"智慧司法"较于人类认知的局限

人的认知包括依照正确性标准对有意义的记号进行的处理。在建立一个

---

〔1〕 李宗荣、田爱景、成元发："关于物理学方法、信息学方法与心理学方法"，载《社会科学前沿》2016年第2期。

计算机模型处理部分人类认知问题的同时,我们失去了人类认知的三个主要能力:意向能力(即符号的意指所在)、语义内化能力和规则创造能力。

1. "智慧司法"本身不具有意向性

意向性指明了人类内在主观心理与外在客观对象或事件间存在的关联。意向性的内在属性表明,它必定伴随着对外在事物或现象的意指,从而成了人类不同于其他生物的高级认知活动之一。而现阶段的技术与算法无法具有这种为人类所独有的内在属性,那么意指外在的能力也就无从谈起了。如"模拟法律推理"模式、"类案类判"模式等作为计算的客观实体不能指向其他对象,客观实体只是自身。而只有作为法官的人,才具有表现意向的能力与可能。塞尔(John Searle)于1980年提出的"中文屋"论证,即说明了计算机在执行程序时无法使用精神语言的特性。赛尔将计算机看成一个完全未习得中文,且无法用中文思考与决策的外国人,而这个外国人处于中文环境中,且可以根据预先提供的英文指令完成任务,他只是运行了这套程序指令,根本不会产生任务指向某种对象或事态的表征。[1]

2. "智慧司法"的技术不具有语义内化能力

将人类语言的意义简化处理的结果之一,就会产生"智能机器能够具有理解人类语言的能力"这一观点。这种简化只是保留了人类语言的物理符号,而我们的目标不在于仅仅停留在物理学层面来标识语言,也要从语义学上理解人类语言的意义所在。

当然,有学者认为计算机的深度强化学习可以弥补这种缺陷,但这种方式不同于人类的自主、独立学习,其存在着两个明显的不足。第一,经过人类改进的强化学习模式,归根结底是一种以试错方法为基础的一系列决策的集合。首先,对学习的强化训练,无法穷尽所有未知的情境,新的未知情境会再次需要人的介入。此外,新情境所需输入的新特征,需要纳入已有的特征集合,并成为其子集。但在事后强化时仍需要对此新特征予以评估。第二个不足是强化学习的困境。人类的思维具有意向能力,在面临从未遇到过的新情况时,人类往往能够通过对既有经验的推演,拟定初步策略方案。而没有语义内化能力的计算机技术,无法自动产生相应的结果,这就需要人类再

---

[1] 乐恩慧:"论人工智能与人类意识之异同及其互动关系",载《洛阳师范学院学报》2018年第8期。

次编码赋能,以产生所谓的"第一推动力"。

3. "智慧司法"无法创造规则

信息技术是以既有编码特征集合为基础,处理外界输入信息的一种技术,这一基础表明了处理能力和处理规则的有限性,人类的认知模式却并不如此。人类通过其已有的内部符号体系构建认知模式,大脑如同中央处理器,但却无须事前输入新情境下的新特征,即可进行计算与处理。智能机可以通过并行运算对人类认知模式予以模拟,但其计算极限受限于既定输入的有限规则,从而无法独立创造处理新问题的新规则。

哥德尔曾言:如果数学上的公理能够完美地广泛适用于一切简单算术命题,那么在这系统内的部分条件必然不证自明。对这种不证自明性的进一步解释形成了一种内在主义的基础论:人类通过内省反思的方式和过程确证其所持有的不证自明之信念,这一确证过程开始于基础信念,而基础信念来自于人类感官直接输入的初始刺激所形成的信息,而复杂的上层信念是由基础信念直接或间接地组合形成。这种理论本身存在着诸多质疑,如我们无法描述基础信念的具体对象到底是什么,那么这些质疑便会消解整个理论"大厦"。据此,如果我们以持有的那种不证自明的信念作为条件的话,整个系统将不堪一击。此时,融贯论给我们理解这一内容提供了新的工具,对于无法公式化的意识内容,其提供了线性论证之外的处理结论,这作为开放式的论证系统的一部分,让每一个条件在这个网状结构的论证系统中彼此互相关联,这种条件间的关联也许是直接的,抑或是间接的。能够得到确认的条件均是能够在这个论证系统中发挥解释作用的。对于无法产生作用的条件,由于系统只能对给定的信息予以加工,那么该条件不仅会被边缘化,还会被否决,或者将整个论证归于零。在此之中,逻辑的一致性是开放式网状论证系统的关键内容。这种内在主义的分析,是以一种理性的方式应对复杂的世界,但人类的局限性让人类的产物也无法按照"完美主义"的方式提供一切解决方案。

人工智能的上述诸多缺陷,在司法领域主要体现在"智慧司法"所蕴含的算法上。算法设计者不可能摆脱在编写算法时的潜在偏见,在"智慧司法"系统被运用于案件判决时,这将影响司法裁判的公正与公信力。2013年,在发生于美国的"威斯康星州诉埃里克·卢米斯案"中,"COMPAS"风险评估系统为该案提供了量刑辅助,这一系统是否存在算法歧视问题引发了激烈的争议与讨论。虽然联邦最高法院认可 COMPAS 系统的算法具备合宪性视野下的客观中立性,但对该系统进行的独立测试却表明黑人被评估出的再犯风险几乎是白人的 2 倍,但实际上只有 20% 的人会继续犯罪。[1]

此外,在输入信息与输出结果过程的数据自动化处理与分析中,算法存在一个不透明的"黑箱"问题。在司法实践中,在终端操作使用"智慧司法"系统的有关司法人员,在一般情况下并无相关领域的专业知识,以审验该系统的算法是否存在问题,基于此,算法隐蔽性会成为司法裁判公开性与正当性的极大阻碍。

(二)"智慧司法"较于人类认知的超越

"智慧司法"系统虽然在诸多方面模拟着人类的司法操作流程,但在运算能力、精确性、容量等方面的表现远远超过人类,这为人类的部分体力和脑力劳动提供了一种全新的解放方式。

1. 运算能力的颠覆性

在互联网、大数据技术的支持下,作为"智慧司法"核心的人工智能技术,其计算速度是人类难以企及的。人工智能 AlphaGo 就是在算法支持下,凭借其强大计算力战胜世界排名第一的中国棋手柯洁和韩国棋手李世石。AlphaGo 以每秒 100 万手棋的速度思考棋局,这是人类不可想象的境界。

评价一个大数据、人工智能产品的标准,更多在于其算法的优劣,算法的质量直接决定了其对人类认知模拟和超越的程度。算法是大数据和人工智能的核心要件,是人类所涉及的智能决策的逻辑结构,是自动求解过程的关键性因素,对结果有直接的影响。

司法被定义为定纷止争、维护正义的权利救济机制,而司法公正更多地体现为及时、有效地进行判决。当前,在司法实践中,有限的司法资源与人民群众日益增长的司法需求间的矛盾不断凸显。简单依靠增加司法人员的方式已经无法满足需要,而司法技术的进步则提供了可能。在此过程中,对规则性较强且可演化为"可计算函数"的认知"计算"进行智能化处理,将会大大缓解该项难题,让实现司法公正更进一步。首先,在立案环节,加大对"智慧司法"系统的应用,逐步采用自助立案模式,以取代人工立案模式,在缩短立案时间的同时,不断节约司法成本。其次,在审判程序中,人工智能

---

[1] 朱体正:"人工智能辅助刑事裁判的不确定性风险及其防范——美国威斯康星州诉卢米斯案的启示",载《浙江社会科学》2018 年第 6 期。

可承担大量基础性事务工作，让法官将更多的精力和时间放在案件的实质争议上，并为作出更高质量的判决提供前提条件。总之，"智慧司法"的建设能够为司法实践提供多元化的便捷辅助，在极大提升司法效率的同时，提高司法资源产出的质量。

2. 信息识别的准确性

"智慧司法"中的认知技术可将生活中的丰富情景识别、剥离并提取出来，且对可转化为"可计算函数"的认知规则游戏极其擅长。相反，人类和其他生物的认知能力，尽管包含着计算技术尚无法学会的特别辨认技巧，但基于其认知资源的负载量及注意忽视的问题，往往会忽略个别关键因素，造成错误或失误发生，致使手段或方式无法实现目的。

即使量子计算机将运算能力极大提升，但搜索所有网络空间的信息资料也存在困难。解决信息指数问题必须缩小搜索空间，降低搜索的广度和深度。[1]在此方面的典型案例就是 AlphaGo 围棋能力的强化。传统围棋中所采取的启发式策略等方法，是解决信息指数问题的途径之一。三个人工智能研究领域的最新成果汇聚于 AlphaGo：强化学习、深度学习、蒙特卡洛模拟[2]，三者的结合让信息的搜索变得更加精准、高效。AlphaGo 的核心关键在于强化学习。强化学习能够让计算机的感知元件察觉周围环境的变化，进而让决策程序依据情境选择不同的策略予以应对，这种不断得到周边情境反馈的能力，可以强化计算机的某些特定策略行为。

采用蒙特卡洛模拟和策略网络缩小搜索的广度和深度，同时采用估值网络精确评估每一种走法的胜率，并将线下深度学习与在线高效搜索相结合，从而获取围棋问题的有效解法，这是谷歌工程师们创造性地结合了当前人工智能领域数种最先进技术的结果。[3]

在司法领域，追求实质公正是现代司法的价值追求之一，而实质公正的核心要求就是要达到"同案同判"，即追求司法裁判过程中法律适用的统一，

---

[1] 周吉帆等："'强认知'的心理学研究：来自 AlphaGo 的启示"，载《应用心理学》2016年第1期。

[2] 蒙特卡洛模拟：也称统计模拟方法，是二十世纪四十年代中期由于科学技术的发展和电子计算机的发明，而被提出的一种以概率统计理论为指导的一类非常重要的数值计算方法。是指使用随机数（或更常见的伪随机数）来解决很多计算问题的方法。

[3] 周吉帆等："'强认知'的心理学研究：来自 AlphaGo 的启示"，载《应用心理学》2016年第1期。

这虽然是司法实践的永恒理想，但"类案类判"的目标却有实现的可能。《最高人民法院关于统一法律适用加强类案检索的指导意见（试行）》《最高人民法院关于完善统一法律适用标准工作机制的意见》等文件均旨在通过"智慧司法"的建设"类案推送"系统，促进"类案类判"的正义目标的实现。而类似于 AlphaGo 的检索学习能力，将使得"类案推送"的精确性大大提高，为"智慧司法"的建设提供更大助力。

3. 数据记忆的无限性

人类记忆存储能力的有限性，促使其通过注意的过滤机制实现目标的确定与信息的记忆，从而将其他大量感觉信息排除在记忆甚至是知觉之外。即使通过编码、分类等认知或记忆方式，大脑所体现的储存能力也仍是极为有限的，这就为诸多关键因素的忽略提供了认知原因。可进行物理拓展的计算机存储能力相较于人类大脑而言，在理论上有着无限的信息存储可能。这种海量数据存储、分析与提取为"智慧司法"的强化学习和不断优化提供了无限素材。

现代司法的一项显著特点在于司法的公开化，并以此来体现司法的价值与其公正性，在满足当事人及公众知情权与监督权的同时，提高司法权威与公信力，增强司法行为的正当性。我国的司法公开程度相较于欧美等发达国家，尚有较大的提升空间，而依靠前沿科技解决这一问题却成了中国的捷径。创设与完善中国裁判文书网，是司法公开的关键节点；中国庭审公开网等网站更是超越了传统意义上的司法公开，极大地便利了民众参与庭审。正是基于"智慧司法"对司法公开的全方位提升，让司法公正能够以看得见的方式呈现给大众，让司法权威和公信力得到了显著提升。

"智慧司法"以数据和算法为核心，以服务法律实践参与者为目的，无不体现着对人的理解和辅助。司法的严肃性要求技术适用具备谨慎性和谦抑性，这对"智慧司法"的认知基础有着更高的论证要求。在全面推进依法治国、数字立国、数字法治的战略背景下，在数字社会的时代要求下，"智慧司法"已经成了司法制度革新的必由之路。

第三节 人工智能的司法应用

在本书的第一章中，我们提到，人工智能按照其水平高低可以大致分为三大类：弱人工智能、强人工智能和超人工智能。通常认为，当人工智能发展到超人工智能阶段，其已经跨越了所谓的"奇点"，无论是在思维能力方面还是在计算能力方面，都已远远超过了人类。尽管超人工智能时代尚未到来，但作为新兴技术，超人工智能的发展已经突破了人脑受到的维度限制，远超出了人类的想象和理解范围，极易影响人类社会的秩序。人工智能对人类文明的发展有着重大影响，对于其发展也存在许多不可控的因素，挑战着人类社会秩序。如人们对于人工智能毫无节制地使用，对于其风险毫无规避意识，甚至是忽视其可能引发的伦理、道德风险。目前，人们对于人工智能继续发展并运用在法律领域的态度，根据人们对人工智能被无节制使用的忧虑程度上作区分，大体上可以分为以下几类：法律乐观主义、法律悲观主义以及法律放任主义。以下，笔者将重点对法律乐观主义和法律悲观主义进行相应的讨论。

一、法律乐观主义

要探讨法律乐观主义，首先需要了解何为技术乐观主义。技术乐观主义思想源远流长，最早能够追溯到古希腊时期。古希腊思想家亚里士多德对于技术的发展持有积极乐观的态度。他确信应用技术能够使人们的生活变得更加美好，这也是技术乐观主义的最初萌芽。英国哲学家罗吉尔·培根亦是技术乐观主义的拥护者。近代西方技术乐观主义主要倡导者——弗兰西斯·培根在其《新大西岛》一书中，勾勒了一个关于技术治国的理想国度，并对当时的中国三大发明——指南针、火药、印刷术——进行了高度的赞誉，认为三大发明的成就远远高于亚历山大的功绩，并提出了依靠技术治理国家比实现政治思想的统治更加有价值和高效率的观点。在培根看来，技术的发展能够将人们从艰难繁重的劳动生产中解救出来，走出蛮荒，乘上技术之舟迈向幸福之岛——"新大西岛"。[1]在技术乐观主义者笛卡尔看来，技术实质上就是救人之术、济世之术，科技之术改变了人们的生活，不同类型的技术有着不同的功用，这些功用，都在不同程度上改变了人们的生活。如医疗技术的发展，破除了人们关于生与死的封建神学迷信，减轻了人们受病痛折磨的痛苦程度、延长了人们的平均寿命；工具技术解放了人类的双手，使得人们有更多的时间花费在脑力活动研究当中。技术统治之父圣西门对于技术造福人类的阐述

---

[1] [英]弗·培根：《新大西岛》，何新译，商务印书馆1959年版，第16~27页。

也被视作后来科技治国论的思想根源。他相信，科学家应当作为统治阶级之一，利用这项强有力的武器，解决社会中绝大多数的问题。1877年，技术哲学的奠基人卡普，在《技术哲学纲要》一书中提出了"人体器官投影说"并将技术视为人类实现自我拯救的重要手段。他认为，人类内在的进步意识导致技术进步，工具和机器等技术产物都是人类骨骼和器官等机能向大自然的外化、延伸及影射，技术弥补了人类各身体机能的不足，也提高了人类改造自然的能力。

爆发于18世纪60年代的技术革命，掀起了现代化的浪潮，让科学技术成了推动社会生产力和生产关系变革的坚实力量，也让人类充分意识到了科学技术在社会经济生活中的重要作用。也因此，更进一步坚定了技术乐观主义的主张，他们更加坚信技术是当代救人济世之术，我们最终都要依靠科学技术来治理国家。

进入20世纪以后，随着电子技术以及其他现代新兴技术的发展和普及，科技乐观主义思想得到了进一步的传播。对于新兴技术的兴起，技术乐观主义者认为正是科技本身所具有的优越性，推动了人类社会向前发展。尽管科学技术引发了系列问题（如环境问题、生态问题、资源问题等），但技术乐观主义者对此并不感到忧虑。如美国的赫尔曼·卡恩认为，人类目前遇到的全球性生态问题不足为虑，自然因素尚不足以制约科技发展的脚步，海洋、外层空间还隐藏着巨大的开发潜力。相反，人类能够通过加快技术的研发，提高各类资源的可利用率和潜在资源的开发。

从更深层次来看，技术乐观主义的本质是技术救世、技术治世主义。科学技术的创造与使用，让人类摆脱混沌愚昧，将人类从困顿之中解放出来。在过去对技术持乐观态度的学者和政治家的眼中，科学技术是人类智慧的延伸，带着人类从野蛮迈向文明之境，在技术启蒙之下，更加真切地认识世界，同时也促进人类过上美好生活，逐步成了世界的主宰。这种"技术救世、技术治世"的技术乐观主义思想，最早是被密歇根大学法学教授詹姆斯·凯瑞和波士顿大学的法学教授克莱顿·吉列概括为技术乐观主义。他们认为技术乐观主义是指一种信仰，更是一种技术治世、技术救世的政治理论，它带着明显的倾向性贯穿于人们的行为理念。[1]我国亦有学者提出技术乐观主义是

---

〔1〕 刘劲松、夏保华："技术乐观主义探析"，载《南昌大学学报（人文社会科学版）》2013年第2期。

一种对技术的社会价值及其发展前景持乐观或肯定态度的社会思潮。从上述不同学者对于技术乐观主义概念的界定来看，技术乐观主义不仅仅是一种人们对于技术发展的态度倾向，同时也是技术救世、技术治世思想的集中反映。

通过对技术乐观主义的进一步剖析，我们还可以发现，技术乐观主义还是"科学技术是生产力"思想的表现。"科学技术是生产力"最早是由马克思提出的。马克思曾指出劳动生产力是随着科学技术的不断进步而发展的。随着现代科学技术的发展，科学与生产之间的关系愈发密切，改革开放以来，邓小平结合相应的时代背景，提出了"科学技术是生产力"的命题，并进一步细化，提出了"科学技术是第一生产力"。这是对我国科学技术发展的重要思想指导，也是对马克思主义科技学说和生产力理论的创造与发展。贯彻科学是第一生产力的技术乐观主义思想，对现代信息化建设的发展产生了深刻的影响，并且逐渐占据了主流地位。在哈贝马斯看来，在现代技术和现代科学形成互相反馈的关系和工业大规模的背景下，科学、技术与工业的融合发展形成了一个完整的体系，其中科学和技术系第一位的生产力。再观察其他技术乐观主义者，如伊莱亚斯、松田米津、芒福德等都积极拥护科学技术的发展，并且将社会变革、经济发展等都归功于科学技术推动生产力的发展之上。因此，从某种意义上说，技术乐观主义确实是"科技是生产力"思想的体现。

除了技术救世、技术治世以及技术是生产力的论述以外，对于技术乐观主义的内涵还存在着其他的表述——技术创造文化。技术乐观主义者森谷正规基于对欧洲、美国等地区的技术进行分析比较，提出技术与一国文化之间系具有相辅相成的促进关系。现代技术的创造与发展也必然离不开文化的传承，而技术的创造与发展又能够源源不断地为文化注入新的内涵与活力，文化与技术并驾齐驱、相互交融、相互促进。因此，他认为，技术创造文化，文化反哺技术，抑或是说技术本身就是一种文化。德国哲学人类学家米切尔·兰德曼将社会文化从三个层面进行了划分，即物质文化、精神文化以及制度文化。技术的显现功能主要表现在通过在观念层面为文化塑造全新的环境，丰富其内涵。而其潜在性功能主要体现在非常识性的技术知识上，其通常会带来意料之外的后果。例如通过技术打破文化垄断，消除文化壁垒，让文化平民化，同时也模糊了文化的时空界限，弥合了文化鸿沟。

综合上述对技术乐观主义的分析，我们能够明晰，技术乐观主义整体上对于技术的发展所抱有的态度是正面且积极的。放眼当今这个智能化时代，人工智能领域与法律领域相结合，既有可能迎来法律的飞跃式发展，也可能陷入停滞不前甚至是倒退的局面。人们对于智能技术应用在法律领域所产生的不同后果抱有不同的态度。其中一部分人推崇人工智能继续发展并运用在法律领域，并且认为在充分利用技术的情况下，人类无须惧怕新兴技术所引发的系列危机。法律乐观主义是技术乐观主义在法律领域的特殊表现形式。人工智能渐渐融入人类生活的方方面面，无不在改变着人们的生产和生活方式。尽管人工智能技术会引发道德、伦理等风险，但我们却不能因此而否定法律乐观主义的存在。尽管总有悲观者的声音出现，但是法律乐观主义仍然是我们不可忽视的。如美国计算机科学家阿米尔·侯赛因在《终极智能》一书中明确表示，我们无法阻止科技发展的车轮滚滚向前，即使不存在人工智能这项技术，人类的处境也不见得安全。与其阻止人工智能技术的发展，不如使人工智能向善发展。

技术应用的目的是服务人类社会，为人们提供更好的生活基础和精神满足，人工智能技术也不例外。如果它被合理利用，它将给人类带来巨大的利益。如人脸识别这项新兴技术如果能够得到规范使用，避免遭到滥用，那其应用确实提高了我们线上支付的速度，给人们带来了前所未有的体验，同时还催生了许多新兴行业。但若人脸识别技术遭到滥用，由于人脸信息数据是一项生物可识别信息，区别于我们以往所认知的个人信息，其更具有特殊性，其对公民个人乃至整个社会所产生的后果都将是难以设想的。但如果仅仅因为新兴技术引发了各种新问题就否认该项新兴技术存在的合理性与正当性，那么人类想要通过科学技术实现进步之言则皆为虚妄，技术领域的发展和进步也将成为泡影。正如扎克伯格所言："我认为那些对人工智能持否定态度或者鼓吹末日论的人，其实根本没理解什么是人工智能。他们的看法太消极了，甚至有些不负责任。"舍恩伯格等人也提出，大数据时代不是理论向往的时代，反而是其繁荣兴盛的时代。大数据不会妄言理论已死，而是会从源头上改变我们认识世界的方式。[1]

人工智能已成为时代的重要背景之一，客观上，其确实对法律的发展提

---

[1] [英]维克托·迈尔-舍恩伯格、肯尼思·库克耶：《大数据时代：生活、工作与思维的大变革》，盛杨燕、周涛译，浙江人民出版社2013年版，第94页。

出了一定的挑战，如法律职业群体所困惑的是人工智能在日后是否会取代法律职业。这些问题都尚处于争论阶段，但并非是否认技术存在的正当性理由。对于上述问题，法律乐观主义给出的回答是，人工智能不会取代法律共同体成为起诉、审判等环节的主体，要在充分迎接智能化时代的同时，推动法律之发展。

二、法律悲观主义

反观法律悲观主义所持的反对技术与法律的结合的观点，有的是对技术本身的忧虑，有的则是以人工智能与法律在融合发展的过程中可能发生的技术异化的风险为重点。

由于超人工智能无论是在思维上还是在计算能力上都远超人类，人类掌控超人工智能的难度也越来越大。也正是这种弱可控性，引发了人们对于在法律领域应用科学技术的忧虑。如"人工智能恶魔论"认为人工智能的产生就是恶魔的诞生，技术的应用非但没有为人类带来便利，反而为人类带来了极大的负担。特斯拉公司 CEO 埃隆·马斯克对人工智能的发展抱有悲观的态度，认为仅就人工智能而言，其很可能会引发第三次世界大战，因此无论是在自主武器研发还是在其他领域，都应当对人工智能的应用进行一定的限制。马斯克警告道："我们对人工智能应当非常谨慎。如果非要我猜什么会对我们的生存造成最大威胁，那大概就是它了。"除了马斯克外，为人们所熟知的物理学家史蒂芬·霍金也频频向人类发出警告，提醒人类警惕人工智能的发展。人工智能技术的风险不在于技术本身带有的恶意，而是在于其本身在完成目标任务方面的能力。但是，当人工智能的目标与我们的目标不一致时，就容易陷入僵局。因此，人工智能可能是人类文明史上对人类影响最大的事件，但也有可能是人类文明史的终结。在初级发展阶段，人工智能技术的应用确实为人类的生活带来了极大的便利，但是随着人工智能技术的深入应用，我们越来越难以忽视其带来的现实风险与潜在风险。人工智能的充分发展最终或许预示着我们人类将会被超越。他坦言道，人类会受到生理条件的限制，而人工智能在系统上、技术上都能够不断更新迭代，人类将难以与人工智能进行竞争，最终将会陷入被人工智能替代的境地。从短期来看，人工智能引发的危机要看人类社会是否能够找到控制其发展方向的方法，人工智能的未来发展方向是好还是坏，最终取决于控制者是谁，控制者是否具备应有的良知和责任感。从长期来看，还要看人类能否继续对其实行控制。若人类无法对其继续实行控制，人类也将面临灭顶之灾。霍金甚至预言"人工智能的全面发展将宣告人类的灭亡"，为应对挑战，我们必须未雨绸缪。

　　上述种种观点，表明法律悲观主义者对人工智能的发展存在的担心与忧虑。他们普遍认为，人工智能必然会经历从弱人工智能到超人工智能的发展阶段，而在这个阶段中，人类将在各方面不断地被人工智能所替代。他们主张，如果人工智能已经能够具备人类的各种情感，理解人类的思维，人类社会也就不复存在了。同样，部分学者对人工智能介入司法领域持保留意见甚至反对意见，认为人工智能一旦介入司法领域，势必会对司法秩序造成影响。将人工智能与法官裁判结合，极易培养法官惰性、导致冤假错案频发、损害司法的权威性、公正性。此外，员额制之下的法官也对人工智能介入司法领域感到担忧，认为人工智能的介入易改变审判模式和审判结构，并且还会额外增加法官的工作量，导致司法责任追责困难的情形发生甚至取代法官的主体地位。从根本上说，人工智能的应用将会对法官的主体地位构成挑战，人工智能替代法律职业，实际上是忽视了法律职业对人类生活的价值。

　　法律悲观主义者认为，判断力、想象力、同理心作为人类与生俱来的禀赋，是人类最大的优势，且在此方面，人工智能始终无法完全取代人类。因此，即便人工智能在工作专业能力上远超人类，人类也不可能完全被人工智能超越。但人工智能的存在始终对人类构成威胁，即便最终无法替代人类，但也会对人类生活造成重大冲击，在法律领域更是如此。

　　大数据和人工智能技术的发展与应用，让司法与大数据结合，推动智慧司法的建设，但也有可能因为技术异化而给司法领域招致风险。这种风险的类型主要包括：

　　（1）人工智能技术对司法固有属性的消解。新兴技术对于司法活动所具有的价值是我们所不能忽视的，但我们也要看到，就技术本身而言，其应用于司法领域，也会不可避免地发生一定的排斥反应。也即，即使人工智能技术与大数据能够很好地与其他领域进行融合，也并不意味着其能够与司法领域进行完美结合，相反还可能成为颠覆传统司法格局的潜在因素。在过去，信息化技术在司法领域的定位常常被认为是边缘性、工具性的。而在人工智能技术与司法大数据的推进过程中，技术应用本身所带有的时代特征会加剧以技术知识和法律知识为基础的技术权力和法律权力之间的冲突。总之，人工智能、大数据与司法相结合所产生的潜在风险会导致作为一个独立存在的司法系统的正当性和独立性遭到侵蚀，而司法权也极易沦为一般的国家权力，从而丧失其独特性。

（2）法官的主体地位被削弱。当人工智能技术和司法大数据在法官审理案件过程中发挥的作用过大时，容易致使法官对其产生高度的依赖感，法官的主体地位难免会被削弱。从短期来看，技术在司法领域的运用无论是在数据分析还是在信息检索方面，都大幅提升了法官的办案能力和办案速度。但是，从更长期来看，法官愈发依赖科学技术进行判案，而人工智能并不能完全替代法官进行判案，无法替代法官的自由意志。这种过度依赖不仅会使得法官被技术"奴役"，还会极大地影响司法裁判的公正性。

（3）司法体制改革目标被替代。司法技术的深度应用本身还可能会导致司法体制改革导向技治主义的方向，消解了司法体制改革本身所具有的独特性和复杂性，也因此回避掉了司法体制改革的难题所在，使得司法体制改革的成效产生了更多的不确定性，最终导致司法改革的目标被替代。"人类在应用这些科学技术的同时却无法全面预知它的整体效应以及它与其他事物错综复杂的相互联系。"[1]简言之，在司法技术领域，我们难以完全预料将会出现何种技术与司法发生融合，该种技术又将被应用于何种场景，又会对司法体制改革的某些环节产生何种影响等。司法技术应用的不确定性导致我们对其风险的可控性大幅降低。因此，在司法系统中，一些大数据和人工智能技术在稳定和成熟之前就提出了对稳定性的高要求，而结果的不确定性可能会对司法系统带来无法预料的负面影响。同时，上述风险又会因为我国目前司法的大数据和人工智能技术的时代应用特征而得到进一步强化。

基于对上述风险的描述，法律悲观主义在认识到人工智能技术将为法律方面带来风险的同时，也从不同的角度对人工智能的应用进行了阐述，法律悲观主义对人工智能持有的消极态度可被分为以下三个具体的方面：

第一，对人工智能研发利用的悲观主义观。该观念中，对于未来人工智能的研发以及利用，应当坚守人类文明价值的共同底线，同时还要秉持警惕技术取代人类、毁灭人类的悲观主义观。此种悲观主义观并非完全消极地应

---

[1] 安宝洋、翁建定：《大数据时代网络信息的伦理缺失及应对策略》，载《自然辩证法研究》2015年第12期。

对技术的发展,也并非是放任,而是主观努力应对技术发展所带来的负面影响,在防范人工智能的现实与潜在风险时,我们要更加积极主动。在应对人工智能等新兴技术为人类社会所带来的风险时,我们尚可以通过立法等法律技术手段对风险进行防范、规制,避免其毫无节制地扩大危害。实践中,我们能够看到各国的法律更多的也是采用悲观主义态度去应对此类风险,而这种态度实则是更加明智的。

必须要明确的是,人工智能的研发和应用存在着底线,不得毫无底线地突破。与人工智能研发和应用有关的不可逾越的底线主要包括:人应当作为目的存在而非是工具、手段,人之所以为人,有其独立价值之所在;人类的人格不受践踏,人工智能不得凌驾于人类之上,将人类作为其奴隶;人类社会本身的秩序不得被人工智能过度侵害;人类基本权利中的自由权应当得到保障;不得因满足人工智能的需要而过分牺牲个体的正当权益;不得赋予人工智能过多的权利,严格限制其使用等。一旦突破这些基本的道德底线,那么我们所描述的末日也将到来。

对于人工智能,我们必须坚持风险防范的策略,对人工智能潜在危险做到未雨绸缪。人工智能发展和广泛应用,不仅仅限于非公权力主体的领域,在公权力领域因涉及公共利益与个人利益之权衡,可能会令人类产生更多忧虑。公权力使用人工智能,一旦没有把握好其中的限度问题,便极度容易导致人工智能在公权力的"庇护"之下,侵入人们的生活领域,损害公民的合法权益。我们必须对人工智能在公共管理中的应用持特别谨慎或警惕态度,以限制公共权力滥用以及避免技术的异化所造成的各种恶果的发生。

第二,有关法律主体地位的法律悲观主义。目前学界关于人工智能的法律主体地位存在着多种不同的学说。其中包括:①工具说。该种学说认为人工智能本身系人类所创造的,其不能也不应该凌驾于人类之上,其更多的是应当为人类服务。此种学说主要是针对目前的弱人工智能来说的。②软件代理说,此种观点认为人工智能仅仅只是一种软件代理,其最核心、最重要的功用是传递信息。③道德能力缺乏说。该学说将是否具备道德认知能力作为赋予人工智能法律地位的衡量因素。④代理人说。该种学说主张将人工智能视作代理人,代理人是法律关系中的主体,即赞成赋予人工智能法律主体地位。⑤电子人格说。该学说与代理人说存在一定的共同之处,亦是通过主张人工智能具备电子人的地位,也因此享有法律上的地位。⑥有限人格说。即赋予人工智能以有限的法律地位，这主要是基于人工智能无法完全承担责任的角度出发的。⑦人格拟制说。该学说主张通过法律拟制的办法，赋予人工智能和胎儿一样的法律地位。⑧折中说。此种学说认为，是否赋予人工智能以法律主体地位，需要根据人工智能的强弱程度进行综合判断，对于弱人工智能不应当赋予其法律主体地位，但是对于我们所谓的超人工智能，可以适当考虑赋予其法律主体资格。

而在法律悲观主义看来，此类悲观主义，归根结底是对法律是否应当赋予人工智能法律地位的讨论。我们从民法的角度来看，何谓民法上的人，即民法上的法律主体应具有何种特征：首先，能够成为民法上的人，必须得到法律的确认；其次，能够作为民法上的人必须是具有自己独立人格的主体；再次，作为民法上的人必须是作为法律目的而存在的主体；最后，成为民法上的人还应当是一个理性的主体。显然，对于人工智能来说，我们要判断是否应当赋予其法律地位，是不能够通过简单地套入上述特征来实现论证的。目前，所有法律主体都是自然人或自然人联合体。若要在这两种主体之外再单独赋予人工智能以法律地位，将会引起很多先行秩序的混乱，并对上述主体的主体地位造成强烈冲击。在人类尚未有能力完全防范人工智能所带来的各种新型风险时，更为妥当的做法是将人工智能排除在法律主体之外。

第三，法律责任的法律悲观主义。承前所述，人工智能不能独立承担法律责任，但是对于由人工智能造成的责任承担问题，是我们不可回避的话题。随着人工智能的普及，对涉及人工智能的事故或实践的责任进行分配将会变得越来越普遍。至于人工智能对于其造成的损害后果是否需要承担责任，或者是哪些主体需要对人工智能的行为后果承担责任，有学者也将与人工智能有关的责任承担问题，简单地归结于产品法律责任问题，认为依靠现有的几部法律（如《产品质量法》《消费者权益保护法》《侵权责任法》）能够解决这一复杂化的问题。当这三部法律难以解决时，还可以考虑诉诸其他基本法（如民法、刑法、行政法等）进行救济。

从整体上来说，我们总结归纳的与人工智能责任承担有关的主体约包括以下几类：①使用或者对人工智能负有监督义务的人需要承担责任；②其他与人工智能交互的人需要承担责任；③制造商、销售商或者处于流通环节中的其他责任主体需要承担责任；④由人工智能对其自身的行为承担责任。

回到法律悲观主义的视角，其更多地认为人工智能不能独立承担法律责任，由人工智能所引发的一系列损害后果则必须由其制造者承担。由于人作为人工智能的制造者，其既是自然法的主体，同时也是人定法的主体。尽管制造者对于制造环节之后的人工智能所发生的系列损害行为难以完全预估，但是由于其在生产制造环节，系能够通过程序设计，减少人工智能制造损害后果的情形，而不能仅仅因为人工智能在后续行为中存在一定的自主性而免于其责任的承担。因此，我们便赋予其义务，对于由此产生的后果，制造者难以推脱。

第六章 智慧司法建设的成就

第一节 智慧警务建设与成就

一、智慧警务建设的背景和意义

（一）智慧警务建设的背景

1. 社会背景

社会结构的转型以及城市化进程的加快催生了智慧警务系统的建设。随着我国经济的快速增长，我国正处于社会转型的重要时期，社会的经济结构、文化形态等方面也都随之发生变化。而社会转型对社会秩序必然会产生深刻的影响，在社会结构转型的同时，各种社会矛盾和问题也相应增多。

面对新的复杂性，我国的治安管理工作面临着许多新的挑战。例如，近年来，我国的犯罪也逐渐呈现出了新的特点，如我国的犯罪年龄逐渐呈现低龄化、违法犯罪的危害性增大以及犯罪类型新型化等。这些无疑都加剧了公安机关的办案难度。作为打击犯罪活动的新型管理方式，"互联网+警务"将在这个经济社会成为发展趋势。

客观上，城市化进程的加快也给治安管理带来了一定的挑战。我国从传统封闭型的农业社会逐步走向了现代开放型的工业社会，产业结构的重心也向城市转移。越来越多的人口向城市转移也引发了一系列的城市问题，如交通拥堵、环境污染、能耗增加、资源紧张、治安混乱等。这些城市问题不仅仅影响了城市居民的生活水平，同时也使城市的公共安全以及社会治理面临严峻的挑战。为了解决一系列的城市问题以及积极应对城市化进程的加快，早在1992年，新加坡就已经制定了智慧岛计划，并且在2006年启动了"智慧国家2015"计划。2008年11月，IBM首次提出了"智慧地球"的概念，这也得到了许多发达国家的积极响应，提出了智慧城市的理念，并积极开展智慧城市建设，如通过互联网将城市中的各类公共资源（如水、电、气、油）连接起来，为城市居民提供更加便捷、智能的服务，提高居民的生活质量，让城市管理迈向智能化的新时代，提高政府管理的效能。在大数据时代智慧政府、智慧城市的大背景下，作为新一代信息技术的应用和高度集成方式——智慧警务也成了各国政府及警界竞相发展的战略高地和必然要求。[1]

2. 技术背景

智慧警务的建设需要依靠信息技术作为支撑，互联网技术的普及和深度应用，以及大数据、人工智能等技术的广泛应用与发展，这些都为公安警务信息化、智能化插上了腾飞的翅膀。在公安行业应用领域中，人工智能等相关新兴数据也被逐步运用于智慧警务的建设，也为现今的公安信息化提供了基础的技术支撑。智慧警务依靠的信息技术主要包括云计算、大数据、物联网、人工智能、数据挖掘等新一代信息技术。有学者将这类新兴信息技术的使用概括为"大智移云"技术，随着"大智移云"等新兴技术的跨越式应用，其不仅会推动公安机关智慧警务理念的发展，同时为智慧警务体制机制的变革提供了新路径，也为其提供了现实层面的技术支撑。

3. 政策背景

"金盾工程"是我国在2003年第二十次全国公安会议中所提出的警务部署，全面加快了公安信息化建设的步伐，加强了我国的科技警务工作管理。公安部紧随其后地推出了相关指导意见，以进一步加强公安信息化建设，并以公安"大情报"系统的构建为前锋，以信息共享、资源整合、平台建设为主旨，总体以"金盾工程"的二期建设实施为契机，以全面升级现今整体智慧的警务水平。《公安部关于进一步规范和加强公安机关执法信息化建设的指导意见》为公安部于2010年8月所印发的指导性文件，其中明确地提出了执法信息管理建设、执法培训信息化建设、执法监督信息化建设、执法办案信息化建设等智慧警务需重点提升的几个层面。为了落实科技强警战略和施行创新驱动发展战略，各部门都相继出台了一系列规划和意见。

《关于推进公安信息化发展若干问题的意见》是公安部于2017年6月所印发的文件，其中要求全面贯彻创新机制、更新理念，进一步加强对前沿科技的应用，如云计算、大数据等，并进一步探寻信息资源的深远前景、进一

---

[1] 张兆瑞："从大数据到智慧警务"，载《现代警察世界》2018年第4期。

步挖掘应用和分析研判的深度，为整体的公安工作效能提升助力，更好地应用于公安实战。同年，国务院发布了《新一代人工智能发展规划》，从国家层面制定未来十年人工智能的战略部署，也对人工智能与警务进行了深度的融合。国务院以及公安部出台的相关政策和规范等，都为智慧警务的建设提供了强有力的战略支撑。

（二）智慧警务建设的意义

1. 智慧警务建设适应了新时代的发展潮流，促进公安警务模式的升级转化

当前，随着大数据、云计算、互联网、物联网、人工智能等新兴信息技术的普及和发展，基于办案效率的提高以及公安机关运作体系的完善，公安警务的智能化、信息化已经成为不可抵挡的潮流趋势，我们应当把握时代赠予的机遇。全国司法体制在2017年以"主动拥抱新一轮科技革命"为主旨进行了改革。中央政法委书记、中共中央政治局委员孟建柱提出："即将来临的大数据、人工智能新时代，给司法体制改革带来广阔的发展前景，为我们探索司法运行新模式，提升司法质量、效率和公信力提供了有力支撑。"同时，还指出，科技信息化所具有的在公安工作中的全局性、基础性、战略性地位。把习近平总书记系列重要讲话精神全面融入实践，按照纪律严明、服务人民、对党忠诚、执法公正的总要求，奉行共享、开放的新时代发展观，迎接人工智能、大数据等新兴科技，用具有前瞻性的眼光与思维看待新时代公安工作业务，满足人民群众的新要求、新期待和警务工作的发展需要，坚持在党的统一标准下、规划下、领导下，持续加强信息支撑、深化科技引领，加快打开科技信息化融入公安的新局面，并以科技成果的创新和运用为支撑。郭声琨也提出，大力提高科技成果运用程度，全面实施警务大数据战略，主动迎接信息化新时代的发展新趋势，同时加强整体设计结构，减少重复性资源浪费，积极提升公安工作现代化、智能化、信息化水平，以新时代的信息支撑和科技引领态势为公安事业发展进步提供强大助力。2019年，在全国公安信息科技信息化暨大数据智能化建设工作会议、全国公安工作会议上，赵克志同志也着重申明要一直坚持科技兴警、改革强警，而作为科技兴警不可或缺的方式则是要把大数据智能化建设上升为公安部党委的一项政策工程，以加强智能化公安大数据建设，强化实战应用，深化基础建设，加强顶层设计，坚持统筹规划。

网络化、数字化、智能化的发展，成了推动公安警务变革的重要推动力量，智慧警务能够充分利用大数据、人工智能、互联网等先进信息技术，实现技术创新，构建公安机关不同警种、不同部门间的协同工作机制，以及构建与其他社会不同组织或法院、检察院等公权力机关之间数据共享机制，加强协作与交流，提高效率。智慧警务将会促进警务管理方式的创新，全面打通公安警务信息流、业务流、管理流，再造业务流程，促进传统警务模式转型升级，即实现由"管制型公安"向"服务型公安"的转变。以数据化、信息化为载体的警务已经趋向智能化发展，警务工作所承载的功能不断增多，随着新兴科技的进一步发展，并融入警务工作，在现代化信息技术的变革下"智慧警务"已成为新兴的发展趋势。

2. 智慧警务以传统警务体制机制为基础，推动了现代化警务体制机制建设

智慧警务作为警务形态未来演进的发展方向，是新时代警务发展与改革的重点。以传统警务为基础，智慧警务以数据化、信息化为支撑，结合了传统警务的优势，推动了现代化的警务体制机制的建设与发展。警务活动与人、事物之间的感知和联系愈发紧密，这些都使得公安管理和警务理念发生了转变。公安机关的模式转变也被智慧警务的发展与建设所推动，服务与管理类功能并重的模式替换了原有的一元化传统管理模式，"决策更科学、管理更高效、指挥更扁平、打击更精准、服务更便捷"的思路日益突出。为实现指挥机制与警务领导的扁平化，将对传统的形成"金字塔"态势的公安管理体制进行革新，融入智慧警务的应用后加快信息传递，中间管理层扁平化，达到即时联动、快速反应、精简机构的目的智慧警务以新兴技术为依托，实现了警务体制机制的优化。

3. 智慧警务依托新兴信息技术发展，增强公安机关办案的水平与战斗力

建设"智慧警务"的背后，对于公安机关来说，既是一场全新的警务革命，也是新时代赋予警务的机遇。推行警务信息化、智能化建设是实现警务效能的最优化的必然要求和必经之路。从整体上来说，警务信息化、智能化的建设过程对于综合警务资源、简化警务流程、创新警务模式、降低警务成本和提高办案效率等有着积极的作用。[1]智慧警务建设是推动公安建设和警

---

[1] 参见刘绪崇、苏欣、唐德权主编：《智慧警务——大数据环境下新时代公安信息化建设模式探索》，清华大学出版社2018年版。

务工作由数量规模型向质量效能型、由"汗水警务"向"智慧警务"跃升的关键节点。

关于全面深化，公安改革"1+3"意见方案明确提出："智慧警务的建设核心依然发生改变，其建设要求我们把传统的公安战斗力生成模式转变到依靠科学技术尤其是以信息技术为核心的高新技术上来。在核心转移的过程中，公安机关战斗力的关键要素主要是大数据。大数据是公安机关实现社会有效治理的重要技术依托，通过对大量的数据进行收集、分析、处理等，能将所获得的数据转化为自身的优势所在，使其成为'智慧警务'的制胜法宝。"[1]

智慧警务在通过实施科技强警战略，深化公安信息化、智能化建设与应用，在推动警务机制转型升级的同时，也极大地提升了警务人员打击、管控、服务地水平与能力，推进了科技强警战略目标的实现。以孟州市公安局为例，孟州市公安通过整合网警、信息、视频、技术、数据等各专业力量，打破了警种壁垒，搭建了各部门、各机关之间的共享互通的信息共享平台，深入融合科技手段与警务工作，建立起了"情指勤"一体化的警务运行机制。同时，还利用视频侦查、人像对比、信息碰撞等科技化手段，实现了批量破小案、快速破大案难案。智慧化警务的建设，使得公安机关警务管理趋于精细化和科学化，大幅提升了公安机关的执法和办案水平。

二、智慧警务的定义及演化

（一）智慧警务的定义

智慧警务，从字面上看包含两个部分的内容，分别是"智慧"与"警务"。根据现代汉语大词典的解释，智慧多是指辨析判断、发明创造的能力；迅速、灵活、正确地理解事物和解决问题的能力。"智"更多是指智能化，强调人工智能等技术在警务方面的应用。"慧"则更多的是强调警务人员在警务工作中发挥的主观能动性。而"警务"主要是指有关警察方面的事务。

结合现代警务的功能特点及未来警务发展演变的趋势，我们认为，智慧警务"指的是，由宏观角度来看，贯穿了现如今警务系统的特性及合理推测的未来演化路径，将公安信息化当作内核，用智能化、物联化、互联化三种

---

[1] 张兆端："'智慧警务'：大数据时代的警务模式"，载《公安研究》2014年第6期。

方法,辅以知识管理、智能引擎、探索数据、图像技术、云计算、物联网、互联网,帮助公安系统更加完善、智能化、现代化,早日达成公安警务"强度整合、高度共享、深度应用"的新兴发展目标和蓝图。将现有的模式和现代技术智能相联结是如今警务发展的核心目标,这也就是智慧警务的特点。[1]

介绍了"智慧警务"的定义,若要进一步认识智慧警务的内涵,由这几个层次出发会更加深刻:首先,知识管理、智能引擎、探索数据、图像技术、云计算、物联网、互联网这几个现代技术和概念是不可或缺的,特别是"智慧警务"带有"遗传信息"的 DNA 片段——云计算和物联网,这是其得以发展壮大的根源。智慧警务伴随着大数据、AI 的持续进步会愈来愈充满活性。其次,智慧警务是新技术发展与应用条件下公安警务模式的演进。在"智慧警务"中,智慧与警务必须相互结合,必须强调在借助新一代信息技术的前提下,充分实现人与物之间的良性互动关系,即促进彼此的互联互通、相互感知、相互交流,既要充分发挥信息技术的优势,也要重视警务人员在其中的积极作用。最后,"智慧警务"并非是静态的、不变的,相反,智慧警务是以新信息技术为依托,以警务数字化、感知化、智能化、互联化为核心特征的,其建设过程是动态的、不断向前发展的。智慧警务会根据社会现实发展的需要,在科技强警的建设过程中不断融合、优化、创新发展,从而具有更强的集中智慧发现问题、解决问题的能力。

(二)智慧警务的发展演化

公安的业务涉及民生,公安的重要职能在于服务人民,这也是公安机关树立亲民形象的方式之一。在过去,随着公安基层基础工作的不断深入,信息查找费时费力,信息统计效率低下、容易出错、人手不够,难以满足人民群众的需要。传统的社区警务管理模式,随着时代的变迁,以难追上时代的洪流,难以满足当前我国基层社会治理信息化、数字化、智能化、现代化的需求。随着人工智能、大数据以及云计算等技术的融合驱动发展,警务工作也随之呈现出了新的发展态势和发展特征,由此智慧警务也应运而生。将人工智能技术应用到警务工作中去,能够实现警务工作智能化,为警务工作注入新的活力。将人工智能技术融入警务工作的前后端并通过收集和分析大量

---

[1] 张兆端:"'智慧警务':大数据时代的警务模式",载《公安研究》2014 年第 6 期。

的数据，建构模型，充分挖掘大量数据背后所潜藏的内在逻辑和资源，以提升警务人员对海量数据的综合分析能力和深度应用能力。

我国在2006年就开始对智慧警务有了初步的探究，虽然其目前的发展深度以及广度远不及智慧司法的建设，但是对智慧警务所做出的实践性探究，为日后的智慧警务发展做了一定的铺垫。从信息化的角度来看，警务模式的发展可以被归纳为五个阶段：

（1）传统的警务阶段。这个阶段主要是靠人工进行的，对于日偿巡逻、盘查、警务处理等都需要靠警务人员身体力行来完成，且对于警务信息，都是依靠纸质档案储存。在这种模式下，需要耗费的警力多，且效率也较为低下，警务人员容易陷入重复、烦琐的劳作中。

（2）数字化警务阶段。在该阶段，随着对讲机、计算机设备和技术的普及，警务人员开始使用对讲机进行日常工作信息交流，同时也开始利用计算机进行信息的采集、录入和查询。这些都大幅提升了警务人员的工作效率，有利于警务人员更好地从事社会治安的治理工作。

（3）网络化警务阶段。随着互联网的普及，公安政务服务的理念也逐步转化为这些互联网理念，公安机关以互联网为载体，以民为本，便利群众办理各项事务。群众通过互联网，提高了办事效率，也减少了民众与警务人员之间不必要的误解，提升了群众的获得感和幸福感。

（4）合成警务化阶段。随着城市化进程的加剧，治安形势相较于以往更为复杂，这要求公安机关与其他部门紧密合作。这一阶段警务模式的特点主要表现为情报主导、合成作战、出现集成指挥系统的警务模式。

（5）智慧警务阶段。随着人工智能和大数据的出现，警务系统已经逐步向智能化迈进。警务人员通过大数据整合、分析、处理各类资源，以及将人工智能与警务工作结合，在工作方面也取得了突破性的进展，警务工作迈向智能化，使得警务工作更加高效、合理。

在互联网、物联网、云计算、智能引擎、视频技术、数据挖掘、知识管理等新兴技术作支撑的背景之下，智慧警务以提升公安机关的核心战斗力为主要目标，以实行大数据战略为切入路径，通过技术应用，促进公安系统各个功能模块的相互协调运作，推动公安信息化建设，打造警务工作智慧化的新理念和新模式。

三、智慧警务建设的实践

在人工智能时代，智慧警务的建设与我国"互联网+"的战略发展方向相一致。近些年来，公安机关也逐步将新一代技术应用到实践之中，各级公安机关通过大力引进先进技术，建立"互联网+公安"的政务服务工作模式，实现科技强警。由传统警务向智慧警务发展的"加速键"也被相继按下，公安机关的办案能力也同步得到了提高。智慧警务为维护社会稳定、促进社会治理现代化建设做出了应有的贡献，成了科技强警的关键。公安机关将信息技术应用于警务工作中，逐步实现向科技要警力，在智慧警务建设过程中，我国各省的公安机关也采取了相应的措施以推行智慧警务的发展。科技强国，对新兴技术的应用与推广也给予了高度的重视，并对此进行了战略支撑，各地对前沿的信息技术应用于公安执法办案领域进行了大胆探索。以下我们将重点以浙江省的智慧警务建设为主，以其他城市的智慧警务经验为辅，简要介绍我国智慧警务建设的相关情况。

浙江省公安为"枫桥经验"注入了新的力量，推动了智慧警务建设。自2010年开始，浙江省公安机关已经逐步开始转向智慧化办案，逐步将先进的信息技术应用到公安实战之中，开启了"智慧浙江公安"建设，对数据进行综合整合、融合与应用。此外，浙江省公安还着力创新应用平台、打造信息化高地和特区的建设，兼采培养、引进信息化专业人才之举措。2019年，浙江省公安主动拥抱警务大数据，着力提升打防管控、服务群众、队伍建设等方面的智能化、信息化水平，不断为"枫桥经验"注入新的内涵。

浙江省公安机关以"云上公安、智能防控"为基本战略框架，始终践行"警务围绕着民意转，民警围绕着百姓转"的宗旨，积极打造具有本省特色的警务综合服务平台，有力地带动了其他行政机关的智慧建设。浙江省公安得益于"枫桥经验"的推广与普及，在发展智慧警务方面一直走在前列。对新时代公安机关的警务工作顺利开展具有重要的意义。浙江省公安推出的智慧警务建设措施主要体现在以下几方面：首先，浙江省公安结合过往警务工作的经验，坚持以先锋党员为引领，在街面巡逻、执法办案的过程中时刻关注人民之切，每个派出所都承担起应承担的责任，打造社会民生连心城。在此基础上，经过反复的论证，浙江省公安将"一朵云"智能警务系统作为数据收集工具，以"资源服务、公安大脑、众智创新、联勤指挥、公共服务"作为浙江省警务的工作蓝图和路线规划,力图将"一朵云"智能警务系统智能警务系统架构打造成浙江省警务建设的名片。在"一朵云"平台建设完毕后,浙江省公安机关的公共危机处理能力、统筹规划能力和警务工作处理效率明显提高,形成了集约化的优势,"多、小、散"的信息情报收集困境不复存在,符合习近平总书记对警务工作建设的战略构想,贯彻了"提高预测预警预防各类风险能力"的指示精神。其次,浙江省公安机关以数据汇集工程为渠道,努力在"人、案、事"三个层面收集公安信息情报和数据分析建模。再者,浙江省公安机关依托"警务云"平台,以信息情报为导向,"云上公安、智能防控"数据收集战略为指导,深入推进警务工作改革,强化公安信息情报建设,积极构建"多图合一"的警务指挥体系和"小脑+手脚"的公安派出机构勤务机制,充分发挥多警种联勤联动的合成作战、情报共享、资源利用优势,进一步强化"警力可视、警情可视、现场可视、就近出警"的警务工作模式,有力地提升了公安机关的公共危机预警能力。最后,浙江省公安还针对传统警务工作模式无法把握人员流动信息的局限性,依托现有的信息遥感设备、射频识别设备、视频监控设备、通信与移动终端设备、无线射频识别设备、有线与无线实时传输设备,围绕"人、地、物、房、路"基本治安要素和"吃、住、行、消、乐"动态活动轨迹,自动地对人员、车辆等治安要素进行信息数据采集,努力在全省布建全息感知网络,实现信息情报收集从"未知"到"感知"的转变。

贵州省公安打造了"万物互联智慧警务"服务模式。万物互联,智慧警务简单来说,就是通过互联化、物联化、智能化、信息化来促进公安系统高度集成、协调运作对警务信息进行高强度整合、高精度整合以及深度阅读,形成以大数据整合、分析、应用为核心的智慧警务模式。"一尺办案"+"数据铁笼"+"共享平台"成了贵州省智慧警务建设的主要方向。贵州省从2014年起开始进行政法领域人工智能的研发和进行相应的战略部署,经过努力,形成了以"一尺办案""数据铁笼""共享平台"为主的"贵州经验"。

(1)"一尺办案"是在贵州省公安厅、贵州省人民检察院、贵州省高级人民法院联合制定的《刑事案件基本证据要求》框架内,对历年因证据不足不批准逮捕、退侦、存疑不起诉的盗窃、抢劫、故意伤害、杀人、毒品、诈骗等六类案件,制定统一的证据标准并转化为数据标准和数学模型,嵌入大数据办案系统,实现对证据有无、证据间能否形成相应的证据链的智能审查。

若一个环节出现了错误，将难以继续推行下一步，防止"起步错、跟着错"的发生。

（2）"数据铁笼"主要是针对物品扣押、讯问过程等重点领域进行的监管。在执法监督系统中开发了拥有数据监测点的管理模块，对于讯（询）问环节的不规范行为进行监督，一旦出现违规讯（询）问行为立即启动警报；对超过法定讯（询）问时间的自动断电；对物证、涉案物品、随身物品违规扣押、超期扣押、未按规定移交等违规行为的预警干预；对刑事强制措施、办案时限的自动提醒，将执法办案权力关进数据的笼子，让其在阳光下运行。

（3）"共享平台"以贵阳为试点，建立了政法大数据共享应用平台，将公、检、法三家需要的共享数据、电子卷宗等按照统一的数据规格和交换标准进行整理，并及时推送到"政法共享数据池"，将公、检、法三家的"条数据"变为政法系统"块数据"。一则提高数据的可使用性，二则促进公、检、法三机关在办案过程中的良性合作，推进公安机关在证据规格、证据标准上将"破案"与"庭审"相结合，真正推进"以审判为中心"的司法体制改革。

南京市为打造智慧警务而打造了"一网一中心三平台。"于2011年年初，江苏南京公安建立了新一代智慧警务体系，以"一网一中心三平台"为核心，打造了一个庞大的"数据湖"，它汇聚了4600亿条信息。在每年的元宵节公安都会因秦淮灯会的治安问题而面临不小压力。为此，南京市公安局秦淮分局建立了一个安保指挥调度体系。该体系集视频调度、感知预警、科学布防、合成研判为一体。他们安装了一批探头，这批探头覆盖景区的高清监控点位和鹰眼全景，且应用4G实时传输记录仪，由此建成了全时空、立体化防控矩阵；同时研发应用人流计数和客流态势分析模块，首创了"防走失系统"，该系统由寻人微信群、寻人点、单兵组、寻人广播、智慧夫子庙大屏五大元素构成。

2018年11月17日，南京江北新区"智慧警务Mall"之下的"无人警局"正式启用。"智慧警务Mall"与"无人警局"的模式与实体一站式审批服务中心组合成南京智慧警务"旗舰店"。为人民群众提供一站式的服务，节约群众的办事成本，竭力为群众提供更多高质量的公共服务。在"无人警局"中，自助设备林立，群众无须排队即可办理相关业务。通过这些智慧系统，让警务涉农服务一体化，真正实现了"一窗受理，集成服务"。

第二节　智慧检务的现状与成就

一、智慧检务的发展演化：从数字检务到智慧检务

（一）数字检务阶段

办公自动化是一种人机交互信息系统，服务于具体办公业务的人，它是一种办公手段和措施，将计算机技术、通信技术、系统科学和行为科学应用于现代化。美国麻省理工学院季斯曼教授指出："办公自动化就是一项综合技术，它将计算机技术、通信技术、系统科学与行为科学，应用于传统的数据处理技术难以处理的数量庞大且结构不明确的办公事务。"多数学者均接受了其对办公自动化的定义。20世纪90年代初，我国办公自动化从萌芽走向发展，检察机关也开始了"数字检务"检察办公自动化探索的初步行动。

1985年，国务院电子振兴领导小组为拟定中国办公自动化的发展规划，成立了办公自动化专业组。1986年，国务院批准建设国家经济信息系统，同时组建了国家经济信息中心。1987年10月，在全国具有一定的示范性的上海市政府办公信息自动化管理系统（SOIS）通过鉴定并取得了良好效果。1992年，国务院办公厅以国务院办公厅的计算机主系统为核心节点，牵头启动了"全国行政首脑机关办公决策服务系统"。该系统覆盖全国各省级政府和国务院的主要部门，到1997年底，全国行政首脑机关的办公自动化初步实现。

为了能够应对检察机关信息化不断发展的趋势，在20世纪90年代，我国最高检察机关设立了早期的信息化机构。最高人民检察院在1991年4月11日与原统计处计算机专业技术人员和总值班室通信人员一起成立了办公厅自动化办公室，主要负责的工作是最高人民检察院的信息化工作。最高人民检察院办公厅于1994年3月将原自动化办公室划归到检察技术局（所），且更名为信息技术室。最高人民检察院于1995年成立编码委员会，最高人民检察院时任副检察长赵登举任主任于1997年3月将技术局与技术所分开设置，将信息技术室划归技术所管理；于1999年成立信息化领导小组，由最高人民检察院时任副检察长梁国庆任组长；于2000年5月成立直属事业单位——检察技术信息研究中心，该中心由原技术局、技术所、办公厅信息技术室合并组成，负责指导全国的信息化工作和检察技术。这一时期的办公化系统的核心

内容是公文和档案的管理。检察机关通过与其他机构合作开发各类型的信息化管理应用产品,探索建设局域网等手段,满足不同层级检察机关办公自动化需求的信息产品系统被初步建立。[1]

(二) 网络检务阶段

随着互联网在人们的生活中扮演越来越重要的角色,检察机关推进工作也逐步采取与互联网结合的方式进行。在办公自动化发展到一定程度后,检察机关工作的特殊性也逐渐凸显出来。在使用计算机设备处理不同的文件后,电子文件交换的途径也亟须突破单位局域网的限制,而最佳的突破方式则是通过互联网进行。但正如上述所提及的,检察机关的工作具有特殊性,很多工作信息都需要进行保密处理,而互联网传播速度快、覆盖范围广等特性显然违背了涉密信息的保密原则。因此,如何建设范围涉及全国的检察专线网成了当时检察机关考虑的主要问题。

在这一阶段,最高人民检察院通过转向建设的方式,在每年的年初制定本年度检察机关网络化的主要建设任务,将任务细化并下分各级检察院,并于年底进行绩效考核,明晰责任。2000年1月,《最高人民检察院关于在大中城市加快科技强检步伐的决定》提出了2000年至2002年科技强检战略三年规划的建设任务。其中,2000年主要是以一级检察专线网为重心,到了2001年,则以二级专线网的开通为目标,2002年则是以推广三级专线网为首要任务。2004年,最高人民检察院颁布了《2003-2007年检察信息化建设与发展规划》,明确检察院应当在建设第一阶段任务的基础之上,在2004年以前完成一级转现网扩容和提速的工作,到了2006年亦是如此,直至2007年,检察院基本实现了预期目标。

(三) 信息检务阶段

检察工作的信息化主要是指信息技术与检察业务和人才队伍建设的充分融合,在推进检察信息化工作的过程中,我们既要提高检察工作的科技含量,推动检务工作的规范化、现代化建设,还要促进体制机制的创新、使得检察队伍中人才队伍专业化、规范化以及管理科学化。并通过上述途径增强法律监督的实际效能。检察工作信息化,这是一个动态的、积极的发展过程,在

---

[1] 赵志刚、金鸿浩:"智慧检务的演化与变迁:顶层设计与实践探索",载《中国应用法学》2017年第2期。

不同的时期，其具体目标也会发生一定的调整和创新。

科技强检中的重要部署包括检察信息化建设，这是信息检务阶段检察工作发展的主要方向和任务。检察信息化既是推动检察工作创新发展的迫切要求，也是提高人才队伍建设的必然要求。曹建明早在2009年的全国检察机关技术信息工作会议上便提出了"四个统一"的指导原则，即"遵循信息化建设的内在规律，按照统一规划、统一标准、统一设计、统一实施的原则深入推进检察信息化建设"。在四个统一原则的指导下，检察机关检察信息化也由基本应用向全方位、深层次应用转型。但是，就当时的检察工作而言，信息化推进还存在难度，行政管理体制以及信息技术产品的多样性都为检察信息化增加了阻碍。并且由于此前所实行的标准统一的检察信息化的执行力度欠缺，客观上也阻碍了检察机关信息化的发展。

检察信息化工作要取得实质性的进展则必须做到从司法实践的具体需求出发，分阶段地规划应用目标，如确定长期、中期、短期规划目标。如北京市检察院在检察信息化上的应用目标设定提供了范式。在合理设计规划目标之后，我们还应当将其付诸实践，以检察信息化促进检察现代化建设、推动司法体制改革，确保改革的实效。

（四）智慧检务阶段

智慧检务，是依托大数据、人工智能等新兴的技术手段，以检察信息化建设为基础发展起来的更高形态，是检察工作方式和管理模式的重大创新与革命，也是检务工作全面转型升级的重要一步。智慧检务不是从来就有的，而是从解决全面建设社会主义法治国家过程中所面临的重大问题、重大风险中逐渐产生的，是解决上述风险的新方案、新路径，是检察院检务工作与大数据、人工智能等技术手段深入融合与发展的产物，符合司法体制改革的要求，有利于推动就司法领域的旧疾、顽疾实现由治标向治本的根本性转变。

"智慧检务"一词最早是在2015年7月"互联网+检察工作"的会议中被提出的。此次会议多次强调检务工作的智能化建设要依托于信息网络技术基础，推动检察工作的创新与发展。在新的时代背景之下，各级检察院不能故步自封，而是应当积极向科技要警力、向信息化要战斗力，在充分分享互联网发展成果的基础上，运用人工智能、大数据等新兴技术引领检察工作的智能化发展。

2016年9月1日，《"十三五"时期检察工作发展规划纲要》实施。该纲要要求检察机关要加快建立智慧检务五大体系,包括检察信息感知体系、高效网络传输体系、智能信息服务体系、智慧检务应用体系、科技强检管理体系。这五大体系是相互配合、相互统一的。另外,根据电子检务工程规划,我国在2017年底已然建成了覆盖至全国四级检察机关的司法办案平台、队伍管理平台、检察办公平台、检察决策支持平台、检务保障平台、检务公开和服务平台,使得检察工作进一步向规范化、智能化、网络化的方向发展,真正促进了司法为民,切实提升了司法的公信力。

正如曹建明所指,在人工智能的背景下,智慧检务的建设对于检察机关来说是一场全面而深刻的革命,其既是检察工作面临的新机遇,同时也是检察工作的新起点,还是检务信息化升级转型的必然后果。2018年,最高人民检察院在充分调研论证的基础上,明确提出了智慧检务建设重大战略,并印发了《最高人民检察院关于深化智慧检务建设的意见》(以下简称《智慧检务意见》),勾勒出了智慧检务建设的未来蓝图。《智慧检务意见》指出,深化智慧检务的建设目标是加强智慧检务理论体系、规划体系、应用体系这"三大体系"的建设,形成"全业务智慧办案、全要素智慧管理、全方位智慧服务、全领域智慧支撑"的智慧检务总体架构。到2020年底,我国智慧检务将会充分运用新一代信息技术,创新研发智慧检务的应用即平台建设,推进检务工作实现由信息化向智能化的飞跃;到了2025年底,智慧检务的发展重点主要是以智能增强效能,以机器替代人力,简化程序,打造新兴的检察工作和管理方式。

智慧检务也在多地得到了实践。如贵州、上海等地开发的智能辅助办案系统、江苏省推行的案件管理机器人等,都是智慧检务建设的成功例证。这些实例无不标志着"人工智能+检察工作"模式的可行性和普及性。目前,我国检务建设已经从以往的数字检务时代演化发展至今日的智慧检务时代,其中技术经历了更新迭代,检务工作的内涵也在不断发展。全国检察机关进入智慧检务4.0人工智能时代后,检察机关的办案能力有了显著的提升,如通过人工智能办案系统,指引办案人员和规范化办案,同时也为检务人员提供了智能化的数据收集、资料分析等途径,能够降低由认知局限性所导致的对于事实和证据认定的偏差。同时也通过智能化系统,将办案人员的办案过程全程记录下来,做到公开化、透明化以及可追溯化。这极大地限制了办案人员的恣意性以及挤压了办案人员暗箱操作的空间,让检务得以在阳光下运行。

在这一阶段，智慧检务呈现出全面化发展、智慧化发展、科学化发展、人性化发展的特征。智慧检务是检察机关深化"科技强检"战略的一项全局性、战略性、基础性工作创新。在推进人工智能、云计算以及大数据等信息技术与检察工作的深度融合的背景之下，在充分结合"数字检务1.0""网络检务2.0""信息检务3.0"的发展历程的基础上，完善"智慧检务4.0"的总体设计和内容设计是当前检务机关的检务工作建设的核心任务，智慧检务的建设要以"六大平台"建设为抓手，以网络安全信息化运行和联合创新为基础，打造全业务智慧办案、全要素智慧管理、全方位智慧服务、全领域智慧支撑的智慧检务"四梁八柱"，[1]为检察职责的全面履行以及检察工作智能化建设提供重要的原动力，同时为全面深化检察改革和全面推进依法治国奠定坚实基础。

二、智慧检务建设的实例

（一）以新疆乌鲁木齐市天山区人民检察院为例

2015年以来，天山区人民检察院也为智慧检务的建设做了积极探索。其以科技强检为重要抓手、大胆实践、积极探索，推进信息化建设及其智能化水平的提高。天山区人民检察院党小组结合实际工作情况，在信息化建设方面提出了新的构想和思路，借助日益发展的互联网技术和无线通信技术，成功研发了移动检务系统、学习圈、电子检察工作站等一系列顺应司法体制改革新要求的智能应用系统，初步形成了该院的智慧检务体系，推动了办案与信息技术的深度融合，大幅提升了检务工作的质量以及司法的公信力。天山区人民检察院的智慧警务大体上可以被分为三大模块：智慧办案、智慧服务、智慧管理。

在智慧办案方面，天山区人民检察院根据最高人民检察院及上级人民检察院的部署安排，统一业务应用系统。2014年3月，天山区人民检察院严格遵照上级人民检察院的一致要求，做好人员的部署以及组织策划，积极开展上线办案工作和全面应用检察机关统一业务应用系统。应用该系统能够促使检察机关工作人员严格依照法定程序进行办案，有效地防止在办案过程中的

---

[1] 赵志刚、金鸿浩："传统检察信息化迈向智慧检务的必由之路——兼论智慧检务的认知导向、问题导向、实践导向"，载《人民检察》2017年第12期。

恣意，强化了对办案过程的监督与制约。应用线上办公，通过网络实现案件在各个不同环节和不同层级机关之间的流转，大大提高了办案效率，减少案件在某个环节的堆积，也使得办案的全流程公开化、透明化。

此外，在借鉴乌鲁木齐市人民检察院的全数字化远程提讯系统的基础上，天山区人民检察院结合自身的实际情况，与市人民检察院进行协商合作，已经初步完成了测试联调的工作，为系统的正式启用做了充足的准备，远程提讯系统能够以信息化的手段提高检察机关办案的整体效率，节约司法成本。另外，在以信息化建设引领检务工作现代化的探索过程中，天山区人民检察院还进行了许多有益的尝试，如智慧互动黑板颠覆了传统手写的模式，运用先进的技术将传统手写模式与多媒体设备结合起来，让传统与现代在智慧检务领域得到了有机结合。

检务工作信息化建设较为典型的代表为电子检察工作站的研发。该电子检察工作站，通过互联网技术，让人民群众少跑腿、免受烦琐的办事程序所累的同时，也开通了让人民群众时时了解、监督检察工作，实现检察机关工作人员与人民群众有效沟通和表达诉求的渠道，让检务工作在信息化建设过程中更加温情。另外，为了进一步拓宽和畅通群众诉求表达的渠道，2015年，天山区人民检察院设立了远程视频接访室。该接待系统的建立，有利于化解社会矛盾，促进公正廉洁司法。此外，新媒体建设也是天山区人民检察院高度重视的一个方面。天山区人民检察院借助"两微两端"、门户网站等渠道宣传，营造了良好的司法环境。

在智慧管理方面，为了迎合智能手机无线信息技术以及互联网的发展潮流，天山区人民检察院打造了适用于检察院系统的移动办公应用系统，仅通过一部手机，接入互联网后，就能够随时随地发起不同办公流程，进行各种办公事务的审批、签字，以及及时查看各类办公事务的进程。这大大提高了办事效率，将线上与线下办公结合，大大节约了办公成本。另外，除了开发移动办公应用系统外，天山区人民检察院还开发了相关的软件，推出了在线学习、统计分析、查阅资料等功能，支持检务人员实现远程学习。

天山区人民检察院为了实现智慧警务所做出的各项举措，都是将现代化技术与现实需要相结合，急人民之所急，切切实实推进司法体制改革，也是我们探索智慧检务建设路的先进经验。

(二) 以上海铁路运输检察院为例

近年来，为了深入贯彻"智慧检务"的建设要求，上海铁路运输检察院亦采取了一系列积极行动。其中，坚持在以提升检查办案过程中的"生产力"为立足点的同时，把一线办案的迫切需求摆在建设的第一位，积极推进检察工作与大数据、信息化平台以及人工智能的深度融合发展，并在此基础上，既由专业人士研发了六大系统和两大平台，又积极在智能立案、卷宗智能流转、智能辅助裁判系统、智能量刑辅助、人像识别、公益诉讼及执法监督监测、人脸识别等领域进行了探索，将检察机关的工作人员的双手解放，推动智慧检务的发展和检院的信息化建设。

上海铁路运输法院主要通过下述做法，提升办案效率：①研发卷宗智能流转管理平台。这是全院案件卷宗统一的智能化管理流转平台，也是全院办案业务数据的集中汇聚平台，系统关联案管、文印中心、控中、公诉等多个业务部门。这套系统为上海铁路运输检察院智慧检务大数据平台的构建提供了基础数据，同时也起到了办案过程全程留痕的作用。②研发案件智能量刑辅助工具。上海铁路运输法院通过构建特殊案件的智能定罪量刑的数据模型和决策智能平台，为办案部门实际办理这些案件提供智能量刑建议及偏差分析，并能自动推送相关法律法规、类案裁判、司法解释、案件舆情信息等。③建设检法零距离协商云平台。上海铁路运输法院、上海市人民检察院第二分院、上海市第二看守所共同协商，运用远程视频庭审系统，对适用简易程序的案件及认罪认罚的案件进行远程庭审，从距离、空间等多方面来提升审判效率。④建立公益诉讼执法监督监控平台。上海铁路运输法院研发了关于智能推送与案件相关的舆情线索的智能化分析平台，通过及时收集、分析专项案件领域的涉案涉检舆情，切实把舆情数据更有效地运用于案情的线索分析，为公益诉讼提供线索来源。⑤建立司法办案区智能人像平台。该系统主要是采用人脸识别技术，对进出检察院的人员面部信息进行比对、识别，以此自动识别禁止入内的人员。⑥建立检察委员会无纸化会议系统。系统由集中控制主机及多媒体触控会议终端组成，通过系统部署，实现了检察委员会与会材料的集中分发及查询、批准、同屏显示等，切实保障了公诉部门疑难案件监察委员会的无纸化商讨和会议过程全程智能记录，为院领导会商讨决策提供了技术支持。⑦引入控申接待、便民服务的人工智能机器人。该系统通过提前录入各类数据，借助自然语言处理和法律大数据来进行法律问题的智能解答，使得其能够为老百姓提供包括法规咨询、司法业务指引以及实体问题在内的专业法律咨询服务。[1]

智慧检务应用实例远不止于新疆和上海，还有其他非常典型的案例如四川省江油市人民检察院以"一朵云一张网"的发展理念建设的智慧检务、贵州省检察院以司法办案为核心的智慧检务建设等，本书不再予以详细介绍。在上述实例中，我们能够看到，各地区在建设智慧检务方面都做出了不同的尝试，也都为我们日后进一步完善智慧检务提供了先进的经验。

三、智慧检务的展望

智慧检务发展至今，虽然已经基本做到了全业务、全方位的功能实现，但若要与检察工作新的发展要求完全契合，仍旧是存在差距的。不过，我们仍可以基层试点为先导、顶层制度设计相互配合的方式弥补这种差距，推动智慧检务的发展。

（一）数据融合和交互的能力进一步提升

大数据时代一个非常重要的特征是数据驱动技术和要素，通过数据的融合可以得到智能的研判结果甚至可以生成新的要素。应用到日常办案中，最显著的体现是可以通过大数据的融合发现个案工作中难以发现的共性、规律甚至预测案件的发生情况。但目前智慧检务在数据融合上的能力仍需要进一步提升。羁押必要性审查是检察机关内部部门间信息互通以提升工作效率的典型代表，通过交互可以形成良性的工作成效。但由于尚未在系统内实现这种功能，仍要通过人工方式才可以实现，既限制了工作的开展又无法彰显智慧检务的功效。这只是目前数据交互功能受限的一个非常小的方面，检察机关内部业务部门之间的数据交互和融合的能力仍有极大的提升空间。

（二）功能范围上进一步扩大

在积极推行公益诉讼的大背景之下，行政公益诉讼以行政机关为监督对象是检察机关公益诉讼业务的侧重点，但对于行政机关的行政行为相关数据，当下智慧检务并未将其涵盖在内。在这一点上，长春市人民检察院行政检察部开发的"行政检察大数据应用平台"可以实现行政机关的行政行为与行政

---

[1] 赵志刚、金鸿浩：《智慧检务概论：检察机关法律监督的科技智慧》，中国检察出版社2018年版，第324~329页。

检察业务的互通融合，极大地提高了办理行政检察和公益诉讼案件的效率，但从全国范围来看，这仍是一个初步的探索。在未来，公益诉讼检察业务的顺利开展亟待智慧检务在更大范围上发挥作用，即实现与相应行政机关间数据的互联互通、对公益诉讼案件线索的智能搜索与分析甚至对行政机关类似行政行为的横向比对与研判。检察机关的业务范围和要求本身就是不断变化和发展的，智慧检务的功能也要做到与时俱进。

（三）涵盖的新技术手段进一步丰富

智慧检务作为检察信息化发展到现今的一个阶段，其主要功能都是在计算机网络系统之内实现的。互联网在逐步发展成为物联网，而未来科技的发展正逐渐摆脱计算机网络系统的桎梏，因此智慧检务也要在发展好计算机网络的基础上将其手段和技术向外延伸。目前，在公益诉讼中，多地均采用无人机与计算机相结合的方式辅助公益诉讼案件的办理并取得了一定的成效。长春高新区人民检察院在技术手段上更是大踏步地向前做了一定的探索，引入卫星遥感技术对土地利用状态、森林资源破坏状况、水资源的保护情况等诸多关系到社会公共利益的问题在宏观空间上进行发现和比对，同时对于位置隐蔽、不易查觉的破坏生态环境的企业也可以通过卫星发现。这种新技术的引入为公益诉讼工作中最难解决的线索发现问题打开了新世界的大门，与"行政检察大数据应用平台"融合使用后则可以为从案件的线索发现到后期的办理都提供强有力的支持，可为公益诉讼工作的开展提供强大的动力。

对于智慧检务的发展，我们只有用一个开放的心态、敢于尝试的基层实践精神和善于总结的工作态度，将智慧检务不断的向前发展，才能始终跟得上时代的发展。

第三节　智慧法院的建设现状与成就

2016年1月29日，在最高人民法院第一次信息化建设工作领导小组全体会议上，最高人民法院院长、信息化建设工作领导小组组长周强首次提出了建设智慧法院的发展目标。在2016年最高人民法院信息化建设工作领导小组第二次全体会议上，周强院长要求，要进一步加强组织保障……确保完成2017年总体建成人民法院信息化3.0版、初步建成智慧法院的目标。2016年1月29日，在最高人民法院第一次信息化建设工作领导小组全体会议上，最高人民法院院长、信息化建设工作领导小组组长周强首次提出了建设智慧法院的发展目标。2017年底，人民法院信息化建设3.0版完美收官，智慧法院的格局初步形成。2020年全国法院第七次网络安全和信息化工作会议提出："确保2022年底基本建成、2025年底全面建成以知识为中心的信息化4.0版。要确保实现建设目标，面向司法人员、诉讼参与人、社会公众和其他部门提供全新的智能化、一体化、协同化、泛在化和自主化智慧法院服务，创新审判模式，优化诉讼流程，助推司法改革，为更加客观寻找事实、更加精准适用法律提供坚强科技支撑。要坚持问题和需求导向，找准结合点、落脚点，细化目标任务。"回顾人民法院信息化建设的历程有助于了解智慧法院的发展脉络并在此基础上理解智慧法院及其建设目标，也有助于观察智慧法院的建设现状和对下一步的智慧法院建设提出科学、合理、可行的建议。

一、智慧法院及其建设目标

2016年7月，中共中央办公厅、国务院办公厅印发《国家信息化发展战略纲要》，将建设"智慧法院"列入国家信息化发展战略。2017年4月12日，最高人民法院印发了《最高人民法院关于加快建设智慧法院的意见》（以下简称《智慧法院意见》）。《智慧法院意见》指出："智慧法院是借助于现代人工智能，以公正司法、司法为民为出发点，将司法规律、司法技术变革与司法体制改革相融合，依靠高度信息化的方式来支持法院的审判和管理活动的组织、运行和管理形态。"《智慧法院意见》同时说明："智慧法院是人民法院充分利用先进信息化系统，支持全业务网上办理、全流程依法公开、全方位智能服务，实现公正司法、司法为民的组织、建设和运行形态。""建设智慧法院，就是要构建网络化、阳光化、智能化的人民法院信息化体系，支持全业务网上办理，全流程审判执行要素依法公开，面向法官、诉讼参与人、社会公众和政务部门提供全方位智能服务，使信息化切实服务审判执行，让司法更加贴近人民群众，用先进信息技术不断提高各级人民法院的科学管理水平。"

2016年11月17日，周强院长在第三届世界互联网大会智慧法院暨网络法坛开幕式上致辞表示："中国法院正在努力建设全面覆盖、移动互联、跨界融合、深度应用、透明便民、安全可控的人民法院信息化3.0版，并探索开展运用大数据、云计算、神经网络和机器学习等技术开展'智慧法院人工智能系统'研究计划,加快建设'智慧法院'。"[1]

周强院长的上述讲话为智慧法院的建设目标的实现确定了总体方略,特别是提出运用人工智能、大数据、云计算(ABC)开发"智慧法院人工智能系统"。人工智能的应用基础是大数据和云计算,但智慧法院之所以"智慧",根本原因是人工智能技术的应用,这是2.0版所不具备的。因此,智慧法院的硬件设施也被称为"智慧法院人工智能系统"。该系统是智慧法院建设工作的重点,将为智慧法院的运行提供平台支持和技术保障,也将会成为智慧法院的标志性技术应用和人民法院信息化建设的新成就。

智慧法院是建立在人民法院信息化建设基础之上的新型组织、建设和运行形态,是兼具网络化、阳光化、智能化特点的人民法院信息化体系,并特别强调了2.0版所不具有的智能化的特点。

在最高人民法院信息化建设工作领导小组2017年第一次全体会议上,周强院长强调,要准确把握建设智慧法院的意义、目标和任务。深刻认识建设智慧法院对于贯彻落实国家重大发展战略,服务党和国家工作大局,促进国家治理体系和治理能力现代化的重要意义。要明确建设智慧法院的工作目标,着力构建网络化、阳光化、智能化的人民法院信息化体系,使信息化更好地服务法官办案、服务群众诉讼、服务司法管理、服务国家治理。2020年11月,周强在最高人民法院网络安全和信息化领导小组会议上强调,要坚持问题导向和目标引领,强弱项、补短板,进一步加快智慧法院建设步伐,促进审判体系和审判能力现代化。[2]

二、智慧法院的建设历程

智慧法院建设源于人民法院信息化建设,是最高人民法院顺应信息时代的发展要求对人民法院信息化建设做出的新的重大部署。过去的人民法院的信息化建设分为三个阶段,即1.0版、2.0版和3.0版,目前正在开展4.0版智慧法院建设。在1.0版中,人民法院信息化建设实现了"四化",即常规办

---

[1] 参见"周强:提升法院信息化水平 促进全球互联网法治治理",载最高人民法院网:http://www.court.gov.cn/zixun-xiangqing-30951.html,2017年12月12日访问。

[2] 参见孙航:"周强主持召开最高人民法院网络安全和信息化领导小组会议,强调科学规划'十四五'期间人民法院信息化发展 全面深化智慧法院建设",载最高人民法院网:http://www.court.gov.cn/zixun-xiangqing-271481.html,2020年11月13日访问。

公无纸化、档案管理电子化、流程监控网络化和庭审记录电脑化。在2.0版中，人民法院实现了网上立案、网上办案、网上执行、网上信访、网上公开、网上互动和网上办公，实现了数据的实时统计、实时更新和互联互通，建成了审判流程公开、庭审活动公开、裁判文书公开、执行信息公开四大平台，实现了对审判、执行工作的全程监督、全程留痕，加强了对司法大数据的管理、分析和应用，有力促进了审判体系和审判能力现代化。关于3.0版，据最高人民法院副院长贺荣在2017年7月的全国高级法院院长座谈会上的介绍，人民法院信息化发展的主要目标是在2017年底建成具有中国特色的人民法院信息化3.0版。具体包括：形成全国法院固定和移动网络相结合、全面支持广大干警和社会公众随时随地接入的"网络法院"；形成司法公开和诉讼服务全面覆盖全国法院和人民群众，开放、动态、透明、便民的"阳光法院"；形成最高人民法院和高级人民法院主要业务信息化覆盖率100%，国家司法审判信息资源库案件数据、电子档案、司法解释等覆盖率100%，具有信息共享、业务协同和按需服务能力的"智能法院"。[1]

人民法院信息化建设可以追溯到1996年5月最高人民法院在江苏召开的"全国法院通信及计算机工作会议"。本次会议部署了全国法院计算机网络建设工作，确定北京、上海、江苏等八家高级人民法院及其所辖法院为全国法院计算机网络系统建设的试点单位，标志着人民法院信息化工作的正式起步。2002年，最高人民法院制定了《人民法院计算机信息网络系统建设管理规定》和《人民法院计算机信息网络系统建设规划》，"国家司法审判信息系统工程"（"天平工程"）建设迈开步伐。2003年"中国审判法律应用支持系统"在全国推广使用。2004年，最高人民法院建设了第一个智能化法庭。2013年最高人民法院的官方微博正式上线。2014年1月1日中国裁判文书网投入使用。2014年2月最高人民法院开通网上申诉信访平台。2014年8月最高人民法院开通中国审判流程信息公开网。2014年底最高人民法院开通诉讼服务网。2015年12月最高人民法院开通律师服务网络平台。2016年3月最高人民法院批准立项的"法信——中国法律应用数字网络服务平台"上线运行。2016年7月最高人民法院委托河北省高级人民法院组织研发"智审"审

---

[1] 参见"最高法院副院长贺荣：全面推进人民法院信息化建设转型升级"，载中国经济网：http://www.ce.cn/xwzx/gnsz/gdxw/201507/02/t20150702_5830261.shtml，2017年12月12日访问。

判辅助系统。2018年9月1日起全国各级人民法院按照统一标准通过"人民法院公开审判流程信息的统一平台"公开审判流程信息。特别值得一提的是，杭州、北京、广州三地的互联网法院自设立以来开创了全流程在线诉讼的新模式，确立了信息技术与司法审判融合发展的新路径，形成了各自在互联网司法实践中的区域特色和创新成果。[1]

2019年7月最高人民法院发布的《关于建设一站式多元解纷机制 一站式诉讼服务中心的意见》提出，打造依托大数据、云计算、人工智能、物联网等信息技术，贯通大厅、热线、网络、移动端，通办诉讼全程业务的"智慧诉讼服务"新模式。目前，人民法院正在全面推进一站式多元解纷和诉讼服务体系建设，依托"一站、一网、一号"通办工程，让老百姓打官司"只进一个门、最多跑一次、可以不要跑"。全国法院以诉讼服务中心为主体，中国移动微法院、人民法院调解平台、律师服务平台、12368诉讼服务平台、送达平台、保全系统等诉讼服务平台为支撑的一站式多元解纷和诉讼服务体系总体框架基本形成，实现了诉讼服务"一网通办"，诉服运行"一网统管"。目前已经在中国移动微法院、律师服务平台等方面取得了积极成效。

各地的地方法院也积极投身于智慧法院建设，并取得了积极成效。例如，河北省高级人民法院受最高人民法院委托研发的"智审1.0系统"有自动生成电子卷宗、自动关联与当事人相关的案件、智能推送辅助信息、自动生成与辅助制作各类文书、智能分析裁量标准等五大功能。[2]北京市高级人民法院的智能研判系统名为"睿法官"，其依托北京法院智汇云，立足于法官办案的核心需求，运用大数据、云计算、人工智能等新兴技术，通过智能机器学习、多维度数据支持、全流程数据服务，实现了为案情"画像"，为法官判案提供统一、全面的审理支持。[3]上海市高级人民法院开发的"上海刑事案件智能辅助系统"（简称"206系统"），运用统一证据标准、类案推送和知识索引等功能，推动了我国以审判为中心的诉讼制度改革。故意杀人罪、盗窃罪、非法吸收公众存款罪、诈骗罪（电信网络诈骗）四类罪名案件均被纳入了该系统。该系统已经初步实现证据标准指引、单一证据校验、证据链和全

---

[1] 参见孙满桃："互联网法院，用前沿裁判确立网络空间司法治理新规则"，载光明网：https://legal.gmw.cn/2020-09/24/content_ 34218253. htm，2020年11月5日访问。

[2] 参见罗书臻："建立'互联网+'时代下的智能庭审"，载《人民法院报》2016年11月18日。

[3] 参见曹雅静："体验智慧法院 感受诉讼便捷"，载《人民法院报》2016年12月15日。

案证据审查判断、逮捕条件审查、社会危险性评估、非法言词证据排除等13项功能的使用,还有7项功能正在开发中。上海市高级人民法院表示将继续推进"206系统"(二期)建设,待"206系统"开发成熟以后,进一步研发上海民商事、行政案件智能辅助办案系统。[1]

周强指出,中国法院利用信息系统和智能化服务,实现网上立案、办案、执行和网上办公,实现数据的实时统计、实时更新和互联互通,建成审判流程公开、庭审活动公开、裁判文书公开、执行信息公开四大平台,实现对审判、执行工作全程监督、全程留痕,加强对司法大数据的管理、分析和应用,有力促进了审判体系和审判能力现代化。[2]

在此需要特别提及的是杭州互联网法院、北京互联网法院及广州互联网法院的设立。2018年9月3日,最高人民法院审判委员会第1747次会议审议通过了《关于互联网法院审理案件若干问题的规定》,明确了互联网法院的管辖范围。按照该规定,互联网法院集中管辖所在市的辖区内应当由基层人民法院受理的特定类型互联网案件:①通过电子商务平台签订或者履行网络购物合同而产生的纠纷;②签订、履行行为均在互联网上完成的网络服务合同纠纷;③签订、履行行为均在互联网上完成的金融借款合同纠纷、小额借款合同纠纷;④在互联网上首次发表作品的著作权或者邻接权权属纠纷;⑤在互联网上侵害在线发表或者传播作品的著作权或者邻接权而产生的纠纷;⑥互联网域名权属、侵权及合同纠纷;⑦在互联网上侵害他人人身权、财产权等民事权益而产生的纠纷;⑧通过电子商务平台购买的产品,因存在产品缺陷,侵害他人人身、财产权益而产生的产品责任纠纷;⑨检察机关提起的互联网公益诉讼案件;⑩因行政机关作出互联网信息服务管理、互联网商品交易及有关服务管理等行政行为而产生的行政纠纷;⑪上级人民法院指定管辖的其他互联网民事、行政案件。

2017年6月26日中央全面深化改革领导小组第三十六次会议审议通过了《关于设立杭州互联网法院的方案》,2017年8月18日,杭州互联网法院正式

---

[1] 参见毛丽君:"人工智能时代的机遇和挑战 华政校长解码'206'辅助办案系统",载东方网:http://www.dzwww.com/xinwen/shehuixinwen/201707/t20170717_16167042.html,2017年7月17日访问。

[2] 参见"周强:提升法院信息化水平 促进全球互联网法治治理",载最高人民法院网:http://www.court.gov.cn/zixun-xiangqing-30951.html,2017年12月12日访问。

成立。杭州互联网法院是我国第一家互联网法院,揭开了我国涉互联网案件的集中管辖、探索运用互联网审理涉互联网案件及专业审判的新篇章。诚如其网站的介绍:互联网空间依法治理的"孵化器",互联网司法规则制定的"试验田",互联网纠纷多元化解的"主导者",互联网审判方式变革的"先行者"。

2018年7月6日,中央全面深化改革委员会审议通过《关于增设北京互联网法院、广州互联网法院的方案》。2018年9月9日,北京互联网法院挂牌成立。北京互联网法院集中管辖北京市辖区内应当由基层人民法院受理的11类互联网案件,在审理方式上以"全程在线"为基本原则,实现案件受理、送达、调解、证据交换、庭前准备、庭审、宣判等诉讼环节全程网络化。2018年9月28日,广州互联网法院正式成立,集中管辖广州市辖区内应当由基层人民法院受理的11类互联网案件。根据《广州互联网法院成立一周年工作报告》,截至2019年9月28日,广州互联网法院依托智慧审理平台立案37 688件,审结27 956件,25名员额法官人均结案1118件,人均结案数位于全国首位。

三、智慧法院的建设成就

2020年12月18日,最高人民法院副院长姜伟以"智慧法院的跨越发展"为主题在"中国政法实务大讲堂"上提出,从我国法院司法信息化的发展过程来看,经历了电子化(始于1986年,先是电脑普及化)、网络化(始于1996年)、数据化(始于2006年)、智慧化(始于2016年)四个阶段。2016年是我国智慧法院建设元年,基本实现了卷宗电子化、网络一体化、数据资源化,开始步入审理智能化。

智慧法院建设发端于人民法院信息化建设,也必将成为人民法院信息化建设的新成就。回顾人民法院信息化建设的历程有助于了解智慧法院的发展脉络,也有助于明确智慧法院的建设现状和对智慧法院的未来建设作出科学的展望。如前所述,对于人民法院信息化建设历程,我们大体可总结出如下特点:人民法院信息化建设1.0版实现了电子化,2.0版基本实现了网络化和阳光化,3.0版则致力于运用司法大数据、云计算及人工智能推进智能化,建设形成了智慧法院的初步格局。

人民法院信息化建设取得了卓越成就,"利用信息系统和智能化服务,实现网上立案、办案、执行和网上办公，实现数据的实时统计、实时更新和互联互通，建成审判流程公开、庭审活动公开、裁判文书公开、执行信息公开四大平台，实现对审判、执行工作全程监督、全程留痕，加强对司法大数据的管理、分析和应用，有力促进了审判体系和审判能力现代化"。[1]可以认为，在最高人民法院的部署和领导下，近年来我国智慧法院建设取得了举世瞩目的成就，特别是在网络化和阳光化建设方面在世界范围内也处于领先地位。智能化建设是智慧法院建设的重点，同时也是难点。可喜的是，目前一些法院已经开发了一批各具特色的智能辅助办案系统，在智慧法院建设工作中不断推陈出新。

上海市高级人民法院开发的"上海刑事案件智能辅助系统"（"206 系统"）很有特点，该系统运用统一证据标准、类案推送和知识索引等功能，已经初步实现了证据标准指引、单一证据校验、证据链和全案证据审查判断、逮捕条件审查、社会危险性评估、非法言词证据排除等 13 项功能的使用，还有 7 项功能正在开发中。"206 系统"的特点是选取司法实践中最多发的四类案件，打造公检法一体化办案平台，从证据的源头上开始"把关"，并引入智能辅助裁判，有效地促进了司法公正、提升了司法效能。

杭州互联网法院通过制度创新和信息技术应用，打破了时空限制，实现了全流程在线办案，方便群众诉讼，提高在审判效能。登录杭州互联网法院诉讼平台，当事人通过勾选和填充表单式的结构化选项，在 5 分钟内即可完成起诉立案申请。立案后，系统会自动生成相关法律文书并加盖法院公章，以短信、语音、电子邮件等方式进行送达。在举证及质证环节，系统会自动提示证据交换动态，便于当事人利用空余时间完成诉讼。庭审以视频方式进行，当事人只需一台电脑或者手机，足不出户便可参与庭审。庭审时，电子证据通过诉讼平台在线展示，双方围绕争议焦点进行调查和辩论，语音识别系统实时生成电子笔录，大大缩短了庭审时间。杭州互联网法院根据涉网案件特点及审理要求探索出台的《诉讼平台审理规程》《当事人权利义务告知书》等涉网案件审理规程破解了诉讼主体身份确认难、当事人在线质证难、在线行为控制难等难题，搭建起了涉网案件诉讼规则的基本框架。杭州互联

---

[1] 参见"周强：提升法院信息化水平 促进全球互联网法治治理"，载最高人民法院网：http://www.court.gov.cn/zixun-xiangqing-30951.html，2020 年 8 月 5 日访问。

网法院将继续在司法实践中总结探索涉网案件审判规律,全面再造诉讼流程,健全、完善相关诉讼制度和规则,探索人工智能司法应用及信息技术的深度应用,构建高效、便捷、低成本的涉网案件审判机制,为维护网络安全、化解涉网纠纷、促进互联网和经济社会深度融合做出积极的贡献。[1]2018年4月2日,杭州互联网法院上线启动了全球首个"异步审理模式"。[2]与此同时,杭州互联网法院也在致力于"智能化"建设,在诉讼程序的各节点广泛植入智能化应用:启用"智能立案"系统,由系统根据立案法官沉淀、总结的立案审核经验,帮助立案法官自动完成案件的审查,智能检索诉讼请求、标注瑕疵,自动提示当事人及立案人员补正瑕疵,并作出是否立案、是否不予受理的判断和处理;启用智慧庭审系统,实现庭审界面共享,交互式审查证据材料,同时运用语音智能识别系统,自动生成庭审笔录;启用"电子签章"系统,法官一键签发文书后,当事人可以一键下载并打印,也可以推送给远程系统进行保存或送达,以满足特定场景下法院的文件管理需要或当事人的司法需求。[3]杭州互联网法院的建设特点是利用现有的技术解决司法活动的"痛点",实践应用性非常强。

　　北京互联网法院是为落实中央全面深化改革委员会审议通过的《关于增设北京互联网法院、广州互联网法院的方案》和全面发挥司法在推动网络经济创新发展、保障网络安全、构建互联网治理体系方面的职能作用而增设的互联网法院。北京互联网法院在创新智慧法院建设方面取得了积极成效。例如,2019年6月27日,北京互联网法院正式上线运行"在线智慧诉讼服务中心"。2019年8月17日,北京互联网法院宣布成立互联网技术司法应用中心,并发布《互联网技术司法应用白皮书》(2019年),对移动微法院、屏幕共享、智能审判应用、天平链等多项互联网技术实际司法应用进行了展示。2020年7月,最高人民法院司法改革领导小组印发第八批、第九批《人民法

---

　　〔1〕参见"杭州互联网法院简介",载浙江人民法院网:http://hztl.zjcourt.cn/col/col1225177/index.html,2020年10月16日访问。

　　〔2〕涉网案件异步审理是指将涉网案件各诉讼环节分布在杭州互联网法院网的诉讼平台上,法院与原告、被告等诉讼参与人在规定期限内按照各自选择的时间登录平台以非同步方式完成诉讼的审理模式。

　　〔3〕参见"网上纠纷不落地,网络空间巧治理,杭州互联网法院成立5个月以来运行态势良好",载法制网:http://www.legaldaily.com.cn/zt/content/2018-01/24/content_7457409.htm?node=90657,2020年10月16日访问。

院司法改革案例选编》。两批案例选编汇集了26家法院深化司法责任制综合配套改革、推进民事诉讼程序繁简分流改革试点工作的先进经验和特色做法，为全国法院深入推进司法体制综合配套改革提供了示范参照的样本。北京互联网法院《构建三维立体式审判监督体系 全面加强在线诉讼案件质量管理》案例成功入选，展现了北京互联网法院的建设成果。为建立健全与新型审判权力运行机制相适应的质效监管体系，北京互联网法院结合在线诉讼案件特点，充分发挥信息化、智能化优势，建立在线诉讼各环节的可视化管理平台，构建以流程管理为主轴，以问题发现、评价监督、信息保障为依托的三维立体式审判监督管理体系，确保在线审判流程可视、质量可控、问题可溯，实现了在线诉讼案件审判质量的有效提升。[1]

《广州互联网法院成立一周年工作报告》称，广州互联网法院聚焦粤港澳大湾区智慧司法建设需求，在充分吸收广州智慧法院优秀建设成果的基础上，综合运用云计算、大数据和人工智能技术，优化广州互联网法院"一核多平台"及一站式诉讼服务中心建设。以信息系统开发及数据资源应用自主可控、内外网数据安全交换，推动涉网纠纷集约高效、多元多维化解。深入推进5G诉讼服务中心建设，切实实现导诉、立案、庭审、送达、执行等诉讼全流程"一站通办、一网通办、一次通办"。探索构建"横向联动、纵向贯通、相互协同"的诉讼服务机制，有效发挥"YUE审事"互联网审判一体化协同创新中心辐射作用，真正为当事人提供"全方位、零距离、无障碍"的司法服务。广州互联网法院也有许多新的建设举措，例如，汇集"电信运营商+金融机构+互联网企业"跨领域数据，推动"法院+检察院+仲裁+公证"多主体数据调用，建成"网通法链"智慧信用生态系统，存储各类电子证据20 167 106条，以电子数据的真实快速固定、合理采信推动审判公正高效；推出"E链智执"执行工作平台，首创在线传唤被执行人和在线申报、核对财产等执行方式；上线了全国首个在线纠纷"类案批量智审系统"；首创"E法亭"便民诉讼服务设施（集成"审、调、证"三位一体互联网解纷体系，融合自助存证、自助立案、自助查询、智能送达、在线调解、在线庭审六大功能）；首创

---

[1] 参见"北京互联网法院三维立体式审判监督管理体系入选最高法院第八批司法改革案例"，载北京互联网法院：https://www.bjinternetcourt.gov.cn/cac/zw/1595302314310.html，2020年10月16日访问。

在线示范庭审、示范调解的审理方式等。广州互联网法院也致力于构建审理规则体系，持续深化司法体制机制改革。例如，制定《广州互联网法院在线审理规程（试行）》，从注册、认证及关联、在线受理、在线多元化解、电子证据、电子送达、在线庭审、在线执行等各个审理环节确保线上诉讼规范运行。发布电子证据认证规则、电子送达规则等十余个规范性文件，增量保障当事人诉讼权益，提升在线审判质量和效率。再如，发布全国首个关于在线庭审的规范性文件。明确诉讼参与人行为规则、在线庭审技术问题处理规则、证人作证规则、违反在线庭审纪律处置规则等。

2018年，周强在全国法院第五次网络安全和信息化工作会议上表示，中国法院信息化已经在世界上树立了网络覆盖最全、数据存量最大、业务支持最多、公开力度最强、协同范围最广、智能服务最新的样板。未来要推动智慧法院由初步形成向全面建设迈进。[1]2020年11月13日，最高人民法院网络安全和信息化领导小组召开2020年第二次全体会议，会议审议通过了《最高人民法院网络安全和信息化领导小组2020年工作报告及下一阶段重点工作目标》《人民法院信息化建设五年发展规划（2021-2025）》以及15项人民法院信息化标准。周强在会议上强调，要坚持问题导向和目标引领，强弱项、补短板，进一步加快智慧法院建设步伐，促进审判体系和审判能力现代化。[2]

周强在最高人民法院信息化建设工作领导小组2017年第二次全体会议上强调指出："科技发展日新月异，信息化建设永远在路上。"信息技术的快速发展为人民法院确保司法公正、提升审判质效、更好地维护社会公平正义提供了有力的科技支撑。人民法院的信息化建设已经取得了巨大成就，我们也有理由期待新型的智慧法院继续推动法院的改革与发展，推动社会治理体系的完善与发展，并为世界各国的智慧法院建设做出具有中国特色的示范。

---

[1] 参见"中国智慧法院建设格局初步形成 周强：推动其向全面建设迈进"，载中新社：http://www.chinanews.com/gn/2018/04-27/8501931.shtml，2020年10月16日访问。

[2] 参见孙航："周强主持召开最高人民法院网络安全和信息化领导小组会议，强调科学规划"十四五"期间人民法院信息化发展 全面深化智慧法院建设"，载最高人民法院网：http://www.court.gov.cn/zixun-xiangqing-271481.html，2020年11月13日访问。

第七章
智慧司法的创新发展

智慧司法的建设与发展涉及公安、检察、法院、司法行政等部门，本章将从建设以智慧法院为核心节点的全流程智慧司法体系的角度对智慧司法的未来发展进行探讨。

第一节 智慧司法的核心节点：智慧法院的创新发展

周强在全国法院第五次网络安全和信息化工作会议上表示，中国法院信息化已经在世界上树立了网络覆盖最全、数据存量最大、业务支持最多、公开力度最强、协同范围最广、智能服务最新的样板。未来要推动智慧法院由初步形成向全面建设迈进。

从智慧法院的建设实践来看，在最高人民法院的总体部署下，各地法院积极探索，不断创新，在人民法院信息化建设中取得了卓越成就。随着人民法院信息化建设3.0版的完美收官，智慧法院的格局初步形成。如同人民法院信息化建设分为三个阶段，智慧法院的建设也可分为三个阶段，可相应称之为1.0版、2.0版及3.0版，目前的智慧法院即1.0版的智慧法院。1.0版智慧法院建设的特点是在网络化和阳光化基础上推动大数据、云计算、人工智能等技术的司法应用，特别是致力于运用司法大数据推进智能法院建设，在探索预防"冤假错案"（特别是"同案不同判"现象）、提升办案质效、化解"案多人少"矛盾及提高法院管理效能等方面具有重大意义。

智慧法院建设是一个复杂的系统工程，根据智慧法院的建设目标和1.0版智慧法院的建设现状，结合当前人工智能等技术的发展情况和应用价值，建议把2.0版智慧法院的建设重点确定为建设全国统一的、全流程、一体化的智慧法院体系，即依托互联网或区块链的智慧法院内部体系和外部体系，建设核心是基于"智慧法官"的智慧立案、智慧审理、智慧裁判、智慧执行的智慧诉讼系统并与智慧检务、智慧警务互联形成以审判为中心的智慧司法体系。

周强表示，实现审判执行工作全业务网络办理，全流程依法公开，面向法官、当事人及社会各界提供全方位智能服务。人工智能的发展给智慧法院建设带来了前所未有的机遇和挑战，人民法院必须顺应时代趋势，适应人民群众日益增长的司法需求，坚定不移地推进信息化建设，促进人民法院工作不断发展。[1]值得特别关注的是"全方位智能服务"和"人工智能"。按照智慧法院的建设目标，展望2.0版的智慧法院建设，笔者对其未来发展作出如下展望。

一、智慧法院的发展模式：网络化、阳光化、智能化

最高人民法院院长周强指出，信息化建设和司法体制改革是人民司法事业的"车之两轮、鸟之双翼"。按照2017年4月12日最高人民法院印发的《关于加快建设智慧法院的意见》，智慧法院是借助于现代人工智能，以公正司法、司法为民为出发点，将司法规律、司法技术变革与司法体制改革相融合，依靠高度信息化的方式来支持法院的审判和管理活动的组织、运行和管理形态。建设智慧法院，就是要构建网络化、阳光化、智能化的人民法院信息化体系，支持全业务网上办理，全流程审判执行要素依法公开，面向法官、诉讼参与人、社会公众和政务部门提供全方位智能服务，使信息化切实服务审判执行，让司法更加贴近人民群众，用先进信息技术不断提高各级人民法院的科学管理水平。

智慧法院是兼具网络化、阳光化、智能化特点的人民法院信息化体系。人民法院信息化建设2.0版虽然也基本实现了网络化与阳光化，但智慧法院将通过智能化来进一步改造和提升网络化和阳光化，或者说智慧法院的网络化和阳光化将是智能化、网络化与阳光化，三者相辅相成，共同作用于智慧法院建设。

（一）网络化

人民法院信息化建设已经实现了网上立案、网上办案、网上执行、网上信访、网上公开、网上互动和网上办公，实现了数据的实时统计、实时更新

---

[1] 参见荆龙："周强向全国人大常委会报告：深化司法公开促进司法公正情况 全面深化司法公开 促进司法公正 提升司法公信"，载《人民法院报》2016年11月6日。

和互联互通,可谓成就斐然。按照《杭州互联网法院诉讼平台审理规程》,诉讼平台利用互联网技术,实现案件的网上起诉、受理、送达、调解、举证、质证、庭前准备、庭审、宣判和执行等一系列流程。未来的网络化建设将不限于法院内部的网络化,而是应打造全流程、一体化的网上诉讼或网上司法体系,即以智慧法院为核心节点连接智慧警务和智慧检务,形成智慧司法体系和与域外法院通过网络连接形成智慧国际司法合作体系,以及与仲裁、行政执法、行政调解等连接形成一体化在线业务处理平台。最高人民法院与公安部、司法部、中国保险监督管理委员会在全国14个省份开展道路交通事故损害赔偿纠纷"网上数据一体化处理"即为网络化的有益探索和智慧法院建设的新成果。

(二)阳光化

阳光化可以被理解为在网络化建设的基础上实行公开化,主要建设成果是实现了审判流程公开、庭审活动公开、裁判文书公开、执行信息公开。阳光是最好的防腐剂,"四大公开平台"对于预防司法腐败和促进司法公正功不可没。同时,我们还应看到当前阳光化建设的局限性,"四大公开平台"主要是审判流程和结果的公开,未能涵盖司法活动的全部环节,尚不能充分发挥阳光化的功能以预防司法腐败问题。例如,审判委员会对案件的处理决定和理由应当在裁判文书中公开(法律规定不予公开的情形除外),但合议庭的评议和专业法官会议讨论不对外公开。仲裁裁决时仲裁员可将其异议附在裁决书后,司法诉讼也未尝不可以考虑对此进行改革,此举也有助于落实"让审理者裁判,由裁判者负责"的司法体制改革要求。再如,司法机关内部人员过问案件和领导干部干预司法活动、插手具体案件处理是"冤假错案"的主要成因,过问案件登记制度已经实施,但实践中承办法官往往不敢或不愿记录。按照司法责任制的规定,院长及其他院领导、庭长实施案件管理的行为及有关决定内容应当在案卷和办案平台上全程留痕。[1]

(三)智能化

当前,司法领域的改革与发展正迎来人工智能的深度参与,"人工智能+司法"成了人民法院信息化建设的发展趋势。人工智能办案系统不但提高了司法工作的效率和办案质量,对防止"同案不同判"和预防司法腐败也收获

---

[1] 参见《最高人民法院司法责任制实施意见(试行)》第69条。

了积极成效。总体而言，目前的智慧法院建设主要是对大数据、云计算及信息网络的运用，人工智能等智能技术的运用处于初级阶段，智慧法院的新功能也尚待挖掘。严格来说，智慧法院与智能法院有质的差别。从语义上讲，"智慧"是指辨析判断、发明创造的能力。"智能"是指经高科技处理，具有人的某些智慧和能力。[1]"智能"是把技术嵌入到事物中，使得技术可以最大限度地帮助事物达到目的。而"智慧"却要综合考虑事物之间的关系、政策制度、社会环境等多方面的因素，并辅以先进的技术手段，达到经济效益和社会效益的最大化。[2]结合智慧法院的建设目标，也可以将智能化建设分为初级智能化阶段（狭义的智能化阶段）和高级智能化阶段（智慧化阶段），智慧法院建设将实现智能化的实质性跨越，从初级智能化进入高级智能化，实现智慧法院建设的预期目标。

周强在2016年第三届世界互联网大会智慧法院暨网络法论坛开幕式上致辞表示，中国法院正在探索运用大数据、云计算、神经网络和机器学习等技术开展"智慧法院人工智能系统"研究计划，加快建设"智慧法院"。周强的上述讲话为智慧法院建设确定了总体方略，特别是提出运用人工智能、大数据、云计算开发"智慧法院人工智能系统"。人工智能的应用基础是大数据和云计算，但智慧法院之所以"智慧"，根本原因是对人工智能技术的深入应用，这是人民法院信息化2.0版所不具备的。因此，"智慧法院人工智能系统"的研发和应用是当前智慧法院建设工作的重点，将为智慧法院的建设和运行提供系统支持与技术保障，也将会成为智慧法院建设的标志性技术应用和代表性的建设成就。

需要说明的是，在智慧化的社会发展进程中，作为推动智慧城市建设的主推力的物联网和运用智能合约进行自动执行的区块链及人工智能都是智慧化的技术"法宝"，智慧法院建设也需要并应当充分使用这些技术来推进智慧法院建设，但其中的代表性技术还是人工智能。当然，人工智能不可能是孤立的，而是和大数据、云计算紧密结合并能够和互联网、物联网、区块链进

---

〔1〕 中国社会科学院语言研究所词典编辑室编：《现代汉语词典》（第6版），商务印书馆2012年版，第1638页。

〔2〕 参见禹银艳、周春华："智慧基础设施建设模式的国际比较"，载中国科学学与科技政策研究会科学学理论与学科建设专业委员会、中国自然辩证法研究会科学技术学专业委员会：《全国科学理论与学科建设暨科学技术学两委联合年会论文集》，2012年版。

行融合应用。

二、智能化："智慧法官"与智慧诉讼系统

（一）"智慧法官"

推进实现司法公正和提高司法效能是智慧法院建设的根本目的，其中以司法公正为要。当前的类案推送是运用司法大数据从统一裁判尺度的思路来实现司法公正，但由于裁判文书样本的质量参差不齐和各地的裁判尺度不统一等原因，实施效果欠佳。广州市中级人民法院的解决方案主要是建立广州本地法院的裁判数据库，这是在当下"对症下药"的可行措施。另一种解决方案是考虑成文法的特点面向技术寻求解决方案，即借助人工智能对裁判数据进行挖掘、清洗并考虑到成文法特点运用法律对案件进行智能分析，这种方案的技术难度较大，但从长远看来是必然选择，最高人民法院探索开发"智慧法院人工智能系统"应是基于此考虑。

环顾法律人工智能的发展现状，智慧律师Ross可以理解语言、回答问题、提出假设并记录法律系统的变化发展，可以代替美国律师70%的工作，而且准确率高达90%以上。在欧洲，科学家们打造出了一台人工智能"法官"。这位"法官"已经能够准确预测欧洲人权法庭大多数的裁定，它能够在评估法律证据的同时考虑伦理问题，然后决定案件应当如何判决，其背后的算法参考了584个关于折磨、侮辱、公平审判和隐私的案例数据库。科学家表示，人工智能法官对案件预测的准确性达到了79%。[1]在2018年初的解释合同竞赛中，法律人工智能完胜20名美国顶级律师。人类律师平均需要92分钟完成的比赛任务，人工智能仅用时26秒，且准确率高达95%，人类律师的平均准确率为85%。[2]可以预见，随着法律人工智能的快速发展，"智慧法官"将会被深入应用到智慧法院建设中，并将成为智慧法院建设的重点内容。

如同智慧律师可以代替律师完成部分工作，"智慧法官"也将在立案、事实认定、法律适用、裁判说理及执行等方面"大显身手"。以难度最高的智能辅助裁判为例，"具体来讲就是借助神经网络处理器、高能效类脑计算芯片进

---

[1] 参见武杰："AI这次'狼'真的来了"，载《法治周末》2017年11月9日。
[2] 参见法律实务界："面对已来的人工智能，律师做好迎战准备了吗"，载智豪律师事务所：http://www.cqzhihaolaw.com/a/xingshipanli/20180327/48496.html，2020年8月5日访问。

行感知、编码、传输、处理、记忆、提取等心证过程,加工社交线索来直觉常识推理认定事实;以自然语言的语法逻辑、字符概念表征和深度语义分析等处理技术,进行权利请求基础规范构成要件的自动检索生成;最后通过智能通用计算范式与数学模型自动处理海量的案情数据,实现事实与规范的最佳匹配联结,得出最接近公平正义的裁决"。[1]

"智慧法官"可以"独立"进行事实认定、法律适用及裁判说理,不会徇私枉法,也不会出现不当干预司法的情况,从而可以有效预防"冤假错案"和实现司法公正。此为2.0版智慧法院建设的关键任务,也是智慧法院区别于网络法院和1.0版智慧法院的主要特征。

人工智能将为智慧法院建设注入新的动力,我国人工智能的研发与应用也为智慧法院建设提供了技术可行性。而相关质疑也是存在的。"司法裁判往往需要判断证据的可采性、评价证据的证明力度、解读法律条文及其他规范性文件的含义和目的,尤其是在刑事案件中,要在惩罚和怜悯之间权衡。如此知识覆盖面大、技术含量高的工作,人工智能难以胜任。"[2]"如果对司法裁判本身的特殊规律缺乏应有的了解,没有相应的解决方案,大数据、人工智能的加入不仅无助于司法公正,甚至可能帮倒忙。"[3]类似的质疑比较多,其主要特点是忽视人工智能的技术发展现状和趋势,甚至是对人工智能技术及其进展情况不甚了解。例如,很多论据是基于计算机程序而非算法而言的,忽视了智慧律师等法律人工智能已然在诸多领域超越了律师等法律专业人员的工作能力和水平。

我国人工智能技术和产业应用为智慧法院建设奠定了相应的技术基础。《新一代人工智能发展规划》说明,经过多年的持续积累,我国在人工智能领域取得了重大进展,国际科技论文发表量和发明专利授权量已居世界第二,部分领域核心关键技术实现重要突破。语音识别、视觉识别技术世界领先,自适应自主学习、直觉感知、综合推理、混合智能和群体智能等初步具备跨越发展的能力,中文信息处理、智能监控、生物特征识别、工业机器人、服务机器人、无人驾驶逐步进入实际应用,人工智能创新创业日益活跃,一批

---

[1] 参见韩振文:"司法裁判的人工智能化反思",载《中国社会科学报》2017年11月8日。
[2] 参见吴习彧:"司法裁判人工智能化的可能性及问题",载《浙江社会科学》2017年第4期。
[3] 参见白建军:"法律大数据时代裁判预测的可能与限度",载《探索与争鸣》2017年第10期。

龙头骨干企业加速成长,在国际上获得广泛关注和认可。[1]

当然,法律人工智能并非全面超越,人类的理性、智慧、思维、情感及其在司法裁判中所体现的"情理法"的平衡是目前的人工智能所无法企及的。由于法律人工智能的技术局限,在2.0版的智慧法院建设中,"智慧法官"的功能是有限的。如果说1.0版的智慧法院的系统平台处于工具阶段,2.0版智慧法院的"智慧法官"则在审判工作中处于辅助地位,其作用类似于法官助理。当前的法律人工智能的功能尚不够强大,智慧法院建设也不会一蹴而就。然而,"不积跬步,无以至千里",法律人工智能将在质疑声中不断前行。

需要特别说明的是,当前人工智能辅助裁判系统的研发思路总体上是以司法裁判文书数据为基础实现类案推送,从而达到统一裁判尺度的目的。然而,类案推送质量问题是客观存在的,且没有反映我国作为成文法国家的司法特点。另一种研发思路是开发符合成文法特点的智能辅助裁判系统,即以清洗后的司法裁判数据作为法律人工智能进行机器学习或训练的素材,从而确立对法律规范的解释和适用的知识图谱与法律逻辑体系,进而实现智能辅助裁判。更进一步观察,AlphaGo Zero(直接学习围棋规则的规则学习)击败AlphaGo(通过棋谱数据训练实现规则学习)说明人工智能研发取得了新的突破,即开始尝试摆脱通过海量标注样本的训练方式,转变为强化学习和"无师自通"。目前主流的深度学习技术还是大数据训练模式,但AlphaGo Zero从侧面揭示了新的法律AI研发思路的可能性,规则学习将更适合成文法国家的司法特点。当然,其中的研发难度也会非常大。

当前的法律人工智能并不发达,不应对所有类型的案件进行齐头并进式的全面研发,而应从案件特点和技术结合的角度判断难易程度,从相对简单易行的案件类型入手。从司法人工智能系统的研发难度看,其顺序依次为民事诉讼案件、刑事诉讼案件、行政诉讼案件。行政诉讼案件的特点是案由简单、法律关系简单、证据确定(不能在行政行为结束后补充证据)且文书类证据容易结构化,适宜先行突破。刑事诉讼案件相对复杂一些,但可以如上海法院的"206系统"一样选取部分多发案件作为突破口。民事诉讼案件的案由、法律关系及证据等相对复杂很多,建议在行政诉讼案件和刑事诉讼案件试点之后再总结经验进行研发。

---

[1] 参见国务院2017年7月8日印发的《新一代人工智能发展规划》。

(二) 智慧诉讼系统

在智慧诉讼系统中，"智慧法官"代替法官部分完成或在一定程度上完成案件的立、审、结、执等司法工作，但"智慧法官"仍然居于辅助地位。以民事案件为例，当事人向智慧诉讼系统提交了民事起诉状后，智慧诉讼系统会智能审查是否符合立案条件，不符合立案条件的，自动出具注明收到日期的凭证和说明不予立案的原因。需要补充必要相关材料的，自动列明需要补充的材料。符合立案条件的，自动登记立案并由系统智能将案件分配给特定的法官或合议庭。在案件的审判过程中，"智慧法官"也将作为"法官助理"协助法官完成案件的审判工作，实现案件的智慧审理和辅助裁判。在智慧执行中，申请执行人申请强制执行后，系统会智能审查是否符合申请强制执行的条件。如果符合条件，系统会自动启动对被执行人银行账户的网络查控和失信惩戒，无须执行法官的干预或介入。

人工智能是 2.0 版智慧法院建设的主要技术支撑，或者说是其代表性的技术特征。同时，也应围绕智慧法院的建设目标及其功能需求，将相关的新技术融合应用于智慧诉讼系统的创新研发，形成一体化的智慧诉讼平台。例如，作为智慧城市建设技术"法宝"的物联网也可以被应用在智慧法院建设中。以物证的移送为例，可以采用物联网的电子标签技术，确保可跟踪、可溯源，便于在出现问题后进行追责，预防证据灭失或被损坏。再如，借助智能合约进行自动执行的区块链技术也可以被应用在智慧诉讼系统中，国外法院已经有这方面成功的先例。

为便于说明，本书将"智慧法官"和智慧诉讼系统予以单列描述，建议正在探索开发的"智慧法院人工智能系统"同时兼容这两方面的功能，而非建设两个独立的系统，但可以循序渐进地逐步完成对系统功能的开发。

三、人工智能的发展对智慧司法的影响

图灵在 1950 年发表的《计算机器与智能》中提出了机器可以有思维和著名的图灵测试，该文为图灵赢得了"人工智能之父"的美誉。1956 年的达特茅斯会议勾画了人工智能研究的蓝图，会议的发起人麦卡锡在起草的倡议书中使用的 AI（人工智能）一词也得以确立，达特茅斯会议被认为是人工智能诞生的标志。

人工智能可以分为弱人工智能、强人工智能及超人工智能。超人工智能

只是理论上的设想,目前尚处于弱人工智能阶段,甚至是弱人工智能的初级阶段。弱人工智能是不具有自主意识的人工智能类型,不能自主提出问题,分析和解决问题的能力局限于特定的范围。强人工智能则能够把人工智能和意识、感性乃至情感等人类特征结合起来,具备提出问题和通过自主学习独立分析、解决问题的能力。

经过六十多年的演进,特别是在移动互联网、大数据、超级计算、传感网、脑科学等新理论新技术以及经济社会发展强烈需求的共同驱动下,人工智能加速发展,呈现出了深度学习、跨界融合、人机协同、群智开放、自主操控等新特征。大数据驱动知识学习、跨媒体协同处理、人机协同增强智能、群体集成智能、自主智能系统成了人工智能的发展重点,受脑科学研究成果启发的类脑智能蓄势待发,芯片化、硬件化、平台化趋势更加明显,人工智能发展进入新阶段。当前,新一代人工智能相关学科发展、理论建模、技术创新、软硬件升级等整体推进,正在引发链式突破,推动经济社会各领域从数字化、网络化向智能化加速跃升。[1]

虽然对人工智能介入司法的质疑不断,但是,随着人工智能(特别是法律人工智能)的发展,未来的智慧法院建设或将步入3.0版阶段。在3.0版的智慧法院建设中,拥有高级算法和自主学习能力的"智慧法官"将可能"成长"为具备独立完成立案、审理、判决及执行等业务的能力,并将深度替代法官完成立案、审理、判决及执行等工作。

可以预见,随着法律人工智能的发展,绝大多数纠纷都将会通过法律人工智能得到解决,而不会进入诉讼程序,司法资源得以节约,"案多人少"的现象将得到彻底改观甚至不复存在。与此同时,法律职业替代已经成了法律人颇为忧虑的热点话题,法官也不例外。

延伸思考,如果由"智慧法官"作出裁判,裁判的主体和效力又将如何呢?或许更值得思考的问题是,如果未来智慧法院得以实现,各级法院的算法与数据是否要统一呢?如果不统一,是否要求上级人民的法院的算法和数据要比下级法院更高阶?这个推断显然是荒谬的。如果上下级法院采用统一的算法和数据,那么二审和再审还会存在吗?即使在新证据等特定情况下仍然可能需要二审和再审程序,但无论如何,这与目前的诉讼结构是不同的,

---

[1] 参见国务院2017年7月8日印发的《新一代人工智能发展规划》。

诉讼结构的再造将给司法制度带来重大影响。届时，司法即算法在某种程度上或许并非一个伪命题。

进一步思考，如果"智慧法官"或算法是公开的，当事人就可以通过"智慧法官"或算法预见到判决的结果，那么当事人还有必要去起诉吗？"天下无讼"在强人工智能时代或成为现实，司法的不确定性自然也就不复存在了。

虽然强人工智能的"奇点"尚未出现，然而，正如卡鲁姆·蔡斯所言："我们不必对这种结果完全肯定时才觉得有必要监控发展情况、制定应变计划。毕竟，要看到奇点边界事件并非易事。……如果我们不能取得积极成效，那就有可能沦落成为数字超人工智能的引导加载程序，而不是它的线粒体。"[1]根据当前法律专业人工智能（相对于通用人工智能而言）技术革命的现状和人工智能的发展趋势，对相关问题进行关注和研究并非为时过早，其中的一些问题已经引起了国内外的广泛关注，未雨绸缪，方能化解对智慧法院建设的质疑、阻力乃至障碍。

第二节 智慧司法的发展路径：以智慧法院为例

2016年7月，中共中央办公厅、国务院办公厅印发《国家信息化发展战略纲要》，将建设"智慧法院"列入国家信息化发展战略。按照2017年最高人民法院印发的《关于加快建设智慧法院的意见》，建设智慧法院，就是要构建网络化、阳光化、智能化的人民法院信息化体系，支持全业务网上办理，全流程审判执行要素依法公开，面向法官、诉讼参与人、社会公众和政务部门提供全方位智能服务，使信息化切实服务审判执行，让司法更加贴近人民群众，用先进信息技术不断提高各级人民法院的科学管理水平。2017年底，人民法院信息化建设3.0版的完美收官就是智慧法院初步建成之时。中国法院信息化已经在世界上树立了网络覆盖最全、数据存量最大、业务支持最多、公开力度最强、协同范围最广、智能服务最新的样板。未来要推动智慧法院由初步形成向全面建设迈进。[2]

---

[1] [英]卡鲁姆·蔡斯：《经济奇点：人工智能时代，我们将如何谋生？》，任小红译，机械工业出版社2017年版，第158页。

[2] "中国智慧法院建设格局初步形成，周强：推动其向全面建设迈进"，载中新社：http://www.chinanews.com/gn/2018/04-27/8501931.shtml，2018年12月18日访问。

周强指出:"科技发展日新月异,信息化建设永远在路上。"[1]当前,智慧法院建设建设进入了关键时期,基于技术局限等方面的原因,如何进一步推动智慧法院的科学建设与创新发展就成了一个现实问题。按照《关于加快建设智慧法院的意见》的建设规划与要求,结合智慧法院的建设现状,建议智慧法院建设着眼于统一化、体系化、智慧化、法治化及实效化,从而切实推进以信息化促进审判体系和审判能力现代化,进而达到促进司法公正和提高司法效能的建设目的。

一、统一化:由总体部署、分散探索到整合资源统一建设

人民法院信息化建设的模式是最高人民法院在总体部署和顶层设计的同时加强重点攻关,各地法院则积极探索和开发应用富有地方特色的各种系统平台,可谓"百花齐放"。这种建设模式的优点是可以调动各地法院的积极性,群策群力地进行建设,在过去的人民法院信息化建设中是合适的选择,实际上也取得了预期的效果,但以后的智慧法院建设未必要沿用此模式。此模式的缺点如下:各地重复建设将导致人力、财力、物力的巨大浪费,且质量参差不齐;系统平台繁多,且往往不能兼容,协同性和共享性较差;优秀的建设成果不便在全国法院系统全面推广。

按照《关于加快建设智慧法院的意见》,智慧法院的建设要遵循统一规划、积极推进、融合共享、高效智能、创新驱动、安全发展的总体要求,对加快建设智慧法院工作进行整体布局。其中的"融合共享"应是针对前述状况提出来的,即择优融合各种系统平台,实现全国法院的协同和共享,避免重复建设,防止"形象工程"。根据人民法院的职能和业务需求,统一化的着眼点应是本着融合共享的理念和要求打造统一适用于全国法院系统的司法诉讼、司法服务及司法管理三大通用系统平台。当然,统一化并非禁止或限制各地法院对系统平台根据当地的具体情况和业务需求进行改造,也鼓励各地法院打造富有地方特色的系统平台。

统一化建设的难点可能在于最高人民法院和地方法院无管理关系和央地两级财政造成的建设资金来源不一,但该问题在我国的管理体制下不会成为

---

[1] 参见宁杰:"周强:加强智慧法院建设 推进信息化再上新台阶",载最高人民法院网:http://www.court.gov.cn/zixun-xiangqing-59202.html,2018年11月12日访问。

实质性障碍。2018年9月1日起，全国各级人民法院按照统一标准通过"人民法院公开审判流程信息的统一平台"公开审判流程信息即为解决管理关系问题的成功范例。关于财政支出的问题，因建设资金均为政府财政支出，建设成果也属于国有资产，各地前期建设成果的融合共享当然不成问题。至于后期建设和运维资金，因智慧法院建设已被纳入国家信息化发展战略，中央财政定会大力支持。如果金额巨大或存在其他情形需要地方财政承担部分费用，也可以由央地两级财政分担或以各地法院缴纳使用费等方式灵活解决。总之，相关难点可以采用技术性安排予以解决，从而避免重复建设，整合资源进行集体攻关。

二、体系化：由独立的系统开发到一体化的智慧法院体系建设

国务院2017年7月8日发布的《新一代人工智能发展规划》指出，建设集审判、人员、数据应用、司法公开和动态监控于一体的智慧法庭数据平台，促进人工智能在证据收集、案例分析、法律文件阅读与分析中的应用，实现法院审判体系和审判能力智能化。《新一代人工智能发展规划》特别强调指出了审判体系的智能化，或者说是智能化的审判体系。《关于加快建设智慧法院的意见》也提出，要推进系统建设，提供坚强的信息化基础支撑，构建全要素集约化信息网络体系，构建全业务全流程融合应用体系，构建全方位信息资源及服务体系。

目前的智慧法院建设基本局限于各法院的独立的系统平台建设，尚欠缺一审法院、二审法院、再审法院及委托执行法院等法院之间的系统对接，未建立完整的智慧法院体系，也未实现与智慧检务、智慧警务等进行完整的系统对接，尚不能实现全流程的智慧诉讼或智慧司法。此外，与其他国家或地区的智慧法院系统对接也是未来的必然选择，也应是智慧法院建设的内容之一。总之，智慧法院建设应实现从"孤岛型"的智慧法院到无缝链接的完整意义上的智慧法院体系建设。可喜的是，道路交通事故损害赔偿纠纷"网上数据一体化处理"平台和代号"206系统"的上海刑事案件智能辅助办案系统等有探索性突破，其建设进路值得肯定，且可为全流程一体化的智慧法院体系建设提供有益的经验。

国务院于2018年7月25日发布了《关于加快推进全国一体化在线政务服务平台建设的指导意见》，明确全国一体化在线政务服务平台建设的工作目

标为:"加快建设全国一体化在线政务服务平台,推进各地区各部门政务服务平台规范化、标准化、集约化建设和互联互通,形成全国政务服务'一张网'。政务服务流程不断优化,全过程留痕、全流程监管,政务服务数据资源有效汇聚、充分共享,大数据服务能力显著增强。政务服务线上线下融合互通,跨地区、跨部门、跨层级协同办理,全城通办、就近能办、异地可办,服务效能大幅提升,全面实现全国'一网通办',为持续推进'放管服'改革、推动政府治理现代化提供强有力支撑。"司法活动与行政管理有很大的不同,但在一体化平台的建设理念和思路上可以借鉴和参考。

三、智慧化:法律人工智能的深度司法应用是关键

当前,人工智能主要应用于庭审语音识别、证据分析、量刑辅助及类案推送,在司法实践中已经取得了积极成效。在智慧化建设方面,目前的主要问题是类案推送的质量问题。左卫民教授通过实地调研发现类案推送系统存在下列问题:检索推送案例不精确,无法解决法官实际需要;推送案例的范围过窄、来源不明、层级不清;地方各自为政,类案类判实践差异显著。现有类案类判系统对于复杂案件的类案推动准确性不够,而对于简单案件的类案推送往往并非基层法官的痛点所在。有些类案推送系统在推送案例时对案例的数量进行了一定的限定(如10个),但这些案例并未做到"同案",有时甚至连"类案"的标准也未达到。在主动搜索时,法官往往会搜索出上万个司法案例,尽管改进检索方法可以将案例数量限缩至百个以内,但法官需要参考的案例仍面临过量的问题。如此一来,类案推送系统实际上并未很好地契合法官的办案需求。事实上,在很多时候,困扰法官的仅仅是案件中的若干技术细节或法律难点。遇到这种情况,法官急切地想参考其他法官的判案思路与做法,至于案情是否类似、是否相同则是法官次要考虑的内容。[1]

为了解决此类问题,广州市中级人民法院与中国法律知识总库联合启动广州案例库深度研发工作,已将广州市两级法院2015年以来《案例编报》中的341件案例全部录入了广州案例库,建立起了立足于本地案例、符合广州地区法官需求的法律知识平台,支撑智审系统运行。同时,还将中国法律知

---

[1] 左卫民:"如何通过人工智能实现类案类判",载《中国法律评论》2018年第2期。

识总库数据接入广州案例库,可检索到最高人民法院指导性案例、人民法院公报案例、人民法院案例选作为办案的参考性案例。同时,广州市中级人民法院还基于案件争议焦点数据研发了智能裁判参阅系统,形成了争议焦点说理库,可向法官推送与在办案件争议焦点相关的说理段落。目前已经完成民间借贷案件的数据整理,下一步,争议焦点说理库将扩展至金融借贷、保险纠纷、信用卡纠纷等全类别的金融案件,并逐步提升推送的准确度。[1]其特点是借助人力工作弥补人工智能应用的不足,尚属权宜之策。

周强在2016年第三届世界互联网大会智慧法院暨网络法论坛开幕式上致辞表示,中国法院正在探索开展运用大数据、云计算、神经网络和机器学习等技术开展"智慧法院人工智能系统"研究计划,加快建设"智慧法院"。[2]周强的上述讲话为智慧法院建设确定了总体方略,特别是提出运用人工智能、大数据、云计算开发"智慧法院人工智能系统"。人工智能的应用基础是大数据和云计算,但智慧法院之所以"智慧",根本原因是人工智能技术的深入应用。因此,"智慧法院人工智能系统"的研发和应用是当前智慧法院建设工作的重点,将为智慧法院的建设和运行提供系统支持与技术保障,也将会成为智慧法院建设的标志性技术应用和代表性的建设成就。

需要说明的是,在智慧化的社会发展进程中,作为推动智慧城市建设的主推力的物联网和运用智能合约进行自动执行的区块链及人工智能都是智慧化的技术"法宝",智慧法院建设也需要并应当充分使用这些技术来推进智慧法院建设,但其中的代表性技术还是人工智能。当然,人工智能不可能是孤立的,而是和大数据、云计算紧密结合并能够和互联网、物联网、区块链进行融合应用,从而充分、有效地利用现代智慧技术推进智慧法院建设。

四、法治化:技术与法治耦合推进创新建设和实现司法公正

智慧法院建设必须要依靠技术及其创新应用,但要避免不合法的技术应用。在司法实践中,出现了以当事人同意的方式变相扩大法定送达方式和更改庭审规则等值得商榷的做法,此前某法院以短信方式送达司法文书和以短

---

[1] 参见隋岳、马伟锋:"广州:坚持'三个需求'导向 打造'三维'智慧法院",载广州审判网:http://www.gzcourt.org.cn/xwzx/xwxc/2017/06/13170024887.html,2018年5月20日访问。

[2] 参见罗书臻:"建立'互联网+'时代下的智能庭审",载《人民法院报》2016年11月18日。

信弹窗方式强制当事人阅读（否则无法使用手机）的做法更是不妥。智慧法院建设要以技术为推力，离开了技术，智慧法院建设将是"无源之水、无本之木"，但技术应用必须要符合法治的总体要求。当然，技术的创新应用也面临着以传统的司法活动为对象构建的立、审、结、执法律制度的阻碍，革新相关立法就成了智慧法院时代的迫切要求。总之，通过技术与法治的耦合来推进智慧法院的法治化创新建设是智慧法院建设的必然选择。

　　智慧法院的法治化建设不仅要求建设活动要符合法治的总体要求，还要求智慧法院的建设应当实现现代法治体系所要求的司法公正目标。相较于司法效能，司法公正更为重要，有效防止"冤假错案"应当是智慧法院建设的核心价值所在。"冤假错案"的直接表现形式是适用法律错误或认定事实错误。适用法律错误会导致"同案不同判"现象，目前的"智审"等系统可以在一定程度上化解此问题。随着裁判文书公开、审判流程公开等"四大公开"和司法责任制的推行，"冤假错案"将更多地以认定事实错误的形式存在，而非较为明显的适用法律错误。目前的智慧法院系统尚不能有效解决证据的审查判断错误问题，也不能完全防止篡改或隐匿证据的行为。此外，枉法裁判的裁判文书往往选择性地引用当事人或其代理（辩护）律师的意见或理据，即将无法反驳的意见或理据不写在裁判文书中，使得裁判文书在表面上看起来没有问题，裁判文书公开是无法解决此问题的。因此，智慧法院建设应针对"冤假错案"的成因，融合运用人工智能（减少人为干预和通过人工智能辅助裁判统一裁判尺度）、区块链（利用分布式账本防止证据和法律文书被篡改，利用智能合约将代理意见和证据自动导入裁判文书及自动强制执行）、物联网（实时保存、传输证据及确保证据和法律文书可溯源）等技术，技术与法治相耦合预防"冤假错案"，切实促进司法公正和提高司法效能，实现智慧法院建设的根本目的。

　　司法公正不仅要关注传统的"冤假错案"问题，还需要前瞻探索法律人工智能的算法规制问题。在"威斯康星州诉卢米斯案"（Wisconsin v. Loomis）中，被告埃里克·卢米斯（Eric Loomis）被COMPAS风险评估系统评定为"高风险"，主审法官最终判罚卢米斯长期徒刑。卢米斯提出了上诉，因为在审判期间他并没有接触这个算法的权限。上诉法院驳回了卢米斯的上诉，原因是算法输出的信息有着足够的透明度。由于要保持算法的隐匿性，该案中，法院最终没有对工具算法进行核查。[1]值得关注的是，2017年12月，纽约市议会通过《关于政府机构使用自动化决策系统的当地法》，该法要求成立一个自动化决策工作组，解决算法透明、解释权以及救济权等算法规制的核心问题。裁判的结果取决于法律和事实，对"智慧法院人工智能系统"而言，法律是确定的，输入的证据是特定的，裁决结果将直接取决于算法，算法将成为法律人工智能应用于智慧法院建设的重中之重。相应地，智慧法院的建设工作必然着力于算法的改进及其司法应用，并从制度上解决算法歧视、算法合谋、算法透明、算法解释及救济等算法规制问题，解决人工智能辅助裁判中的情、理、法的平衡问题，推动实现算法公平并进而在新型的智慧司法活动中实现司法公正。

五、实效化：由技术驱动型建设到司法实效型建设

关于实效性，笔者在调研过程中收集到以下反馈意见：各级法院不时推出各种系统，法官们需要不断地学习和适应；有些系统比较复杂，应用难度较大，用户体验较差，希望提高系统的智能化程度，最好是一键式操作；类案推送不能充分反映成文法的特点和要求，而且各地高级人民法院对一些问题的审判指导意见并不一致，案件的判决尺度本不统一，难以达到统一裁判尺度的目的，类案推送的质量不高反而可能成为额外的工作负担；一些系统的功能有待优化，无法充分满足工作需要。智慧法院建设毕竟处于初级阶段且无先例可资借鉴，加之技术应用也需要一个逐步完善的过程，存在上述问题是完全可以理解的。

《关于加快建设智慧法院的意见》指出："建设智慧法院，就是要构建网络化、阳光化、智能化的人民法院信息化体系，支持全业务网上办理，全流程审判执行要素依法公开，面向法官、诉讼参与人、社会公众和政务部门提供全方位智能服务。"《关于加快建设智慧法院的意见》提出的以用户体验为中心提供全方位智能服务可谓"对症下药"，特别是让法官从被动应用各种系统平台到主动使用系统平台，从而提高工作效能和减轻工作负担，缓解"案多人少"的难题。从调研中也发现一线法官对部分系统"爱不释手"，例如即

---

[1] 参见竺怡冰编译："有法庭开始用人工智能审判了 真的可以？"，载界面新闻：http://www.jiemian.com/article/1268805.html，2018年12月20日访问。

使在外办案也可利用碎片时间登录"微法院",全天候及时处理业务。

之所以强调实效性,是因为智慧法院的建设目的不是"建"而是"用",此建设理念将直接影响智慧法院的建设效果。如何让用户特别是法官喜欢用、主动用应当是智慧法院建设必须要重点考虑的因素。如果说以前还存在因法官素质或能力问题而不懂或不愿使用系统平台的情况,对于现在的法官队伍已经不成问题。因此,研发出界面友好、功能实用、操作简单的系统平台是智慧法院建设的实效性的关键所在。为此,智慧法院建设应由技术驱动型建设转变为司法实效型建设,法官(特别是一线法官)应从应用者变为建设者和应用者的双重角色,在建设过程中作为建设主体提需求、设标准、定规则、评效果、做鉴定,深度参与智慧法院建设,从而与技术专家、管理协调人员协同开发出易用、实用的系统平台。法官作为建设者直接参与开发满足具体司法工作需要的系统,可以有效地改变法官被动应用各种系统的现象,从而使系统开发主动适应司法实践需求和满足司法工作需要。如此,方能实现智慧法院建设的实效性要求,也才能切实促进司法公正和提高司法效能。

六、机制化:业务、技术、制度三位一体的建设与发展机制

关于智慧法院的建设与发展机制,笔者在调研中收集到以下意见或建议:①类案检索报告制度没有推展到所有法院,且类案检索报告的结果存在较大的人为操作空间;②从事系统开发的工作人员基本无审判工作经验,而长期从事审判业务的法官不懂如何开发系统或对系统提出有效的功能需求;③新的系统不断投入应用,系统之间不能兼容,需要不断学习和适应各种各样的系统;④各地法院自行开发系统的质量参差不齐,重复研发也会导致总体成本较高,建议最高人民法院负责开发出一套足够智能的系统,然后推广到各级法院。

智慧法院建设必须要依靠技术,通过技术应用推动人民法院信息化建设无疑是正确的,部分地方法院的智慧法院建设也取得了积极成效,目前的建设成果即可印证。在2.0版智慧法院建设中,建设机制应当是在最高人民法院的统一部署下,整合各地法院的优势资源,以业务为导向,以技术为推力,以制度为保障,业务、技术、制度三要素有机结合,三位一体推进智慧法院建设。

申言之,在智慧法院建设中,首先要确立以业务为导向,智慧法院建设

智慧司法的理论与实践研究

的目的是"用"（业务导向）而非"建"（技术导向），应确立法官作为建设者和应用者的主体地位，发挥法官的主观能动性，调动法官的积极性投入到智慧法院建设中，确保智慧法院建设成果不断适应司法应用的实际需求。其次，应融合使用人工智能、区块链、大数据、云计算、物联网等已经成熟或较为成熟的技术，形成新的技术推力，建设符合司法规律的智慧法院，有效防止"冤假错案"，预防司法腐败，维护司法公正，提高司法效能。最后，应运用制度保障智慧法院的建设和应用，特别是要通过制度安排来确保智慧法院的建设成果充分应用于司法实践，切实实现智慧法院建设的预期目标。

为了确保智慧法院建设成果有效运用到案件审理中，最高人民法院创设了类案与关联案件检索机制，明确承办法官在审理案件时，应当依托办案平台、档案系统、中国裁判文书网、法信、智审等，对最高人民法院已经审结或正在审理的类案与关联案件进行全面检索，制作检索报告。经检索类案与关联案件，有下列情形的，承办法官应当按照以下规定办理：拟作出的裁判结果将形成新的裁判尺度的，由院长或庭长决定或建议提交专业法官会议、审判委员会讨论；对拟作出的裁判结果将改变本院同类生效案件裁判尺度的，应当按程序提交专业法官会议、审判委员会讨论；发现本院同类生效案件裁判尺度存在重大差异的，应层报审判委员会讨论决定。[1]上述举措从制度层面解决信息化建设与法官办理案件的割裂问题，或者说是从司法责任制的角度为人民法院的信息建设成果的审判实践应用和统一裁判尺度提供了制度保障，其意义非常重大，可以从类案与关联案件检索推广到智慧法院建设成果的全方位应用中。周强曾形象地指出，信息化建设和司法体制改革是人民司法事业的"车之两轮、鸟之双翼"。[2]信息化建设和司法体制改革协同共振，业务、技术、制度三者有机结合，方能实现智慧法院的建设目标。

如何推动智慧法院的科学建设与创新发展将是一个较长期存在的热点话题。从当前智慧法院的建设实践观察，智慧法院建设宜着眼于统一化、体系化、智慧化、法治化及实效化，以信息化促进审判体系和审判能力现代化，切实实现促进司法公正和提高司法效能的建设目的。

---

〔1〕 参见《最高人民法院司法责任制实施意见（试行）》（2017年7月25日发布，2017年8月1日实施）第39、40条。

〔2〕 参见"周强：司法改革和信息化是司法事业车之双轮"，载中新社：http://www.chinanews.com/gn/2015/07-02/7381248.shtml，2019年8月10日访问。

第三节　以智慧法院为核心节点的全流程智慧司法体系

一、以智慧法院为核心节点的全流程智慧司法体系的总体设想

智慧律师 Ross 已经在美国投入使用，欧洲的人工智能法官也开始预测判决结果，但其功能毕竟是"个体"化的设计。智慧法院不仅要建设对法律问题具有分析和解决能力的"智慧法官"，还需要完整实现智慧法院之间的体系化诉讼功能。例如，当事人提交上诉状和缴纳上诉费用后系统会自动将一审法院的电子卷宗传输到二审法院，在移送管辖、委托执行等方面也是如此。因此，需要建设的智慧法院运行体系是依托互联网或区块链的全国各个法院的智慧诉讼系统互联的智慧法院体系，并在此基础上建设智慧法院与智慧检务和智慧警务对接的智慧司法体系，我国智慧法院与域外智慧法院或电子法院对接的智慧国际司法合作体系，以及与仲裁、行政执法、行政调解、保险理赔等连接形成在线一体化业务处理平台。

目前，我国的智慧检务、智慧警务也在积极建设中，预计下一步会完成智慧法院与智慧检务、智慧警务系统的互联，形成以智慧法院为核心节点的全流程智慧司法体系。此外，一些国家或地区也已经开始建设智慧法院或电子法院，人民法院的智慧法院建设也将会加强在国际司法协助等工作中与域外智慧法院或电子法院之间的智慧司法合作功能，从而建设形成智慧国际司法合作体系。受限于外部条件，智慧国际司法合作体系的建设难度较大，可能的模式是与个别国家的智慧法院系统进行试点对接，之后在试点的基础上逐步推进。

如何连接形成智慧司法体系面临两个选择，即互联网和区块链（物联网可以连接在互联网或区块链上）。与区块链相比较，互联网的建设成本较低，建设难度也较小。广州市中级人民法院通过互联网与公安机关、检察机关完成假释案件的办理就是这方面的有益探索。区块链的应用尚不普遍，但具有特殊优势。笔者早前设想将区块链应用于司法诉讼时，曾担心被比特币"污名化"的区块链应用于司法诉讼可能会有很大的难度，但这个担心已经成为过去时了，杭州互联网法院已经于 2018 年 9 月 18 日正式上线了全国首家司法区块链。该区块链由三层结构组成：一是区块链程序。用户可以直接通过程序将操作行为全流程记录于区块链，比如在线提交电子合同、维权过程、服务流程明细等电子证据。二是区块链的全链路能力层。主要是提供了实名认证、电子签名、时间戳、数据存证及区块链全流程的可信服务。三是司法联盟层。使用区块链技术将公证处、CA/RA 机构、司法鉴定中心以及法院连接在一起的联盟链，每个单位成为链上节点。该司法区块链让电子数据的生成、存储、传播、使用的全流程可信。[1]证据被称为"法庭之王"，电子数据证据的收集、固定、审查及判断的难度较大，电子数据的全流程可信无疑具有极高的司法价值。然而，区块链的司法应用空间非常大，尚需继续挖掘其司法功能和应用于司法实践。

区块链技术的应用可分为公有链、联盟链和私有链。公有链中的每个节点均公开，即每个人都可参与区块链的读取，记录、发送交易等，且交易能够在区块链上得到有效的确认，甚至可通过下载得到完整的区块链账本。私有链是指写入权限仅为一个组织的区块链技术，其读取权限或者对外开放被任意程度地进行了限制。[2]联盟链则是介于私有链和公有链之间的底层区块链技术，由若干机构共同参与管理，且每个机构都运行着一个或多个节点，其中的数据只允许系统内不同的机构进行读写和发送交易，并且共同来记录交易数据。公众可以查阅和交易，但不能验证交易和发布智能合约，除非获得联盟许可。[3]在智慧法院的建设中，可以根据不同的需要选择建设特定的区块链，私有链可以用于建设智慧法院的内部体系、联盟链可用于建设智慧司法体系、智慧国际司法合作体系及智慧法院与银行等机构的外部协作体系，公有链则可被应用于法院的诉讼服务、法制宣传、司法公开等开放给社会公众参与的场景。

区块链并不改变互联网的 TCP/IP 协议，只是互联网的顶层应用，其主要特点是分布式账本、数据的不可变性、信息透明及可溯源，加上其时间戳功能，可以有效防止侦查阶段篡改证据或隐匿证据的现象，从而从源头上防范"冤假错案"或徇私枉法。由于智能合约减少了人工干预，可相应地提高司法效能。而且，其技术信用（相一致或相冲突且因不能依法否定的意见或理据

---

〔1〕参见王春："杭州互联网法院司法区块链上线"，载《法制日报》2018 年 9 月 20 日。

〔2〕参见"公有链 VS 私有链"，载中国电子商务研究中心：http://b2b.toocle.com/detail--6350457.html，2020 年 10 月 15 日访问。

〔3〕参见潘镳："'联盟链'构建银企协作'朋友圈'"，载《中国城乡金融报》2017 年 7 月 7 日。

不予引用的现象,既需要借助上述区块链的特点和功能,还需要发挥区块链的智能合约的作用。智能合约能自动执行本需要人工才能完成任务的协议,也可以通过外部触发来实现与外部世界可信地进行交互。[1]区块链的智能合约可以减少协议执行过程中的人工干预,应用在智慧法院建设中,诉讼参与人的意见或理据会自动导入裁判文书,从而防止选择性引用意见或理据的情形,也有助于提高司法公信力。

二、运用区块链推进智慧法院建设和智慧司法体系的发展

2016年12月《国务院关于印发"十三五"国家信息化规划的通知》首次将区块链列为重点前沿技术,明确提出需加强区块链等新技术的创新、试验和应用,以实现抢占新一代信息技术主导权。中共中央政治局于2019年10月24日就区块链技术发展现状和趋势进行第十八次集体学习,习近平总书记在主持学习时强调,区块链技术的集成应用对技术革新和产业变革中具有重要作用,要把区块链作为核心技术自主创新的重要突破口,明确主攻方向,加大投入力度,着力攻克一批关键核心技术,加快推动区块链技术和产业创新发展。

2019年10月31日中国共产党第十九届中央委员会第四次全体会议通过了《中共中央关于坚持和完善中国特色社会主义制度 推进国家治理体系和治理能力现代化若干重大问题的决定》,指出"必须在坚持和完善中国特色社会主义制度、推进国家治理体系和治理能力现代化上下更大功夫。""深化司法体制综合配套改革,……确保司法公正高效权威,努力让人民群众在每一个司法案件中感受到公平正义"。

区块链的独特技术特性有助于推进智慧法院建设,从而助推司法体制改革,保障司法公正,提高司法效能,提升司法公信力,"努力让人民群众在每一个司法案件中感受到公平正义"。2019年11月1日,最高人民法院党组召开的传达学习贯彻党的十九届四中全会精神的会议指出,积极推进互联网、人工智能、大数据、云计算、区块链、5G等现代科技在司法领域的深度应用,努力把智慧法院建设提升到新水平。

---

[1] 李赫等:"智能合约如何可信地与外部世界交互",载《中国金融电脑》2017年第8期。

(一) 区块链的技术特性与智慧法院建设

1. 区块链的技术特性

2008年,中本聪在《比特币:一种点对点的电子现金系统》一文中设计了一种无需可信第三方的电子现金系统并提出了比特币的概念。由于比特币的底层技术是区块链,该文被公认为区块链的理论起源。2009年1月,区块链发明人中本聪创建了第一个区块(即"创世区块"),区块链也由理论设计走向了实践应用。美国区块链科学研究所创始人梅勒妮·斯旺(Melanie Swan)在其著作《区块链:新经济的蓝图》中将区块链分为三个阶段,即以数字货币为代表的区块链1.0,以智能合约为代表的区块链2.0,以及超越货币、经济、市场在司法、政府管理、公证等领域拓展应用的区块链3.0。[1] 目前,区块链已经进入了2.0阶段,并正在向3.0阶段迈进。

区块链并不改变互联网的TCP/IP协议,那么为什么不用互联网将这些账本连接起来呢?答案在于区块链的技术特性及其应用中可以产生的独特优势。一般认为,区块链技术具有以下特点:①去中心化。区块链没有中心管制,通过分布式核算和存储,各个节点实现了信息自我验证、传递和管理。去中心化是区块链最突出、最本质的特征。②开放性。区块链技术基础是开源的,除了交易各方的私有信息被加密外,区块链的数据对所有人开放,任何人都可以通过公开的接口查询区块链数据和开发相关应用,整个系统信息高度透明。③独立性。基于协商一致的规范和协议,整个区块链系统均不依赖其他第三方,所有节点都能够在系统内自动、安全地验证、交换数据,不需要任何人为的干预。④安全性。不能掌控超过51%以上的数据节点,就无法修改网络数据,这使区块链本身变得相对安全。⑤匿名性。除非有法律规范要求,各节点的身份信息不需要公开或验证,信息传递可以匿名进行。[2] 上述说明对区块链的主要特征做了精练的总结,也适合于从法治角度来观察和理解区块链。

关于区块链的特征,可以多角度观察,自然也会得出新的判断或结论。例如,权利和义务的平等性,由于区块链采用去中心化的分布式账本,各节点的权利和义务都是平等的。再如自治性,区块链采用共识机制和智能合约

---

[1] See O'Reilly Media, *Blockchain: Blueprint for a New Economy*, O'Reilly Media, 2015, pp. 1~2.
[2] 参见蒋润祥、魏长江:"区块链的应用进展与价值探讨",载《甘肃金融》2016年第2期。

使各节点在去信任的环境下自动验证和交换数据。区块链之所以不需要人为干预地自动验证、交换数据乃至自动执行合同等协议安排，是因为智能合约的特征性功能。智能合约的概念是由尼克·萨博（Nick Szabo）在1993年首次提出的，简单地说，是指按照区块链上设定的条件自动执行的协议。以交易为例，智能合约可以自动计算合同当事人需要支付的金额和安排支付，该当事人的支付行为也会自动触发对方当事人履行相应的义务，例如通过电子记录自动转移标的物的所有权或使用权。

综合上述，区块链的技术特性可按照法律逻辑顺序概括为：主体的匿名性（保护隐私但不影响身份的核证）、交易或管理的智能化（智能合约的功能，对"交易"一词宜随着区块链的应用领域的拓展而相应扩展到管理等领域）、管理的去中心化（无服务器等硬件设施及其承载的管理中心）、链上规则的自治化（通过一致性的协议或技术安排来实现共识）、数据的不可变性、信息的透明性和对称性及救济或奖惩等的自动化处理。

需要说明的是，区块链并不排斥人工智能、大数据、云计算、物联网的应用。而且，区块链可以并且需要和这些技术进行融合应用，智慧法院建设也不例外。至于互联网和区块链的关系，简单地说，区块链并不改变互联网的TCP/IP协议，只是互联网的顶层应用，但区块链具有上述完全不同于互联网的技术特性。

2. 区块链有助于推进实现智慧法院的建设目标

人民法院的信息化建设分为三个阶段。在1.0版中，人民法院信息化建设实现了"四化"，即常规办公无纸化、档案管理电子化、流程监控网络化和庭审记录电脑化。在2.0版中，人民法院实现了网上立案、办案、执行、信访、公开、互动、办公，建成了"四大公开平台"，实现对审判、执行工作全程监督、全程留痕，加强对司法大数据的管理、分析和应用，促进了审判体系和审判能力现代化。2016年1月29日，在最高人民法院第一次信息化建设工作领导小组全体会议上，周强首次提出了建设智慧法院的发展目标。2017年底，人民法院信息化建设3.0版完美收官，智慧法院的格局初步形成。

2017年4月最高人民法院印发的《关于加快建设智慧法院的意见》指出，智慧法院是人民法院充分利用先进信息化系统，支持全业务网上办理、全流程依法公开、全方位智能服务，实现公正司法、司法为民的组织、建设和运行形态。

（二）区块链在智慧法院建设中的实践应用现状

如何链接形成智慧司法体系面临两个选择，即互联网和区块链（物联网可以连接在互联网或区块链上）。与区块链相比较，互联网的建设成本较低，建设难度也较小。广州市中级人民法院通过互联网与公安机关、检察机关完成假释案件的办理就是这方面的有益探索。区块链的应用尚不普遍，但具有特殊优势。在智慧法院建设实践中，区块链的司法应用已经取得了积极成效。

2018年9月6日，最高人民法院印发《关于互联网法院审理案件若干问题的规定》，认可了以区块链作为收集、固定和防篡改数据的技术手段，肯定了区块链存证的证据的法律效力。据中国信息通信研究院、可信区块链推进计划发布的《区块链白皮书（2019年）》，2019年8月，最高人民法院宣布正在搭建人民法院"司法区块链统一平台"，完成最高人民法院与20家地方法院和27个节点建设，超过1.8亿条数据得以上链存证固证，并牵头制定了《司法区块链技术要求》《司法区块链管理规范》，指导规范全国法院数据上链。

杭州互联网法院已经于2018年9月18日正式上线了全国首家司法区块链。司法区块链让电子数据生成、存储、传播、使用全流程可信。区块链由三层结构组成：区块链程序、区块链全链路能力层、司法联盟层，解决互联网上电子数据全生命周期的生成、存储、传播、使用，特别是生成端的全流程可信问题。[1]2019年10月，杭州互联网法院开始推行首个区块链智能合约司法应用（司法区块链的"2.0版"），通过打造网络行为"自愿签约—自动履行—履行不能智能立案—智能审判—智能执行"的全流程闭环，实现了网络数据和网络行为的全流程记录、全链路可信、全节点见证、全方位协作。[2]

北京互联网法院于2018年推出了"天平链"。"天平链"利用区块链技术多方监督、不可篡改、方便追溯等特点，在解决数据完整性和隐私保护的前提下，把电子数据的数字摘要值事前存证，方便事后验证，可以解决电子数据"存证难""认定难"的问题，大幅提升电子数据的证据效力和司法

---

[1] 参见"我院举行全国首个司法区块链上线新闻发布会"，载杭州互联网法院：http://hztl.zjcourt.cn/art/2018/9/19/art_ 1225222_ 25457534.html，2019年11月6日访问。

[2] 参见余建华、吴巍、张名扬："杭州互联网法院区块链智能合约司法应用上线"，载中国法院网：https://www.chinacourt.org/article/detail/2019/10/id/4591024.shtml，2019年11月6日访问。

审判效率。[1]

2019年3月,广州互联网法院正式上线"网通法链"智慧信用生态系统,该系统包括"一链两平台",即司法区块链、可信电子证据平台、司法信用共治平台,努力做到"三个立足、三个突破、三个精准":一是立足司法区块链技术,突破现有节点管理模式,精准构建开放、中立的数据存储基地;二是立足可信电子证据平台,突破传统电子数据调取方式,精准构建公正、高效的互联网审判证据规则;三是立足司法信用共治平台,突破社会信用认证瓶颈,精准构建共治、共享的互联网信用生态坐标。[2]

其他一些地方法院在区块链的司法应用领域也做出了有益的探索,并取得了积极成效。例如,2018年9月,杭州市江干区人民法院就一起破产案件召开债权人大会,债权人的在线投票数据被写入"络谱区块链登记开放平台"。[3] 2019年6月,全国首个地区破产审判智慧管理系统"广州智慧破产审理系统"在广州市中级人民法院正式上线,实现了"四个全国首创":首个地方管理人智能服务平台、首个地方破产审判动态监管平台、首个债权人评价监督平台、首个破产审判区块链协同平台。[4]

当前区块链的司法应用主要集中于证据领域,证据被称为"法庭之王",电子数据证据的收集、固定、审查及判断的难度较大,电子数据的全流程可信无疑具有极高的司法价值。然而,区块链的司法应用不限于电子数据证据领域,一些法院和相关企业也正在积极探索。例如,杭州互联网法院推行的首个区块链智能合约司法应用、杭州江干区法院应用的"络谱区块链登记开放平台"及广州中院上线的"智慧破产审理系统"。总体而言,区块链的司法应用尚处于初级阶段,应当充分挖掘"区块链+司法"的独特法治功能和充分、有效地应用于智慧法院建设。

---

[1] 参见"天平链介绍",载北京互联网法院:http://tpl.bjinternetcourt.gov.cn/tpl/,2019年11月6日访问。

[2] 参见关锦恒、王厚启:"广州互联网法院'网通法链'智慧信用生态系统上线",载新华网:http://www.gd.xinhuanet.com/newscenter/2019-03/30/c_1124305262.htm,2019年11月6日访问。

[3] 参见章卉:"全国首例!杭州江干法院尝试破产案件用区块链投票",载法制网:http://www.legaldaily.com.cn/locality/content/2018-09/28/content_7657032.htm,2019年11月6日访问。

[4] 参见章宁旦、彭勇、苏喜平:"广州中院上线全国首个破产审判智慧管理系统 管理人执业更规范 债权保护更得力",载《法制日报》2019年6月15日。

（三）运用区块链推进智慧法院建设的基本设想

最高人民法院2019年7月31日发布的《关于建设一站式多元解纷机制一站式诉讼服务中心的意见》提出："加快建设立体化集约化信息化的一站式诉讼服务中心，增强多元解纷和诉讼服务的精准性、协同性、实效性。"区块链在此方面大有可为，总体设想如下：

1. 区块链的分类及其在智慧法院建设中的应用场景

从应用形态上讲，区块链可以被划分为公有链、联盟链和私有链，不同类型的区块链适用于不同的应用场景。公有链是开放的区块链，参与者可以随时进入系统进行数据读取、交易发送与确认、竞争记账以及系统维护等工作。联盟链是由若干个机构共同参与管理的区块链，每个机构运行并管理链上的一个或多个节点，其数据只允许联盟内各机构进行读写，各机构间可发送交易和共同记录交易数据。私有链是指其写入权限由某个组织或机构控制的区块链，其读取权限可对外开放，或者附加一定程度的限制。[1] 在智慧法院建设过程中，可以根据不同的需要选择建设特定的司法区块链。其中，私有链可被用于建设智慧法院的内部体系，联盟链可被用于建设智慧司法体系、智慧国际司法合作体系及智慧法院与银行等机构的外部协作体系，公有链则可被应用于法院的诉讼服务、法制宣传、司法公开等开放给社会公众参与的场景。

2. 运用区块链建设全国统一的全流程、一体化的智慧法院体系

人民法院信息化建设的模式是最高人民法院在总体部署和顶层设计的同时加强重点攻关，各地法院则积极探索、开发及应用富有地方特色的各种系统平台，可谓"百花齐放"。这种建设模式的优点是可以调动各地法院的积极性，群策群力地进行建设，在过去的人民法院信息化建设中是合适的选择，实际上也取得了预期的效果，但以后的智慧法院建设未必要沿用此模式。此模式的缺点主要如下：各地法院的重复建设将导致人力、财力、物力的巨大浪费；受制于建设条件等因素，建设质量参差不齐；系统平台繁多，且往往不能兼容，协同性和共享性较差；优秀的建设成果不便在全国法院系统全面推广。

《最高人民法院关于加快建设智慧法院的意见》指出，智慧法院的建设要

---

[1] 参见2019年11月中国通信标准化协会（CCSA）等单位联合发布的《"物联网+区块链"应用与发展白皮书》。

遵循统一规划、积极推进、融合共享、高效智能、创新驱动、安全发展的总体要求，对加快建设智慧法院工作进行整体布局。其中的"融合共享"应是针对前述状况提出来的，即择优融合各种系统平台，实现全国法院的协同和共享，避免重复建设。根据人民法院的职能和业务需求，统一化的着眼点应是融合共享的理念和打造统一适用于全国法院系统的司法诉讼、司法服务及司法管理三大通用系统平台。当然，统一化并非禁止或限制各地法院对系统平台根据当地的具体情况和业务需求进行改造，各地法院打造富有地方特色的系统平台应该得到鼓励。

智慧法院建设是一个复杂的系统工程，根据智慧法院的建设目标和智慧法院的建设现状，智慧法院的建设重点宜为建设全国统一的全流程、一体化的智慧法院体系，即依托互联网或区块链的智慧法院内部体系和外部体系，建设核心是基于"智慧法官"（"智慧法院人工智能系统"）的智慧立案、智慧审理、智慧裁判、智慧执行的智慧诉讼系统并与智慧检务、智慧警务互联形成以审判为中心的智慧司法体系，以完整实现智慧法院之间的体系化诉讼功能。例如，当事人提交上诉状和缴纳上诉费用后系统会自动将一审法院的电子卷宗传输到二审法院，在移送管辖、委托执行等方面也是如此。一些地方法院已经认识到建立一体化诉讼平台的重要性，正在探索建设本辖区基于互联网的一体化诉讼平台。区块链具有互联网无法比拟的优势，建议在最高院的统一部署下，建设基于区块链的全国法院间的智慧诉讼系统互联的链上智慧法院内部体系。在条件成熟时，适时与仲裁、行政执法、调解、保险理赔等系统链接形成区块链上的一体化业务处理平台。

3. 运用区块链建设以审判为中心的智慧司法体系

我国的智慧检务、智慧警务也在积极建设中，智慧法院与智慧检务、智慧警务系统的互联是必然趋势，从而形成了以智慧法院为核心节点的全流程智慧司法体系。如何链接形成智慧司法体系面临两个选择，即互联网和区块链（物联网可以连接在互联网或区块链上）。与区块链相比较，互联网的建设成本较低，建设难度也较小。广州市中级人民法院通过互联网与公安机关、检察机关协作完成假释案件的办理就是这方面的有益探索。当前，区块链的应用尚不普遍，但具有特殊优势。基于区块链的全流程、一体化诉讼体系有助于将整个诉讼流程置于区块链的信息透明、数据不变、证据可信、自动触发相关司法行为的技术化保障中，特别是有助于解决证据收集阶段的篡改、毁损及隐匿证据问题,从而在源头上防范"冤假错案"或徇私枉法。当前,侦查机关、检察机关、审判机关都在积极探索和尝试应用区块链解决一些司法难题。例如,最高人民检察院检察技术信息研究中心建立了"区块链技术实验室",为区块链技术在检察工作中的应用探索建立系统平台和研究行业数据共享过程中缺乏信任等问题提供了解决方案。运用区块链建设以审判为中心的智慧司法体系在政策、技术、制度等方面都不存在障碍,可谓"万事俱备,不欠东风",运用区块链构建以审判为中心的链上全流程、一体化的司法体系可以提上议事日程了。

4. 运用区块链建设智慧国际司法合作体系

2018 年 2 月 1 日,欧盟委员会宣布启动一项旨在促进欧洲区块链技术发展的新机制。这个机制具有收集与区块链有关的信息,监测和分析相关趋势,探索区块链技术的社会经济潜力和应对相关挑战等功能。欧盟委员会表示,区块链技术将影响数字服务并改变医疗、保险、金融、能源、物流、政府服务等领域的模式。[1]一些国家或地区也已经开始建设智慧法院或电子法院,人民法院的智慧法院建设也将会加强在国际司法协助等工作中与域外智慧法院或电子法院之间的智慧司法合作功能,从而建设形成智慧国际司法合作体系。很多国家都高度重视区块链在公共服务等领域的应用。例如,2018 年英国、法国、德国等 22 个欧盟成员国宣布成立欧盟区块链合作伙伴关系。我国把区块链作为核心技术自主创新的重要突破口将很可能激发其他国家在区块链的研发和应用上热情,司法领域也不例外。从跨境电商等国际争议的解决来看,最大的难题并非法律适用,而是证据的获取和认定,各国司法区块链的互联恰好可以解决此难点。当然,受限于外部条件,特别是认知差异、标准不一及安全保障问题,基于区块链的智慧国际司法合作体系的建设难度较大,可能的模式是在条件成熟时与个别国家(特别是"一带一路"沿线国家)的司法区块链进行试点对接,之后在试点的基础上总结经验逐步推进。

(四)运用区块链推进智慧法院建设的司法实践功能与意义

1. 运用区块链推进智慧法院建设有助于保障司法公正

"以事实为依据,以法律为准绳"是法律适用的基本原则之一,也是司法

---

[1] 参见王子辰:"欧盟启动新机制'拥抱'区块链技术",载财联社:https://www.cailianpress.com/roll/211514, 2018 年 9 月 10 日访问。

公正的基础保障。为了统一裁判尺度，防止"同案不同判"和"冤假错案"，最高人民法院创设了类案检索、推送、差异层报机制，建设了"四大公开平台"（特别是裁判文书公开平台）及人工智能辅助裁判系统，对于解决裁判过程中的法律适用错误有显著效果，有效遏制了裁判文书中明显的法律适用错误乃至徇私枉法现象。然而，这些举措并不能全然解决司法不公问题。例如，徇私枉法类的裁判文书很可能对与裁判结果不一致、相冲突且不能依法否定的意见或理据不予引用，而是选择性引用当事人或其代理律师、辩护律师的答辩状、代理词或辩护词等文书的意见或理据，从而避免在裁判文书中出现裁判结果与诉讼参与人提出的理据不一致或相冲突的情况。区块链的智能合约可以减少协议执行过程中的人工干预，应用在智慧法院建设中，诉讼参与人的意见或理据会被自动导入裁判文书，从而防止选择性引用意见或理据，裁判文书的法律适用错误将一目了然，进而与上述防止"同案不同判"和"冤假错案"的改革举措协同作用于保障司法公正。

  事实认定是司法公正的基础。从披露的"冤假错案"来看，法律适用错误并非主要原因，徇私枉法者往往采用篡改证据或隐匿证据的方式制造"冤假错案"。"四大公开平台"等技术措施可以在一定程度上解决事实认定的错误问题，但不能从证据源上彻底解决此问题。换言之，应采取有效措施防止证据收集阶段篡改证据或隐匿证据的现象。区块链的分布式账本、数据可溯源和不可变性、信息透明和信息对称，加上其自有的时间戳功能，可以有效地防止在证据收集阶段篡改证据或隐匿证据的现象，从而从证据源上确保事实认定的可靠性，进而有效地防范"同案不同判""冤假错案"乃至徇私枉法现象。这也是建议打造基于区块链的智慧司法体系的重要原因。需要说明的是，数据上链存证并不等同于该电子数据证据就符合证据的"三性"要求，因此如何确保上链数据的真实性是亟待解决的问题。对此问题，既要从制度设计上为上链数据的可靠性建章立制，也要从新技术的研发与应用上寻求解决方案。前者的内容主要包括接入司法区块链的主体的准入资格、区块链系统及跨链操作的安全性的审核和认定及各节点的权利、义务及责任等。后者一方面需要通过实用拜占庭容错算法、预言机等区块链技术的创新与应用来确保上链数据的安全可信；另一方面要重视区块链与物联网、大数据、云计算、人工智能等技术的融合应用，从证据信息的原始采集、数据分析处理及可靠性验证等维度多元化地提高数据质量，为电子数据证据的真实性提供系统性的技术保障。

2. 运用区块链推进智慧法院建设有助于提高司法效能

以"执行难"问题的解决为例。"执行难"是近年来各级人民法院着力解决的难题之一，通过互联网实施网络查控和在线执行就是其中的重要成果，基本实现了对被执行人主要财产形式和相关信息的有效覆盖。利用互联网进行网络查控和在线执行工作带来了极大的便利，但是否及时采取强制执行措施仍取决于执行法官的主动性和制度的外部约束。区块链的智能合约的自动执行可以解决此问题，即利用区块链技术建立与银行等机构的联盟链，一旦有可供执行的财产，就可以按照区块链的共识机制（将执行程序规范内嵌于区块链形成的确定的执行规则和条件）和利用区块链的智能合约自动完成冻结、划转等执行措施，既提高了执行效率，也可以有效地解决"久拖不执"的现象。具体而言，在申请执行人申请强制执行后，区块链系统会智能审查是否符合申请强制执行的条件。如果符合条件，系统会自动启动对被执行人银行账户的网络查控、划转、失信惩戒，无需执行法官的干预或介入，从而直接提高司法效能。

运用区块链的智能合约提高司法效能不仅体现在无人工干预或介入的自动强制执行上，其还可以自动完成立案、组庭、审判流程管理、卷宗的移送和归档、生成共识性的知识图谱供法官参考等任务。然而，这只是区块链中智能合约的功用，应用区块链进行电子数据存证可以将电子数据证据进行前置验证，从而也可以在举证、质证及证据的认定方面提高司法效能。在前述破产案件中，债权人利用区块链投票也是运用区块链提高司法效能的有益探索。可以预见，随着区块链在智慧法院建设中的深入应用，其在司法诉讼、司法服务及司法管理等方面都将极大地提高司法效能。

3. 运用区块链推进智慧法院建设有助于提升司法公信力

不同于传统的人工信用评价体系，区块链并无信用评价和信用验证机构，而是采用分布式账簿来确保区块数据的不可变性和数据的透明性，从而建立以技术为背书的信用评价体系。换言之，用户的每个交易都会形成可靠的信用数据或构成信用评价的可信依据，进而建立一套独特的"不信之信"的信用体系。信用可以产生信任，但在逻辑上，信用只是信任的必要条件而非充分条件。区块链中彻底打消交易方对交易风险的后顾之忧的则是智能合约，即智能合约以其自动执行机制消除交易双方对合同履行风险的担忧。正是区块链独特的信用评价体系和智能合约的自执行机制提供了新的信任模式。而且，此种信任还可以被传递给链上的第三方。按照工业和信息化部信息中心《2018 中国区块链产业白皮书》的说明，用区块链的方式实现信息共享，可以实现"信任传递"或"信任外溢"。

从共识的角度来看，法律既是社会共识的结果，也通过对社会关系的动态调整促进和保障社会共识的稳定性和可预见性，进而保障社会的和谐与发展。一般认为，社会共识的难点主要在于价值的多元化。在市场环境下，利益的矛盾性（特别是资源的稀缺性）和常态化的零和博弈使得共识的达成更为艰难。区块链的技术信用、信任传递及共识机制独辟蹊径，为社会共识的形成机制提供了新颖的解决方案，并可以在溯源、投票、权利登记与转让、决策、监管等方面"可信"地促进社会治理创新。如果说互联网的功能主要是信息传递和信息交互，区块链的特征性功能则是形成价值传递，这也是区块链被称为价值互联网的原因所在。从智慧法院建设的角度观察，区块链的技术信用（通过共识性的技术协议或规范，从技术层面建立信用基础）、信息透明、信息对称也有助于防止谣言的形成和传播，从而通过"不信之信"式的信任传递提升司法公信力。

回顾智慧司法的建设历程，信息技术的发展和应用为确保司法公正、提升司法质效、更好地维护社会公平正义提供了有力的科技支撑。我国的智慧司法建设已经取得了巨大成就，我们也有理由期待新型的智慧司法体系继续推动司法体制改革，推进司法能力和司法体系的现代化，并为世界各国的智慧司法建设做出具有中国特色的示范。

第八章
智慧司法的风险与防范

基于智慧司法建设在技术上有着数据依赖和算法主导的特征，应当考虑将人工智能应用到司法裁判领域会对司法裁判本身构成风险。风险的概念在现代社会中可谓无处不在，人们常常会讨论风险，但是对于风险概念的含义却有着千差万别的理解，大致可以分为两种：一种是从广义上理解的风险；另一种是从狭义上理解的风险。广义的风险指的是"一个可能的行动事先或许会导致至少两种不同的结果，但也许只有其中一个结果可能会实际发生"。[1]这些结果可能是有利的也可能是不利的，在这种情况下，可以理解为广义的风险。简单来说，广义的风险指的是带来有利或者不利结果的不确定性。狭义的风险和广义的风险不同，最重要的区别在于，广义的风险强调的是多种后果的不确定性，狭义的风险强调的不是一个行为产生有利或不利的多种后果的可能性，而是关注不利后果的可能性。

"在关于风险的研究中，我们大体可以区分出三个不同阶段：风险识别、风险分析和风险评估。"[2]风险识别也就是对风险进行识别，风险识别作为风险研究的第一个阶段，其关注的是"风险是什么？"的问题，考虑的是哪些情况可以看作是具有风险性的。具体在智慧司法建设的研究中，风险识别就是指出哪些情况会为司法裁判的性质和目的带来不利后果。而风险分析作为风险研究的第二个阶段，主要关注的是不利后果发生的可能性和不利后果的严重程度，例如对智慧司法建设风险的研究，在风险分析阶段应当对不利后果发生的可能性的大小以及严重程度进行讨论。风险评估作为风险研究的第三个阶段，主要是考虑此前识别和分析的风险能否成立以及如果损害结果真实

---

〔1〕［德］阿明·格伦瓦尔德主编：《技术伦理学手册》，吴宁译，社会科学文献出版社2017年版，第31页。

〔2〕［德］阿明·格伦瓦尔德主编：《技术伦理学手册》，吴宁译，社会科学文献出版社2017年版，第388页。

发生是否可以被接受的问题。

但是，由于风险指的是一种可能性，而一个行为造成不利后果的可能性可以说是无限的。例如，随着人工智能技术的发展，语音识别技术等已经非常成熟，准确率非常高，人工智能极有可能取代书记员等司法工作人员来处理非裁判性的工作。这样一来，原本处理非裁判性工作的人很有可能会失业，大量的这类人失业之后，由于没有了收入，他们的消费就会下降，会给社会经济带来一定的不利后果。照这个思路，我们可以说人工智能司法裁判的应用存在着阻碍社会经济发展的风险。这样的例子还可以举出很多，这是由风险本身的概念所决定的。然而，不是所有带来不利后果的可能性均在讨论范畴之内。本书对于风险概念的使用是指狭义的风险，对智慧司法建设风险的研究，也就是对智慧司法的建设与推进可能带来的不利后果的可能性的研究。

第一节 智慧司法的风险

大数据、人工智能等技术在司法实务上的运用不仅影响了诉讼策略的选择，同时也影响了司法实务的工作方式和思路变化，例如诉讼的一方会通过数据之间的强相关性寻找证据，而司法领域也认可这一类证据。[1]显而易见，智慧司法的确对传统司法模式产生了影响。

德国学者乌尔里希在《风险社会》中指出，新兴技术的诞生与运用在带来便利的同时也可能会产生风险与挑战。[2]智慧司法与人工智能的应用确实能够对司法活动有所助益，但也不可忽视其对现有制度的冲击。从智慧法院建设的具体关节而言，我们已然可以看出这种潜在的风险。例如，智能立案、庭审记录、文书制作等非裁判性的应用主要是帮助法官或者相关的人员在司法裁判的过程中避免简单重复的劳动，基于此类应用的性质和人工智能技术发展的现状，可以认为在非裁判性的应用中不会产生损害司法公正的风险，盖因从性质上说，非裁判性的应用并不涉及法官作出裁判的内容，不对法官作出的裁判产生直接的影响。例如，在智能立案的环节，人工智能系统负责

---

[1] 吴军：《智能时代：大数据与智能革命重新定义未来》，中信出版集团2016年版，第310页。
[2] [德] 乌尔里希·贝克：《风险社会》，何博闻译，译林出版社2004年版，第39页。

的是立案与否的工作，不涉及案件的裁判，又如，在庭审记录的应用中，智能系统知识负责记录而不涉及裁判。从技术发展情况来说，智能语音识别、自然语言处理等技术已经非常成熟，出现错误的概率相对较低，而且在应用的过程中也会有以人和机器结合的方式，书记员也会对其中的错误进行纠正。

基于对其性质和技术发展两方面的考量，可以认为人工智能在非裁判性工作的应用上不会给司法公正带来不利后果，在这方面的应用更多的作用是提高司法的效率。因此，非裁判性的应用几乎不会对司法公正产生风险。除了非裁判性的应用，人工智能技术在司法裁判上的应用还包括影响裁判结果的应用，不管是类案推送、裁判建议还是偏离预警，都确确实实可能会影响到法官对于具体案件的裁判。司法裁判所追求的目标，当然是由司法裁判的主体（也就是法官）来实现。总体而言，智慧司法建设的风险主要产生于可能影响裁判结果的环节中。

一、智慧司法的原生风险

智慧司法本身是法治进步与技术发展的必然产物，因此也就面临着两方面的问题，智慧司法建设对制度上引起的冲击是一种原生风险，总体来说，原生风险只能降低而不能避免。从法律实务上来说，原生风险的根源在于无法超越传统审判模式的欠缺之处，换言之，无法形成以强人工智能为基础的AI法官，因此也无法对传统审判模式下的一些例如"秘密化"问题提出解决方案，即便公众可以通过网络庭审直播平台观看庭审过程，并借此增强司法的公开化面向，但是案件裁判过程的秘密化倾向仍是智慧司法无法克服的问题。实际上，这个层面上的风险是无法回避或解决的，至少在技术还没有得到进一步发展时，最终做出审判的仍然是人，人的特性也就决定了智慧司法的建设难以走出传统框架。

首先，从卷宗的管理上看，智慧司法在系统内部的电子化档案的管理上较为成熟，但是在纸质化和电子化的转化过程中仍然面临着问题。从技术上看，卷宗的电子化基础是系统内部已经输入的数据和文档。因此，当进行纸质文件到电子文件的转化时，涉及电子文件是否和纸质文件一致的问题。尽管在电子文件中可以做到数据留痕，但是对于作为本源文件的纸质文件而言则不存在此问题。换言之，存在着纸质文件造假的可能，而该文件转换成为电子文件时，系统认定为同一，最后则会造成错误和虚假数据。

其次,从节点和审限的管理系统来看,尽管可以对判案的流程进行严密的监控,但是也同样造成了一些法官为了实现在节点之前审结案件,而牺牲某些诉讼流程。例如,当节点系统的时间因一直无法送达而有可能延期时,司法人员可能会选择缩短答辩期等操作以在节点之前审结案件。因此,节点和数据留痕一方面的确在一定程度上促使司法人员遵守相应程序,另一方面不够灵活的操作系统也使得其仍然存在隐患。

二、智慧司法的技术风险

学者讨论更多的是技术风险问题。从技术方面来看,智慧司法的风险主要是来自于智慧司法建设的特点,即数据依赖和算法主导。智慧司法建设主要是利用司法大数据和人工智能的技术,对案件的判决、卷宗等数据进行探索和分析,将案件的判决结果进行模型化。其实质是通过数据挖掘发现深层司法规律进而加以运用的过程。[1]以裁判建议为例,其方法是从此前案件既有的裁判文书数据中抽取相关的数据,将数据组合,得出类似案件的裁判规律,得出规律之后便可以用来对类似案件进行裁判建议。人工智能等新兴技术在司法裁判领域的应用具有数据依赖的特征,离开了司法大数据库,智慧司法建设也就无从谈起。司法大数据只是智慧司法建设的前提,司法大数据的运用需要算法来进行,需要用人工智能技术对司法大数据进行处理。还是以裁判建议的应用为例,得到既有案件的裁判结果之后,需要由人工智能技术对其进行分析处理,才能建立模型、对类似案件的裁判结果进行预测。算法的不同会导致结果的不同,不存在在所有可能的分类中性能均为最优的算法。[2]因此,在司法大数据与人工智能技术开发过程中,针对同一主题也需要反复尝试不同的算法并寻求最优解。[3]总而言之,智慧司法建设的背后是人工智能等新兴技术,而新兴技术背后是算法在支撑,智慧司法建设具有算法依赖的特征。

---

[1] 周英、卓金武、卞月青:《大数据挖掘:系统方法与实例分析》,机械工业出版社2016年版,第7页。

[2] 姚海鹏、王露瑶、刘韵洁:《大数据与人工智能导论》,人民邮电出版社2017年版,第29页。

[3] 王禄生:"司法大数据与人工智能技术应用的风险及伦理规制",载《法商研究》2019年第2期。

(一) 算法裁判损害司法独立的风险

智慧司法建设风险产生的环节在于人工智能技术在影响裁判结果上的应用，人工智能可能对法官、对案件的裁判结果产生影响，这就可能对司法独立造成损害。

1. 算法裁判的表现

算法裁判是依靠人工智能的算法系统对案件进行裁判，根据参与程度的不同，可以分为人工智能取代法官对案件进行裁判和人工智能辅助法官对案件进行裁判两种。简而言之，就是算法直接裁判和算法辅助裁判。前者需要借由"强人工智能"来实现，由人工智能取代法官进行裁判起码要具备三个要件：其一，完备的司法数据库；其二，对自然语言的准确理解；其三，实现法官裁判思维的模型建造。当前人工智能技术的发展并不能同时满足这三个要件，特别是由于法官裁判兼具技术理性和经验理性，这种思维模式是当前的人工智能技术所无法实现的。算法裁判的另一种表现形式则是人工智能辅助法官对案件进行裁判，这种算法裁判的模式是当前人工智能应用在裁判领域的模式，算法辅助裁判的模式在实践中已经比较常见。例如，上海的"智能辅助办案系统"，可以根据案件的事实、案件的情节等以刑事案件的大数据分析为基础构建量刑的模型为法官提供裁判建议。又如，北京的"睿法官"智能研判系统可以基于案件数据资源、智能学习等，为法官推送裁判中可能用到的法律法规、相关案例。

近年来，人工智能领域的发展迅速带动了计算机视觉、语音识别、机器学习等方面的发展，这些技术的发展使得人工智能在司法审判中通过类案推送、裁判建议等方式对司法裁判结果产生影响成为可能。人工智能的司法裁判应用也从非裁判性应用向影响裁判结果应用的方向发展。

2. 算法裁判损害独立行使司法权风险的表现

独立行使司法权有很丰富的内涵，包括机构独立、权力独立、预算独立和法官独立等。在司法裁判方面，独立行使司法权体现为法官独立，法官独立行使审判权是司法公正的要求之一。[1]目前，新兴技术的定位还是辅助型，也只是辅助法官来进行裁判，法官在其中仍然处于主导地位，仍然属于独立行使审判权的情形。但是，在实践过程中，可能出现与人工智

---

[1] 陈光中："比较法视野下的中国特色司法独立原则"，载《比较法研究》2013年第2期。

能的定位不符的情况,法官可能完全根据智能系统给出的建议进行裁判,在很大程度上会受到人工智能裁判建议的影响,这种情况就有可能损害司法权的独立行使。根据法官受人工智能影响程度的不同,可以分为两类风险:一类是法官主体地位被完全取代的风险;另一类是法官自由裁量权被削弱的风险。

(1)法官主体地位被取代的风险。

法官行使审判权的主体地位被取代可以分为两种情况:一种是显性取代,另一种是隐性取代。显性取代是指人工智能在制度上被确认可以取代法官进行司法裁判,隐性取代是指人工智能虽然没有被确认可以取代法官的主体地位,而且法官也不承认自己的主体地位被人工智能取代,但在实践中法官完全依据人工智能的建议进行司法裁判,也就是说,法官的主体地位在事实上已经被人工智能所取代。本章所说的法官地位被取代的风险,指的是法官主体地位被隐性取代的风险。

在智慧司法建设的实践中,特别是人工智能影响裁判结果的应用中,法官可能会只具有表面的司法裁判权,而在实际上并没有真正运用自己的裁判权来进行裁判,反而是依赖人工智能法律系统作出的司法判断。在具体案件的处理过程中,法官并没有进行独立的判断,也没有运用作为法官的经验和法律思维来进行法律推理。他们选择的是根据人工智能司法裁判的判断直接得出结果。法官在进行司法裁判的过程中一旦直接使用了智能系统的建议作为裁判结果,就等于放弃了自己的裁判权。法官一旦丢弃了自己的裁判权,那么法官独立行使审判权便将无从谈起,因为法官已经将其裁判权丢弃,取代法官主体地位的是人工智能。法律将司法裁判的权力赋予法官,而并非所有的人,并且规定司法裁判的权力独属于法官,法官丢弃自己的裁判权,可能会给司法系统、司法公正带来十分不利的后果。

法官主体地位可能被隐性取代的原因主要有二:其一是法官可能对人工智能产生依赖;其二是来自司法系统内外的压力。依赖,简单来说就是依靠他人或者事物而不能自立,法官可能对人工智能产生依赖,指的是法官在进行司法裁判的过程中依靠人工智能作出裁判,不能独立行使裁判权,不能独立地对案件进行分析和进行法律推理,根据人工智能的建议作出判决。"弱人工智能"虽然不存在独立的意识,但是他与法官相比,拥有更为准确、大量的司法数据,对于类似案例及裁判结果的分析,有可能比法官的经验更加可靠,既然人工智能对案件的见解比法官更加可靠,那么法官非常有可能依赖人工智能进行裁判。除了法官对人工智能的依赖之外,法官还可能因为司法系统内外的压力而被迫接受人工智能裁判的建议。特别是在我国智慧法院建设、智慧司法建设越来越受到重视的情况之下,不接受人工智能算法对于裁判结果的建议对于法官来说应该是具有挑战性的。[1]此外,"司法人工智能的审判结果预测等功能为当事人提供了质疑法官审判结果公正地更强理由,因此被人们认为客观、中立不受情绪、徇私舞弊影响的人工智能技术让法官面临了前所未有的风险和压力"。[2]

(2) 法官的自由裁量被削弱的风险。

法官在司法审判中的主体地位被人工智能所取代,是司法独立在裁判领域中受到人工智能影响程度最大的表现,也就是人工智能直接取代了法官成为司法裁判的主体。除了这种情况,还存在虽然受到影响,但是主体地位没有被取代的情况。此时裁判权的主体地位依然属于法官,只是法官在行使自由裁量权的时候,受到人工智能的限制。

法官的自由裁量权作为司法权的重要组成部分,无论是在法学研究还是在具体的实践中,都是备受重视的问题。司法自由裁量权是指法官或者审判组织根据自己的认识、经验、态度、价值观以及对法律规范的理解而选择司法行为和对案件作出裁判的权力。[3]简而言之,就是法官在案件裁判结果有两个或以上合法选择的情况下,法官可以自由选择。法律裁量空间是法律赋予法官在对法律规定或原则的界限进行厘定时享有的裁判自由度。但是,受到人工智能司法裁判建议的影响,法官自由裁量权的行使可能会受到限制,盖因有了人工智能司法裁判的建议,法官往往会倾向于选择人工智能建议的裁判结果,采纳人工智能的建议。虽然法官在这种情况之下还是处于裁判的主体地位,但是其自由裁量权可能会被削弱。

这种现象可以用"锚定效应"来进行解释。"锚定效应"是指个体在不确定情境下的决策会受到初始无关锚影响导致其随后的数值估计偏向该锚的

---

[1] 朱体正:"人工智能辅助刑事裁判的不确定性风险及其防范——美国威斯康星州诉卢米斯案的启示",载《浙江社会科学》2018年第6期。

[2] 钱大军:"司法人工智能的中国进程:功能替代与结构强化",载《法学评论》2018年第5期。

[3] 江必新:"论司法自由裁量权",载《法律适用》2006年第11期。

一种判断偏差现象。[1]这种效应在司法实践中也是存在的,"锚定效应首先极易受到初始信息的影响,一旦发生就会随着司法程序的不断推进,产生积累性迁移"。[2]所以,法官在行使自由裁量权的时候,可能会受到人工智能司法裁判建议的影响,偏向作出与人工智能建议相近的裁判。

(二) 算法黑箱损害司法公开的风险

对于算法黑箱损害司法公开的风险,下文也是基于人工智能被应用于可能影响司法裁判的环节而展开分析。

1. 算法黑箱的表现

算法黑箱主要指的是算法不公开、不透明。算法黑箱可以分为两种情况进行理解:一种是算法完全不公开,当前人工智能在各个领域的应用都存在这种情况,人们虽然在享受算法给人们带来的便利,但是却并不知道算法具体是如何安排的。例如,人工智能驾驶汽车的算法、人工智能下围棋的算法等,这些算法都是不公开、不透明的。算法黑箱的另一种情况则是算法虽然公开了,但由于算法语言的特殊性和专业性且没有被说明,使得一般人无法对其进行理解。

造成算法黑箱的原因主要有两个:其一,算法被算法的持有者当作商业秘密。商业秘密指的是被权利人保护起来的、不为人知的技术信息。商业秘密关乎一个企业的竞争力,对企业的发展具有非常重要的作用,如果一个企业将其商业秘密对外公布,那么可能会对这个企业造成非常严重的不利影响。在人工智能领域也是如此,人工智能具有算法主导的特征,算法在人工智能领域中至关重要,可以说就是因为算法才使得一家企业得以生存。如果要求这些企业主动公开算法,可能会对企业的经营、企业的生存造成非常不利的后果。其二,基于算法本身的特点,也可能导致算法黑箱的出现,一方面是因为算法具有专业性,就算公开了,也未必能为一般人所理解,需要有专业的人对算法进行讲解、说明;另一方面,由于算法本身的特征,算法公开可能在技术上难以实现。例如,在深度学习的算法领域,随着人工智能的自主学习,算法的设计者可能也难以理解人工智能在自主学习后的算法到底变成了如何。

---

[1] 李斌等:"锚定效应的种类、影响因素及干预措施",载《心理科学进展》2010年第1期。
[2] 刘新慧:"刑事冤案中的锚定效应探究",载《法律方法》2016年第2期。

算法黑箱事实上是一个普遍存在的现象，但是算法黑箱这个概念本身强调的只是算法的不公开、不透明，并不对算法本身进行评价。同样，在智慧司法建设领域，算法黑箱并不强调算法的好坏，只是强调算法没有被公开，是否公开和算法是否公正、合理没有关系。但是，司法有一个十分重要的原则——司法公开原则，当人工智能技术被应用到司法裁判当中时，其算法的公开性也可以成为考虑算法对司法公开有没有损害可能性的一部分。

2. 算法黑箱损害司法公开风险的表现

司法公开是司法公正的体现之一，司法公开包括立案、庭审、执行、听证、文书和审务等方面的公开，其中的重点是审判公开原则。[1]司法公开是对秘密审判、司法专横的突破，也体现了现代民主理念。司法公开在我国司法实践中越来越受到重视，例如近年来已经有推进审判流程公开平台建设、推进裁判文书公开平台建设、推进执行信息公开平台建设等措施，司法公开被认为是对司法权行使的有效监督办法。人工智能存在被应用到辅助法官作出司法裁判的情节，其存在的算法黑箱情况明显可能会给司法公开带来不利后果。

人工智能在智慧司法建设领域的应用和其在其他领域的应用一样，都存在算法黑箱的问题。法官在运用人工智能进行辅助裁判的时候，人工智能只是对案件的情节进行提取，并将提取到的数据放入模型进行分析。在整个过程中，法官在运用人工智能辅助裁判的时候，只能得到基于模型运算得出的一些裁判建议、法律法规推送等，而法官本人对于算法的具体情况是不知情的，无法知道人工智能处理的结果从何而来。

关于算法黑箱问题，美国的"威斯康星州诉卢米斯案"是一个被广为讨论的例子。在这个案件中，法庭在量刑判决中提到了COMPAS评估报告，并部分依据这一报告对卢米斯作出裁判。COMPAS是一款智能系统，是由一家公司为法院开发设计的，这款系统主要根据犯罪者的信息来评估其再犯的风险，这款系统在美国被不少州所采用，而且应用范围非常广泛，包括法庭的司法裁判、监狱的管理等。这款系统可以做到对犯罪者进行评估，例如量刑问题、假释问题等。但是，该系统的研发者认为系统对犯罪者评价过程的算法属于商业秘密，所以提交到法庭的报告只有评估结果而没有具体的评估过

―――――――――――

[1] 刘敏："论司法公开的扩张与限制"，载《法学评论》2001年第5期。

程。也就是说，法庭得到的只是人工智能对案件的分析结果，对案件分析的过程一无所知，这种情况属于损害了司法的公开性。卢米斯后来也以 COMPAS 报告只有评价结果而没有具体评估过程为由进行上诉，但是被驳回了。

就我国目前的实践来看，人工智能司法裁判的应用非常广泛，例如有上海的"智能辅助办案系统"、贵州的"法镜大数据系统"、海南的"量刑规范化智能辅助系统"等，这些系统的应用同样存在算法黑箱的问题。虽然目前还没出现由人工智能辅助办案系统的算法黑箱引起的问题，但确实存在损害司法公开的风险。智能系统可能影响司法裁判，但是连受到其影响的法官都不知道人工智能的推理逻辑，就算法官公开承认自己参考了智能系统的建议，也不是真正的公开。因为法官并没有对自己具体的裁判推理过程进行公开说明。算法黑箱的现状，存在着损害司法公开的风险。

总而言之，智慧司法建设中存在的算法黑箱现象，可能导致法官不公开其裁判理由，存在损害司法公开的风险。

（三）算法歧视损害司法平等的风险

对于算法歧视损害司法平等风险的讨论，同样是基于人工智能会影响裁判结果展开的。

1. 算法歧视的表现

歧视，简单来说就是不平等地看待。算法歧视可以分成两种，一种是"偏见代理的算法歧视"，另一种是"特征选择的算法歧视"。[1]

"偏见代理的算法歧视"指的是算法虽然使用了客观中立的数据，但这些数据在被组合、分析之后会得出歧视的后果。换句话说，算法的设计者本身并没有导致歧视后果的想法但算法实际上产生了歧视性的后果。例如，某个公司用通勤时长来作为录用员工的重要标准。如果一个员工上下班用的时间太长，那么其上班成本就会变得很高，公司会根据这个情况而拒绝录用。这种算法很可能会对住在偏远区域的人群构成歧视，因为住在偏远地区的人群正好符合公司录用员工算法所设定的条件。在这种算法歧视中，算法的研发者往往会在数据与特定群体的活动之间建立一种不真实的联系，从而给此类群体带来歧视性后果，但是设计者本身并没有制造歧视性后果的意图。

---

[1] 郑智航、徐昭曦："大数据时代算法歧视的法律规制与司法审查——以美国法律实践为例"，载《比较法研究》2019 年第 4 期。

"特征选择的算法歧视"从理论上讲是一种"偏见进则偏见出"的模式。这样的算法歧视直接把性别、种族等属性录入系统，从而构成歧视性的看法。例如，在谷歌的算法歧视事件中，谷歌引擎用户在谷歌上搜索非洲裔美国人名字时，显示与犯罪有关的信息的可能性较高。这些搜索结果反映的是过去对同类搜索数据进行分析之后形成的印象，而不是算法的研发者故意创造了一种歧视性算法。在这种算法歧视之下，雇主可能会对非洲裔美国人进行更多的背景调查，从而发现更多的犯罪，这可能会导致人们对非洲裔美国人不好的印象加深，对非洲裔美国人来说是一种歧视。

可以看出，上面两种算法歧视，其实算法的设计者本身并没有歧视的意图，只是算法在运行过程中对数据的抓取与对数据的处理使得歧视结果发生。算法存在歧视的可能，那么将人工智能技术应用到司法裁判当中，必然也会有产生算法歧视的可能，从而损害司法平等。

2. 算法歧视损害司法平等风险的表现

司法平等是司法公正的具体体现之一。司法平等的基本含义是任何人，不论民族、种族、肤色、性别、职业、信仰、出身、地位有什么不同，在适用法律上一律平等，不应该有任何差别的对待。[1]

算法歧视损害司法平等风险的表现为，法官在参考智能系统给出的裁判建议时，可能会根据智能系统给出的歧视性的建议作出带有歧视的裁判，这一点和人工智能的算法黑箱现象是紧密相连的。因为由于法官不知道算法具体是如何设计，其也就无法评价算法是否会给出歧视性的评价。在算法歧视可能损害司法公平的问题上，前文提到的"威斯康星州诉卢米斯案"也是被经常讨论的例子。在"威斯康星州诉卢米斯案"中充当重要角色的COMPAS系统常常被质疑存在算法歧视。"对于COMPAS的独立测试也表明，黑人犯罪者比白人犯罪者更有可能获得较高的风险等级，黑人被评估出的再犯风险几乎是白人的两倍，但这其中实际上只有20%的人会继续犯罪。"[2]COMPAS通过对被测试者的种族、性别、信仰、国籍、社会地位、身体情况、家庭关系等方面的数据进行收集和分析，得出某些特征和社会危险性之间的关系，

---

[1] 张文显：《法理学》（第5版），高等教育出版社2018年版，第252页。

[2] 朱体正："人工智能辅助刑事裁判的不确定性风险及其防范——美国威斯康星州诉卢米斯案的启示"，载《浙江社会科学》2018年第6期。

并且据此评估犯罪者的再犯风险。在 COMPAS 的例子中，我们可以看出，由于各种原因，黑人在某些特征上的表现不如白人，这个模型对于黑人再犯情况的评估结果就可能会比白人严重，造成了对黑人的歧视。这种带有歧视的算法结果又可能会被法庭作为作出裁判的重要参考，从而作出歧视性的裁判。

智慧司法建设可能损害司法平等的原因可以从智慧司法建设的算法主导和数据依赖特征进行讨论。

一方面，智慧司法建设具有算法主导的特征，人工智能尽管被认为是相对理性的工具，但是人工智能毕竟是人工模拟的智能。人工智能背后的算法本身未必是理性、客观的，因为算法是算法的设计者用计算机代码等形式表达自己意见的方式，算法在设计的过程中可能由于设计者自身的价值选择、道德标准等主观的因素而具有歧视性。那么这种算法在司法领域的运用中，随着其对数据的提取和分析的进行，歧视可能会扩大。除了可能由于设计者把带有歧视性的代码写入算法，算法歧视的产生也可能是因为算法的设计达不到司法专业性的要求，无法模拟司法所要求的思维模式和推理模式。在这种情况之下，尽管设计者在算法设计的时候没有故意将自己的偏见加进去，但也有可能造成算法歧视，从而导致司法裁判变得不公。

另一方面，智慧司法建设具有数据依赖的特征，人工智能掌握的数据直接影响着智能系统运行的好坏。人工智能技术的司法裁判应用对司法大数据的要求很高，司法大数据的真实性和全面性应该得到保障，否则基于数据分析的结果可能会带有歧视性。司法数据缺乏真实性的原因在于司法数据在被录入智能系统之前可能就已经遭到了破坏，或者由于智能系统本身的原因，司法数据在录入系统以后遭到了破坏。而对司法数据全面性的保障也存在不足，司法数据在采集的过程中难以保证其全面性。以我国的裁判文书网为例，中国裁判文书网作为司法数据的重要来源，该平台公布的裁判文书存在文书量不足、公开的时效性较差等问题。有学者对中国裁判文书网的裁判文书公开情况进行了调研统计。根据计算结果，有一半以上应当公开的裁判文书未在网上公开，其中也包括一些具有重大社会影响的案件。[1]大量案件尚未公开，导致智能系统能够采集到的数据信息非常有限。另外，裁判文书网上公

---

[1] 马超、于晓虹、何海波："大数据分析：中国司法裁判文书上网公开报告"，载《中国法律评论》2016 年第 4 期。

开的裁判文书的很大一部分都是案情比较简单的裁判文书，有相当一部分重大、疑难案件的裁判文书并没有在裁判文书网上公开。而且，在已经公开的裁判文书中，很多裁判文书实际上只有裁判结论，更为重要的说理过程却没有公开，无法反应法官在进行司法裁判过程中的思路，这对于人工智能收集和分析数据的意义不大。

基于对已有的对于智能系统可能造成司法不平等的案例以及对智能系统本身缺陷的分析，我们可以看出，智慧司法建设可能会给司法平等带来不利后果。

（四）算法多样损害司法统一的风险

不同区域、不同法院可能使用的是不用的智能系统，不同智能系统背后也就代表着有不同的算法。法官受到不同算法产生的裁判建议、偏离预警的影响，可能会对司法的统一适用造成不利的后果。

1. 算法多样的表现

算法多样指的是人工智能技术方面存在着各种各样的方法。在人工智能领域，算法主要可被分为符号学派、联结学派、进化学派、贝叶斯学派与类推学派五种主要类型。[1]本书并不准备对各种算法作具体的分析和评价，而旨在指出算法具有多样性这一事实。将人工智能应用在不同的领域，其算法可能是不一样的，例如在自动驾驶和机器人下棋的应用，就可能使用不同的算法。在人工智能技术被应用到自动驾驶的情境中时，其需要做到的是对路线和障碍物进行分析、识别，已达到安全行驶的目的；而在机器人在下棋的过程中，需要分析和自动驾驶不一样，不是对路况等进行分析，而是要对对手的下棋思路进行分析，并根据对手的动作从已有的数据库中对数据进行分析，以得出战胜对手的方法。除了在不同领域的应用有着不同的算法，在同一领域的应用也可能有着不同的算法，例如两个同样是开发智能语音识别系统的公司，虽然二者的目的都是一样的，都是准确地对语音进行识别，但是他们实现这一目的的算法可能是不一样的，这也是不同语音识别系统可以同时存在的原因。如果所有的语音识别系统使用的都是同样的算法，那么就没有建立不同系统的必要和可能。

---

〔1〕［美］佩德罗·多明戈斯：《终极算法：机器学习和人工智能如何重塑世界》，黄芳萍译，中信出版集团2017年版，第66页。

从上面的例子我们可以得出,算法多样的原因有两种:一种是因为人工智能应用的领域不一样,需要解决的问题、执行的任务不一样,所以产生了不同的算法。另一种则是应用的领域一样、需要解决的问题一样,但是沿着不同的思路,设计不同的算法对需要解决的问题进行处理。算法多样本身并没有不妥,算法多样是合理的,因为根据不同的目的,确实需要不同的算法,这样才能更好地解决不同的问题,人工智能技术的应用才能得到更好的发展,可以应用到方方面面。同样,针对同一问题的解决存在不同的算法也是无可厚非的,因为不同的设计者对人工智能所要执行的任务理解不同、对算法的掌握程度不同,也会设计出不同的算法。在智慧司法建设方面,也存在这两种现象。例如,庭审过程中的智能语音识别使用的算法和给法官提供裁判建议的算法就可能不一样。

2. 算法多样损害司法统一风险的表现

司法统一有两方面内容:其一是司法权的统一行使,司法权只能由司法机关行使而其他机关不能行使;其二是统一裁判尺度,用司法解释或者指导性案例来统一对于司法案件的裁判尺度。[1]前一个方面主要涉及法官审判权主体地位的问题,对此前文已经讨论过,在此不再赘述。算法多样损害司法统一的风险主要表现为对统一案件裁判尺度的风险。

事实上,智慧司法建设有着促进司法案件"同案同判"、促进司法统一的目的,在裁判建议、类案推送、偏离预警等环节就是很好的体现,通过人工智能对案件的分析,提出对案件处理结果的建议,基于人工智能掌握大量司法数据的情况,我们可以认为这样的应用可以起到促进司法统一的作用。问题在于,智能系统在司法裁判上的应用还没有做到统一的程度,不同地区、不同法院可能使用的是不一样的系统,从这个角度来看,当前的应用不仅不能起到促进司法统一的作用,反而还可能给司法统一带来不利的后果。换言之,司法统一要求全国的审判机关对司法案件的裁判有统一的尺度,但是为法官提供裁判建议的智能系统却不是统一的。

在将人工智能技术应用到司法裁判的领域中时,这种算法多样的例子大量存在,不同的法院确实在使用着不同的系统来辅助裁判。例如,最高人民法院使用的是"类案智能推送系统",河北省高级人民法院使用的是"智审"

---

[1] 苏泽林、李轩:"论司法统一与案例指导制度的完善",载《中国司法》2009年第12期。

系统、北京市高级人民法院使用的是"睿法官"智能研判系统、上海市高级人民法院使用的是"智能辅助办案系统",贵州省高级人民法院使用的是"法镜大数据系统",海南省高级人民法院使用的是"量刑规范化智能辅助系统"等。这些系统不仅有着不一样的名称,它们的研发者和使用者及其背后的算法也都是有所不同的。不难推出,使用不同系统对案件进行分析,可能会得出不同的结果,那么使用不同系统的不同法院的法官在对案件进行裁判时便会受到不同程度的影响,造成案件裁判尺度的不统一。这一点和我国的司法解释、案例指导制度不一样,这两种方式的作用范围是及于全国的。例如,在我国,最高人民法院可以通过司法解释来具体规定对某一法律概念的解释。又例如,对于刑法上犯罪数额的"较大""巨大"或"特别巨大"等概念,最高人民法院可以通过司法解释在全国范围内进行统一。当前,智能系统的应用还达不到统一效力的程度,不同法院依然使用着不同的系统,这一点对司法统一可能会造成不利后果。

以上就是对智慧司法建设风险具体表现的讨论,主要包括算法裁判损害司法独立的风险、算法黑箱损害司法公开的风险、算法歧视损害司法公正的风险以及算法多样损害司法统一的风险。总的来说,人工智能司法裁判的应用在不同方面都对司法裁判的公正、司法裁判本身的属性构成风险,本章对于这些风险的讨论,只是强调可能性的存在,而没有讨论可能性的大小。基于不同的立场,对智慧司法建设风险实际发生的可能性大小以及损害的严重程度有着不同的看法,需要对这些立场进行讨论,分析其中的优势与不足,从中选择合理的立场来看待智慧司法建设的风险才能得出防范这些风险的合理措施。

第二节 智慧司法的风险防范

一、明确智慧司法的角色定位

(一)智慧司法是辅助性司法

就其本质而言,智慧司法只是一种工具和方法,是司法人员可以借助之"物"。其功能是促进司法的便捷、亲民,而非对司法本身的替代,最终的决定者仍然是人。因此,为了降低由"司法统一"造成的审判僵化,审判者应当认识到基于司法大数据形成的文书意见仅可以起参考作用,而非根本性的决定。"最高法院确实经常竭力作出一个能够平衡各种冲突利益的判决,而不是不顾可能对不同利益或群体产生的影响,只是简单地规定一条僵化的原则。"[1]过度依赖人工智能,从而实现对司法结果精确性的追求,实则是一种因噎废食、本末倒置的做法,其往往会背离对正当程序其他价值的追求。法官在面对疑难案件难以决断之时,可以借助特定系统对"同案"的界定,从而对特定的案件结果加以参照。"人工智能想要介入的前提要件是通过运算法则将司法裁判工作精确模型化,这个过程极为复杂:因为没有一项法律推理会比法官的裁判工作更考验能力。"[2]此外,大数据挖掘的前提是数据样本足够庞大。而目前的司法实践仍然处于数据的积累和初级利用阶段。

此外,对于参与庭审的人而言,智能识别系统的结果虽然可以作为在书记员难以完整记录庭审情况下的参照,但难以替代书记员记录功能本身。庭审智能语音识别技术对于庭审过程的机械化记录一直深受诟病。缺乏整理性的表述对法官判决书写作的意义极为有限。此外,书记员对于案情的掌握,一部分也来源于对庭审现场的观摩。法官在庭审过程中的表述,究竟是属于"诱导性提问"抑或是属于"一般性提问",在很多时候也需书记员在记录过程中进行技术性处理。而上述功能显然也是单纯的智能语音识别技术所欠缺的。由此,就其功用而言,其仅可作为对书记员庭审记录的补充。

(二)智慧司法的对象限于特定范围

正如上海法院虽然形成了"二维码"立案机制,但是其范围仍然是有限制的,只能应对较为简单的民商事案件和执行案件。同样,互联网法院也不是对所有案件均有管辖权,《最高人民法院关于互联网法院审理案件若干问题的规定》规定,通过电子商务平台签订或者履行网络购物合同而产生的纠纷,签订、履行行为均在互联网上完成的金融借款合同纠纷,小额借款合同纠纷等均在互联网法院的管辖范围内。易言之,除此范围外的案件仍然应由传统法院受理。

因此,结合传统规定,涉及国家秘密、商业秘密和个人隐私等的案件,其智能化程度需要降低。根据《刑事诉讼法》的规定,涉及特定种类的案件,

---

[1] [美]克里斯托弗·沃尔夫:《司法能动主义——自由的保障还是安全的威胁?》(修订版),黄金荣译,中国政法大学出版社2004年版,第169页。

[2] 吴习彧:"司法裁判人工智能化的可能性及问题",载《浙江社会科学》2017年第4期。

实行不公开审理。究其原因，不公开审理的价值诉求在于保护秘密、隐私等实体性权益，其重心在于以非公开的形式保护当事人的隐私以及应该受到保护的、不愿被公开的秘密和利益。[1]在审判环节尚难以充分公开的当下，其在侦查、起诉阶段更不宜公开。

二、巩固法官的主体地位

"法官才是法律世界的王侯。"[2]这句话强调的是法官在司法裁判中应该处于主体地位，针对算法裁判可能对司法独立造成的损害，我们可以从两个方面对防范措施进行考虑。

（一）增强法官的主体意识

为增强法官的主体意识，可以通过定期的宣传、教育来培养法官的裁判主体意识，使得法官内心确信自己才是司法裁判的主体，司法裁判权只能由法官独立行使，不能让渡给人工智能。这种措施主要是考虑到在制度设计上，法官本来就是司法裁判的主体，其对司法裁判的结果负责，所以无须再从制度设计上入手对法官的主体地位进行规定。基于当前人工智能在司法裁判应用上的现状，人工智能只能是辅助型的定位，人工智能取代裁判权基本智能变现为隐性取代，除非有法官自己承认自己在司法裁判的过程中将裁判权转移给了人工智能，但这种承认似乎并没有太大的意义。况且，对于法官是不是不假思索地采纳智能系统作出的裁判建议是无从考证的。因此"决策辅助系统"并没有帮助法官脱离责任承担的主体范围，法官也不可能通过主张自己是使用了"决策辅助系统"而免除将来可能要承担的裁判风险。[3]

有观点认为，可以对《最高人民法院司法责任制实施意见（试行）》的规定进行改进，增加法官的说明义务。根据《最高人民法院司法责任制实施意见（试行）》的规定，法官在审理案件的时候应进行类案检索，如果拟作出的裁判结果与本院同类生效案件裁判尺度一致，只需要在合议庭评议中说明，如果拟作出的裁判结果与本院裁判尺度不一致则需要向上汇报提交讨论。对于这个规定的改进意见为无论法官拟作出的裁判结果和本院的裁判尺度是

---

[1] 狄亚娜："论大数据时代的不公开审理与隐私权保护"，载《法学杂志》2016年第9期。

[2] [美]德沃金：《法律帝国》，李常青译，中国大百科全书出版社1996年版，第361页。

[3] 吴习彧："裁判人工智能化的实践需求及其中国式任务"，载《东方法学》2018年第2期。

否一致,都需要进行说明。这种观点看起来具有一定的合理性,也就是想通过法官的说明义务来巩固法官的主体地位,但是这样的规定其实也没办法避免法官直接采用人工智能的建议,然后再根据人工智能的裁判结果进行说明,而且这种说明,基本上也就是对人工智能裁判结果的重复。所以,在司法裁判权理论上和制度上仍然属于法官的当下,法官是否隐性让渡自己裁判权无法考证,也基本无法在制度设计上加以防范。

当然,也可以通过禁止对人工智能的使用来确保人工智能不会损害司法独立,但这种做法显然是应该摒弃的。即使完全禁止了人工智能的使用,法官的裁判也还是会受到各方面因素的影响。因此,最好的方法还是通过对法官进行不断的宣传教育,使法官内心确信自己是司法裁判权的行使主体。

(二) 坚持算法的辅助定位

坚持人工智能的辅助定位,其实是从另一个角度来巩固法官的主体地位。坚持人工智能的辅助定位有两层含义:一层是人工智能只能作为辅助的角色,不可以超越辅助角色的身份;另一层含义则是继续扩大人工智能在辅助司法裁判上的应用。

坚持人工智能只能作为辅助的角色,是基于对现阶段人工智能技术发展的考虑。当前,人工智能仍处于"弱人工智能"阶段,在技术上暂时没有办法实现对人类智能的完全模仿,法官裁判是一个复杂的判断和决策过程,其中涵盖了法官的利益衡量和价值判断,绝非简单的三段论推理。而且,法官裁判兼具技术理性和经验理性,法官的裁判行为看着像是一个专业化而且近乎封闭的活动,但是实际上法官的裁判行为是在开放的社会结构中运行的,法官所处的社会环境、文化环境会对法官作出的裁判产生影响。所以,在人工智能的应用上,应坚持人工智能的辅助定位,而非让人工智能对案件进行裁判,从而取代法官的主体地位。

扩大人工智能在辅助司法裁判上的应用也是强化法官主体地位、防范算法裁判损害司法独立的一种措施。这类应用主要是非裁判性的应用,当前人工智能在语音识别、智能立案、文书生成等方面大大地减少了法官简单、重复的劳动,使得法官可以有更多的精力和时间投入到处理裁判事务中。例如,电子卷宗随案件同步生成是法院信息化一切数据的来源和基础。目前,电子卷宗生成运用方面存在诸多问题,对扩大人工智能在司法裁判上的应用,可以从这方面进行探索。

总之，对于智慧司法建设损害司法独立的风险，我们可以通过对法官进行宣传、教育以使其内心确信自己是裁判主体以及坚持人工智能的辅助型定位两方面出发。

三、推动算法的合理公开

公开算法是应对算法黑箱现象可能损害司法公开的措施，保护隐私是一个在公开算法过程中需要引起注意的问题，公开算法和保护隐私之间有着非常重要的关系，应对算法黑箱损害司法公开的风险，需要在公开算法和保护商业秘密等之间找到平衡点。

（一）提倡算法的公开透明

公开算法，顾名思义就是将应用到司法裁判领域的人工智能的算法进行公开，这主要是制度上的安排。鉴于算法的不公开可能损害司法公开，从而对司法公正造成不利的后果，所以有必要以公开算法的形式来应对这样的风险。具体而言，在制度上应当要求人工智能算法的设计者主动对算法进行公开，让算法可以为普通大众所知晓。这就要求算法的设计"真"公开。首先，公开算法的渠道一定要便于人们去查看。其次，公开的内容应该是算法的全部而不是某部分或者是经过删改的、与实际上应用的算法不相符的算法。但是由于算法具有专业性的特征，形式上就是一堆代码，对普通大众而言，对算法的理解是存在障碍的。从这个角度来说，即使算法的设计者将算法公开了，效果也和没有公开一样。考虑到这个问题，算法设计者在公开算法内容的同时，还应负有对算法内容进行解说的义务。也就是说，关于公开算法的制度设计，不仅应要求算法的设计者主动对算法进行公开，而且在公开的过程中还要对算法负有说明的义务，以帮助人们对算法有真正的理解。

公开算法只是一种比较理想的状态，算法公开存在着一个阻碍，那就是对商业秘密的保护，如果强制性地要求算法设计者对算法进行公开，那么可能使设计者的商业秘密遭到泄露，影响到算法设计者本身的经营，如果强调对算法设计者商业秘密的保护，又可能导致司法公开受到侵害。前文所提到的"威斯康星州诉卢米斯案"就出现了这种尴尬的境地。一方面是被告卢米斯认为COMPAS系统只给出分析结论，没有给出分析的过程，从而觉得自己没有受到正当程序的对待；另一方面是COMPAS研发者对商业秘密的保护，在这种情况下，如果一定要通过牺牲其中一个来换取另一个的话，是牺牲商业秘密还是牺牲司法公开,很难作出抉择。

　　针对这种情况,有两种可能的解决方案。一种是算法向特定的对象公开,这个对象可能是法官,也可能是受到算法影响的当事人,但在进行这种公开的时候,应与获得算法的人签订保密协议,达成保护商业秘密的共识,如果这些对象泄露了算法,将要承担相应的责任。另外一种方式是设立专门机构或者专门人员对算法进行专门监督,由这个专门机构或者专门人员负责对算法内容进行研究,然后向社会公众公布这种算法是否合理、正当的结论。这种方式虽然没有直接公布算法的内容,但是人们在关注算法公开这个问题的时候,大多都是怀疑算法有存在不公的可能,而通过可靠的机构或者人员对算法进行监督并公布结果,也能收获与算法公开相同的效果。

　　(二)注重个人信息的保护

　　公开算法强调的是"公开",而保护信息强调的是"保护",人工智能具有数据依赖性和算法主导性,要公开人工智能的算法,就可能涉及一些数据的公开,而这些数据里面可能包含着大量的个人信息和隐私。那么,在这个时候,公开什么数据,不公开什么数据,就成了一个非常关键的问题。如果公开少了,可能无法达到算法公开的要求;如果公开多了,则可能损害他人的个人信息权或者隐私权。

　　保护信息的第一层含义就是保护司法大数据中的个人信息和隐私,个人信息权、隐私权已经被很多国家的法律纳入保护范围,个人信息、隐私的泄露,可能会造成严重的后果。例如,如果法院的司法数据库遭到攻击使得个人信息和隐私遭到泄露,那么被泄露信息的人就可能会被骚扰、被诈骗。智能系统中存在大量的个人信息和隐私,对这些数据的保护十分重要。法院在采集、分析和使用公众的个人信息及隐私时,应当要保证这些数据不会被泄露。这不仅仅是对智能系统的要求,其实这也是对日常生活中各种收集个人信息行为的要求。

　　保护信息的另外一层含义是保护法官的信息。这个观点主要是受到法国政府的"限制诉讼分析和预测"举措的启发。法国《司法改革法》第33条规定,"不得为了评价、分析、比较或预测法官和司法行政人员的职业行为而重复使用其身份数据",违者将面临5年以下的牢狱之灾。[1]事实上,在早期,

---

〔1〕参见"法国议会通过司法改革法案",载法制网:http://www.legaldaily.com.cn/international/content/2019-02/21/content_ 7774595.html,2020年10月18日访问。

为了促进人们对判例法的接受和了解，法官积极主动公布自己的个人信息以及相关的判决，在当时被认为是推动司法进步的重要举措。但是，随着事态的发展，法官们发现自己的数据会被利用来模拟他们处理特定类型的法律事务或者协议时的行为并且与其他法官作比较，分析出这些法官可能的行为模式，这样可能导致掌握这些数据和模型的人，在司法事务的处理中有更大的优势，从而造成另外一种形式的司法不公。以此来看，在我国的实践中，裁判文书网对裁判文书的公布就是一个很好的例子。裁判文书被公布的时候往往会隐去当事人的姓名。但却不会隐去法官的姓名，这样一来，这些数据就可能被利用，不同法官不同的裁判行为模式可能会被分析，然后掌握这些模型的人，在诉讼中或者其他法律事务的处理中将会处于更加有利的地位。

总而言之，为了防范算法黑箱造成司法不公的风险，需要进行算法的公开，而在算法公开的过程中，也要保证对信息的保护。

四、避免算法的歧视结果

对于算法歧视损害司法平等的风险，可以从改善算法的角度入手，由于算法和数据紧密相连，所以优化数据也是必不可少的措施。

（一）调整算法的设计过程

虽然智能系统已经被广泛应用于司法的多个领域，但是智能系统算法的设计往往是通过技术外包的方式。也就是说，设计应用于司法实践的智能系统算法的人未必对法律的专业知识有深入了解。这种专业上的差异有可能导致算法的设计者在设计智能系统的算法时，由于对司法的理解不够深入、不够专业而设计出与司法的目的相违背的算法，或者是带有歧视性的算法，可能导致司法裁判的不平等。针对这种情况，可以在制度设计上规定凡是进行司法智能系统设计的人，都应该对法律专业知识有相当程度的了解，都应该接受过法学教育。这样可以避免人工智能在设计时就具有歧视性。但是很多情况下并不会因为算法设计者有意或者无意使得算法产生歧视性的结果，而是算法在获取、分析数据的过程中产生了歧视性的结果。对于这种情况，只能从制度上要求算法的设计者努力避免算法产生歧视性的后果。

另外一种途径是从外部人员的角度来说，可以设置专门的机构或者专门的人员对算法的设计进行监督，通过这种外部监督的方式，监督者可以通过对整个设计过程的参与，及时地纠正设计者可能使算法产生歧视性后果的行为，在专门机构或者人员的监督之下，设计者也会更为注意，不让自己的结果出错。与此同时，在算法设计的过程中，也可以让法官、司法人员或者普通民众等参与到智能系统算法的设计之中，为算法的设计提供意见和建议，这种开放参与的方式可能会使算法的设计变得更加公正。最后，当算法设计完成时，还应该通过专门机构的评估，对算法的公正性作出评价，只有通过评估的算法才能被真正地应用到司法裁判领域。

简而言之，就是通过设计者自身素质的提高和外部人员监督的方式，尽量避免算法在被设计的时候就已经存在歧视。

（二）提升司法数据的质量

所谓优化数据，就是提升数据的质量。智能系统在技术上有着算法主导和数据依赖的特征，只有在全面、准确的大数据基础之上，人工智能得出的结果才精准、可靠。提升司法数据的质量，主要可以从以下四个方面进行考虑：

其一，保证数据全面。智慧司法系统的数据主要是裁判文书，要做到保证数据全面就应该落实裁判文书上网的规定，不管是新作出的裁判文书，还是从前作出的裁判文书，都应该被纳入人工智慧司法大数据库，用于数据分析。此外，如果单纯为了更好地保证数据的全面，可以扩大司法文书公开的范围，将案件审理过程中的诉讼材料、庭审笔录等全部在法律允许的范围内进行公开。这是基于法官作出裁判行为是受到各种各样因素的影响而提出的，只有掌握更多的案件材料，才能更好地把握法官在案件中的裁判行为。

其二，清洗数据杂质。前面讨论的保障数据全面是从数据的全面性来说的，清洗数据杂质则是从数据的准确性与有效性进行考虑。这个环节对于数据优化而言非常重要，要求在运用大数据和人工智能技术的同时，定期对司法数据库进行整理、筛选和重新组合，删除其中重复、冗余的信息，更正错误和互相冲突的数据。例如，裁判文书网上出现了两份以上相同的裁判文书，其中一份就应该被删掉，以保证数据的准确性。此外，需要对数据库中案例的来源、审级等情况进行明确的标注，这样的标注可以使算法更好地对数据进行把握和分析，更有利于智能系统发挥其作用。

其三，消除数据虚假。数据真实性的问题也影响着算法歧视的出现，数据虚假主要表现为法官在裁判文书上的说理，和其内心的真实想法不一致，如果智能系统基于这样一种虚假的数据进行分析，那么得出来的结果其实是不可靠的。消除数据虚假，主要不是从数据的处理上进行考虑，而是从制度上对数据的真实性提出要求，需要通过制度上的设计来促使法官在裁判文书上进行说理，并且表达的是自己的真实意思，而没有对自己的真实意思进行隐瞒。可以考虑通过把裁判文书说理纳入法官的绩效考评体系来迫使法官进行说理。

其四，促进数据共融。共融的意思是智能法律系统的数据不再局限于自身的数据库，而是可以尝试和其他领域其他部门的数据库进行融合，以此实现对数据跨区域、跨领域的采集利用，更有利于智能法律系统发挥作用。

经过优化的数据，应用于在监督程序下产生的算法应该可以在很大程度上消除算法歧视，由此避免算法歧视带来的损害司法平等的风险。

五、推动算法的统一适用

基于智能系统的结果可能影响法官裁判结果这种情况，需要在全国范围内使用统一的算法，并且对法官对统一的人工智能的运用进行统一的评价。

（一）推行统一适用的算法

统一算法，指的是在全国范围内的法院，统一使用一套智能系统。目前来看，全国各地使用智能系统的法院的系统都是不一样的。最高人民法院有"类案智能推送系统"，北京市高级人民法院有"睿法官"智能研判系统，贵州省高级人民法院有"法镜大数据系统"等。基于不同系统的不同算法，对案件的裁判尺度也会可能会变得不同，这也就是算法多样损害司法统一风险的表现。为了防范这种风险，最直接的办法就是全国统一用同一套智能系统。所以，在应对智慧司法建设带来损害司法统一的风险这个问题上，比较重要的任务是提出一套能在全国范围内适用的算法系统。这套系统可以是根据全国的需要新研发的系统，也可以是此前在某些地区用得比较好的系统，例如上海的"206系统"、北京的"睿法官"智能研判系统。找到或者研发出符合条件的系统并不是难事，问题在于有了可以统一适用的系统以后，如何推动统一使用。从目前的情况来看，全国统一使用一套系统似乎并不容易实现，因为不同的法院已经和不同的研发者有了合作，各自不同的成果，如果强行推行统一算法，会对新兴技术的产业带来冲击，也会使得法院和企业之间的关系变得紧张。

如果不能在全国范围内统一使用一套算法的话，可以退而求其次，选择制定一套统一的标准，通过这套标准来规定一些适用于所有智能系统的基本条件，并且所有应用于司法裁判领域的智能系统都要符合这套标准的要求，否则便不能被应用于司法裁判领域。如此一来，虽然各地法院使用的智能系统不一样，但是在一些基本设定、基本原则上，是符合国家的统一标准的，这也是促进算法统一的一种途径。

除了推行统一的系统和制定统一的标准这些硬性措施之外，还可以采取一些弹性措施。例如可以选出一些在实践中效果比较好的系统作为模板，让其他智能系统的研发者对这些系统进行学习、模仿，加大对这些系统的宣传，使得研发者和法院都倾向于选择这些系统或者与之相近的系统，通过这种软性的方法，来促进算法的统一适用。无论用哪种方法，促进智能系统的统一适用都是应对算法多样损害司法统一风险的必要措施。

（二）建立统一评价的制度

统一算法系针对算法本身而言，统一评价则是在于对法院、法官应用新兴技术的情况进行评价。对于法院使用智能系统的评价应该从两个方面进行：一方面是从法院使用智能系统的情况入手；另一方面是从智能系统能否满足法院使用它的目的入手。

虽然智慧司法建设的推广越来越受到重视，全国各地也出现了多套智能审判系统可供选择，但是从总体情况来看，对智能审判系统的应用情况是不一样的，不同地区、不同法院、不同法官对智能审判系统存在着不同的接受程度，有些法院比较重视对智能审判系统的研发、使用，而有些法院则不然。至于法官也是如此，有些法官倾向于接受智能审判系统，有些法官则对智能审判系统存在偏见，对人工智能这种新技术表现出排斥的态度，这种应用不统一的现象也可能带来损害司法不统一的风险。而且，从目前情况看来，不同法院对智能审判系统应用情况的评价也是不一样的，存在着不同的评价体系，那么不同的评价体系对智能审判系统进行评价可能就会造成不统一的结果。因此，为了使对法院智能使用情况的评价更加统一，可以从制度上统筹制定一套法院在司法裁判领域应用智能技术的评价体系，以此统一地评价智慧司法建设的情况。

上面提到的是对法院、法官应用智能审判系统的评价。同样，智能审判系统本身能否满足法院的需要，也需要一套统一的标准进行评价，在这个问题上，也可以选择在制度上制定一套标准，对各智能审判系统的实效进行评价，获得统一的评价结果。基于这样的结果，才可以对智能审判系统进行统一的分析，得出更为准确、一般的结论，也可以推动智能技术的不断发展。

参考文献

书籍类

1. 周英、卓金武、卞月青：《大数据挖掘：系统方法与实例分析》，机械工业出版社 2016 年版。
2. 周学峰、李平主编：《网络平台治理与法律责任》，中国法制出版社 2018 年版。
3. 张卫平：《琐话司法》，清华大学出版社 2005 年版。
4. 姚海鹏、王露瑶、刘韵洁：《大数据与人工智能导论》，人民邮电出版社 2017 年版。
5. 涂子沛：《大数据》，广西师范大学出版社 2012 年版。
6. 徐恪、李沁：《算法统治世界——智能经济的隐形秩序》，清华大学出版社 2017 年版。
7. 吴军：《智能时代：大数据与智能革命重新定义未来》，中信出版集团 2016 年版。
8. 苏力主编：《法律和社会科学》（第 15 卷第 2 辑），法律出版社 2017 年版。
9. 王天一：《人工智能革命——历史、当下与未来》，北京时代华文书局 2017 年版。
10. 姜明安：《行政法》，北京大学出版社 2017 年版。
11. 扣小米：《数字原来会说谎》，化学工业出版社 2018 年版。
12. 公丕祥：《当代中国的司法改革》，法律出版社 2012 年版。
13. 赵志刚、金鸿浩：《智慧检务概论：检察机关法律监督的科技智慧》，中国检察出版社 2018 年版。
14. 范柏乃、蓝志勇编著：《公共管理研究与定量分析方法》，科学出版社 2013 年版。
15. 陈瑞华：《问题与主义之间——刑事诉讼基本问题研究》（第 2 版），中国人民大学出版社 2008 年版。
16. 胡云腾主编：《最高人民法院指导性案例参照与适用》，人民法院出版社 2012 年版。
17. 陈光中主编：《刑事诉讼法》（第 6 版），北京大学出版社、高等教育出版社 2016 年版。
18. 陈瑞华：《刑事证据法学》，北京大学出版社 2012 年版。
19. 邓子滨：《中国实质刑法观批判》，法律出版社 2009 年版。
20. 崔亚东：《人工智能与司法现代化》，上海人民出版社 2019 年版。
21. 陈威如、余卓轩：《平台战略——正在席卷全球的商业模式革命》，中信出版社 2013

年版。

22. 张文显：《法理学》（第 5 版），高等教育出版社 2018 年版。
23. 陈金全、汪世荣主编：《中国传统司法与司法传统》，陕西师范大学出版社 2009 年版。
24. 白建军：《公正底线：刑事司法公正性实证研究》，北京大学出版社 2008 版。
25. [美] E. Bruce Goldstein：《认知心理学–心智、研究与你的生活》（第 3 版），张明等译，中国轻工业出版社 2015 年版。
26. [英] 詹姆斯·柯兰、娜塔莉·芬顿、德斯·弗里德曼：《互联网的误读》，何道宽译，中国人民大学出版社 2014 年版。
27. [英] 约翰·帕克：《全民监控——大数据时代的安全与隐私困境》，关立深译，金城出版社 2015 年版。
28. [英] 维克托·迈尔-舍恩伯格、肯尼斯·库克耶：《大数据时代：生活、工作与思维的大变革》，盛杨燕、周涛译，浙江人民出版社 2013 年版。
29. [英] 弗·培根：《培根论说文集》，水天同译，商务印书馆 1983 年版。
30. [美] 伊森·凯什、[以色列] 奥娜·拉比诺维奇·艾尼：《数字正义——当纠纷解决遇见互联网科技》，赵蕾、赵精武、曹建峰译，法律出版社 2019 年版。
31. [美] 瑞恩·卡洛、迈克尔·弗鲁姆金、[加] 伊恩·克尔编：《人工智能与法律的对话》，陈吉栋、董惠敏、杭颖颖译，上海人民出版社 2018 年版。
32. [美] 佩德罗·多明戈斯：《终极算法：机器学习和人工智能如何重塑世界》，黄芳萍译，中信出版集团 2017 年版。
33. [美] 尼克·斯尔尼塞克：《平台资本主义》，程水英译，广东人民出版社 2018 年版。
34. [美] 弥尔顿·L. 穆勒：《网络与国家——互联网治理的全球政治学》，周程等译，上海交通大学出版社 2015 年版。
35. [美] 马修·辛德曼：《数字民主的迷思》，唐杰译，中国政法大学出版社 2016 年版。
36. [美] 马克·格雷厄姆、威廉·H. 达顿：《另一个地球：互联网+社会》，胡泳等译，电子工业出版社 2015 年版。
37. [美] 卢克·多梅尔：《算法时代：新经济的新引擎》，胡小锐、钟毅译，中信出版集团 2016 年版。
38. [美] 波斯纳：《法理学问题》，苏力译，中国政法大学出版社 1994 年版。
39. [美] 劳伦斯·莱斯格：《代码 2.0：网络空间中法律》，李旭、沈伟伟译，清华大学出版社 2009 年版。
40. [美] 克里斯托弗·沃尔夫：《司法能动主义——自由的保障还是安全的威胁?》（修订版），黄金荣译，中国政法大学出版社 2004 年版。
41. [美] 凯文·凯利：《必然》，周峰、董理、金阳译，电子工业出版社 2016 年版。
42. [美] 汉密尔顿、杰伊、麦迪逊：《联邦党人文集》，程逢如、在汉、舒逊译，商务印书馆 1980 年版。

43. ［美］德伯拉·L. 斯帕：《技术简史——从海盗船到黑色直升机》，倪正东译，中信出版集团 2016 年版。

44. ［美］埃德加·博登海默：《法理学——法律哲学和方法》，张智仁译，上海人民出版社 1992 年版。

45. ［美］安德鲁·基恩：《网民的狂欢：关于互联网弊端的反思》，丁德良译，南海出版公司 2010 年版。

46. ［美］埃里克·布莱恩约弗森、安德鲁·麦卡菲：《第二次机器革命》，蒋永军译，中信出版集团 2016 年版。

47. ［美］阿莱克斯·彭特兰：《智慧社会——大数据与社会物理学》，汪小帆、汪容译，浙江人民出版社 2015 年版。

48. ［美］菲尔·西蒙：《大数据可视化——重构智慧社会》，漆晨曦译，人民邮电出版社 2015 年版。

49. ［加］伊恩·哈金：《驯服偶然》，刘钢译，中央编译出版社 2000 年版。

50. ［法］马尔克·杜甘、克里斯托夫·拉贝：《赤裸裸的人——大数据、隐私与窥视》，杜燕译，上海科学技术出版社 2017 年版。

51. ［德］乌尔里希·贝克：《风险社会》，何博闻译，译林出版社 2004 年版。

52. ［德］克里斯多夫·库克里克：《微粒社会——数字化时代的社会模式》，黄昆、夏柯译，中信前沿出版社 2017 年版。

53. ［德］克劳斯·施瓦布：《第四次工业革命——转型的力量》，李菁译，中信出版集团 2016 年版。

54. ［德］黑格尔：《法哲学原理》，范杨、张企泰译，商务印书馆 1982 年版。

55. ［德］阿明·格伦瓦尔德主编：《技术伦理学手册》，吴宁译，社会科学文献出版社 2017 年版。

56. ［澳］史蒂夫·萨马蒂诺：《碎片化时代：重新定义互联网+商业新常态》，念昕译，中国人民大学出版社 2015 年版。

57. ［德］康德：《纯粹理性批判》，蓝公武译，商务印书馆 1960 年版。

58. ［法］皮埃尔·勒鲁，《论平等》，王允道译，商务印书馆 1988 年版。

59. ［美］罗伯特·L. 索尔所、M. 金伯利·麦克林、奥托·H. 麦克林：《认知心理学》（第 7 版），邵志芳等译，上海人民出版社 2008 年版。

60. ［美］史蒂芬·卢奇、丹尼·科佩克：《人工智能》（第 2 版），林赐译，人民邮电出版社 2018 年版。

61. ［英］罗姆·哈瑞：《认知科学：哲学导论》，魏屹东译，上海科技教育出版社 2006 年版。

62. ［英］休谟：《人类理解研究》，关文运译，商务印书馆 1957 年版。
63. ［英］伯特兰·罗素：《人类的知识——其范围与限度》，张金言译，商务印书馆 1983 年版。
64. ［美］Stuart J. Russell、Peter Norvig：《人工智能——一种现代的方法》（第 3 版），殷建平等译，清华大学出版社 2011 年版。
65. ［古希腊］亚里士多德：《形而上学》，吴寿彭译，商务印书馆 1959 年版。
66. ［英］卡鲁姆·蔡斯：《经济奇点：人工智能时代，我们将如何谋生》，任小红译，机械工业出版社 2017 年版。
67. Nils. J. Nilsson, *Artificial Intelligence*: "*A News Synthesis*", Morgan Kaufmann Publishers Inc, 1 edition, 1998.

期刊类

1. 章武生："我国政治体制改革的最佳突破口：司法体制改革"，载《复旦学报（社会科学版）》2009 年第 1 期。
2. 朱孝清："司法的亲历性"，载《中外法学》2015 年第 4 期。
3. 朱体正："人工智能辅助刑事裁判的不确定性风险及其防范——美国威斯康星州诉卢米斯案的启示"，载《浙江社会科学》2018 年第 6 期。
4. 郑智航、徐昭曦："大数据时代算法歧视的法律规制与司法审查——以美国法律实践为例"，载《比较法研究》2019 年第 4 期。
5. 赵晓耕："70 年法治变迁：为法治现代化提供历史依据和借鉴"，载《人民论坛》2019 年第 31 期。
6. 赵秉志："中国刑法的演进及其时代特色"，载《南都学坛》2015 年第 2 期。
7. 张骐："论类似案件的判断"，载《中外法学》2014 年第 2 期。
8. 张卫平："论庭审笔录的法定化"，载《中外法学》2015 年第 4 期。
9. 张卫平："改革开放以来民事诉讼制度的变迁"，载《人民检察》2019 年第 1 期。
10. 张骐："论类似案件应当类似审判"，载《环球法律评论》2014 年第 3 期。
11. 张明楷："学术之盛需要学派之争"，载《环球法律评论》2005 年第 1 期。
12. 张静、易凌波："人工智能助推多元化纠纷解决机制的理念与路径——基于 C 市法院法律机器人'小崇'的实践思考"，载《人民法治》2017 年第 12 期。
13. 张吉豫："大数据时代中国司法面临的主要挑战与机遇——兼论大数据时代司法对法学研究及人才培养的需求"，载《法制与社会发展》2016 年第 6 期。
14. 叶燕杰、郭松："刑诉法制发展与冤假错案纠正 40 年"，载《四川师范大学学报（社会科学版）》2018 年第 6 期。
15. 徐昕、黄艳好、汪小棠："中国司法改革年度报告（2016）"，载《上海大学学报（社会科学版）》2017年第3期。

16. 夏锦文："当代中国的司法改革：成就、问题与出路——以人民法院为中心的分析"，载《中国法学》2010年第1期。

17. 吴习彧："司法裁判人工智能化的可能性及问题"，载《浙江社会科学》2017年第4期。

18. 吴习彧："裁判人工智能化的实践需求及其中国式任务"，载《东方法学》2018年第2期。

19. 魏胜强："法律方法视域下的人民法院改革"，载《中国法学》2014年第5期。

20. 王禄生："司法大数据与人工智能技术应用的风险及伦理规制"，载《法商研究》2019年第2期。

21. 王利明："新时代中国法治建设的基本问题"，载《中国社会科学》2018年第1期。

22. 王超奕："实体公正维护与程序公正建设"，载《人民论坛》2019年第27期。

23. 万鄂湘："从中美诉讼制度比较看司法公正与效率问题"，载《中国司法评论》2001年第1期。

24. 苏泽林、李轩："论司法统一与案例指导制度的完善"，载《中国司法》2009年第12期。

25. 苏谦："也谈法律的继承性"，载《法学研究》1980年第1期。

26. 陈明国、左卫民："中国特色案例指导制度的发展与完善"，载《中国法学》2013年第3期。

27. 钱弘道："中国司法改革再思考"，载江平主编：《比较法在中国》（2003年卷），法律出版社2003年版。

28. 钱大军："司法人工智能的中国进程：功能替代与结构强化"，载《法学评论》2018年第5期。

29. 马长山："司法人工智能的重塑效应及其限度"，载《法学研究》2020年第4期。

30. 马长山："数字社会的治理逻辑及其法治化展开"，载《法律科学（西北政法大学学报）》2020年第5期。

31. 马超、于晓虹、何海波："大数据分析：中国司法裁判文书上网公开报告"，载《中国法律评论》2016年第4期。

32. 芦露："中国的法院信息化：数据、技术与管理"，载《法律和社会科学》2016年第2期。

33. 刘新慧："刑事冤案中的锚定效应探究"，载《法律方法》2016年第2期。

34. 刘敏："论司法公开的扩张与限制"，载《法学评论》2001年第5期。

35. 刘练军："司法效率的性质"，载《浙江社会科学》2011年第11期。

36. 刘立明："'感受到公平正义'的法治意蕴"，载《江苏社会科学》2020年第5期。

37. 林榕年："解放思想 实事求是 突破法学'禁区'——再谈法律继承性问题"，载《法学家》1999 年第 Z1 期。

38. 梁玉霞："聚焦于法庭的叙事：诉讼证明三元系统对接"，载《中外法学》2011 年第 6 期。
39. 李宗荣、田爱景、成元发："关于物理学方法、信息学方法与心理学方法"，载《社会科学前沿》2016 年第 2 期。
40. 李振勇："司法公信力概念的沿革、辨析与实践"，载《首都师范大学学报（社会科学版）》2018 年第 3 期。
41. 李斌等："锚定效应的种类、影响因素及干预措施"，载《心理科学进展》2010 年第 1 期。
42. 江必新："论司法自由裁量权"，载《法律适用》2006 年第 11 期。
43. 顾培东："效益：当代法律的一个基本价值目标——兼评西方法律经济学"，载《中国法学》1992 年第 1 期。
44. 葛翔："司法实践中人工智能运用的现实与前瞻——以上海法院行政案件智能辅助办案系统为参照"，载《华东政法大学学报》2018 年第 5 期。
45. 高学强："人工智能时代的算法裁判及其规制"，载《陕西师范大学学报（哲学社会科学版）》2019 年第 3 期。
46. 高伟、张国鹏、刘浏："智慧司法的研究与实践"，载《邮电设计技术》2019 年第 2 期。
47. 冯姣、胡铭："智慧司法：实现司法公正的新路径及其局限"，载《浙江社会科学》2018 年第 6 期。
48. 董玉庭："司法体制改革不能忽视的四种关系"，载《求是学刊》2017 年第 1 期。
49. 狄亚娜："论大数据时代的不公开审理与隐私权保护"，载《法学杂志》2016 年第 9 期。
50. 代中现："论我国法治路径之变革——以公法与私法规范配置为视角"，载《中山大学学报（社会科学版）》2020 年第 3 期。
51. 崔克亮、吴双玲："中国法治之路：从法律体系到法治体系——专访法学家郭道晖"，载《中国经济报告》2018 年第 12 期。
52. 程凡卿："我国司法人工智能建设的问题与应对"，载《东方法学》2018 年第 3 期。
53. 陈卫东："当前司法改革的特点与难点"，载《湖南社会科学》2016 年第 2 期。
54. 陈国富："国家与产权：一个悖论？"，载《南开学报》2004 年第 6 期。
55. 陈光中："比较法视野下的中国特色司法独立原则"，载《比较法研究》2013 年第 2 期。
56. 曾令良："国际法治与中国法治建设"，载《中国社会科学》2015 年第 10 期。
57. 白建军："同案同判的宪政意义及其实证研究"，载《中国法学》2003 年第 3 期。
58. 白建军："基于法官集体经验的量刑预测研究"，载《法学研究》2016 年第 6 期。
59. 左卫民："如何通过人工智能实现类案类判"，载《中国法律评论》2018 年第 2 期。
60. 周吉帆等：" '强认知' 的心理学研究：来自 AlphaGo 的启示"，载《应用心理学》

2016 年第 1 期。

61. 赵志刚、金鸿浩："传统检察信息化迈向智慧检务的必由之路——兼论智慧检务的认知导向、问题导向、实践导向"，载《人民检察》2017 年第 12 期。

62. 赵志刚、金鸿浩："智慧检务的演化与变迁：顶层设计与实践探索"，载《中国应用法学》2017 年第 2 期。

63. 张文显："论司法责任制"，载《中州学刊》2017 年第 1 期。

64. 禹银艳、周春华："智慧基础设施建设模式的国际比较"，载《全国科学学理论与学科建设暨科学技术学两委联合年会论文集》，2012 年版。

65. 叶锋："人工智能在法官裁判领域的运行机理、实践障碍和前景展望"，载《上海法学研究》2019 年第 5 卷。

66. 严律南："人工智能在医学领域应用的现状与展望"，载《中国普外基础与临床杂志》2018 年第 5 期。

67. 魏伊非："人工智能在教育领域的应用"，载《集成电路应用》2019 年第 2 期。

68. 王伟："人工智能技术在智慧交通领域的应用研究"，载《智能建筑与智慧城市》2020 年第 6 期。

69. 王晨阳等："人工智能在医学领域应用浅析"，载《中华医院管理杂志》2020 年第 1 期。

70. 闵仕君："人工智能技术与法院执行领域的融合、发展和完善——以无锡法院智慧执行系统为视角"，载《法律适用》2019 年第 23 期。

71. 刘仁文："何为司法规律"，载《同舟共进》2017 年第 5 期。

72. 刘劲松、夏保华："技术乐观主义探析"，载《南昌大学学报（人文社会科学版）》2013 年第 2 期。

73. 刘红英："'互联网+'背景下人工智能发展现状分析"，载《电脑知识与技术》2018 年第 16 期。

74. 刘锋："防火墙技术在计算机网络安全中的应用"，载《科技风》2019 年第 16 期。

75. 李宗荣、高莉莉、严炜："从'物理符号系统'假说到'信息人'假说——两次信息学革命推动心理学世界观方法论的跃升"，载《社会科学前沿》2016 年第 5 期。

76. 李建国："人工智能与认知心理学"，载《西南师范大学学报（自然科学版）》1986 年第 2 期。

77. 李赫等："智能合约如何可信地与外部世界交互"，载《中国金融电脑》2017 年第 8 期。

78. 乐恩慧："论人工智能与人类意识之异同及其互动关系"，载《洛阳师范学院学报》2018 年第 8 期。

79. 蒋润祥、魏长江："区块链的应用进展与价值探讨"，载《甘肃金融》2016 年第 2 期。

80. 江国华："司法规律层次论"，载《中国法学》2016 年第 1 期。

81. 江必新、郑礼华："互联网、大数据、人工智能与科学立法"，载《法学杂志》2018 年第 5 期。

82. 黄俏娟、罗旭东："人工智能与法律结合的现状及发展趋势"，载《计算机科学》2018 年第 12 期。
83. 华小鹏："论司法的独立性与司法的政策性"，载《公民与法（法学版）》第 2012 年第 11 期。
84. 陈光中、龙宗智："关于深化司法改革若干问题的思考"，载《中国检察官》2013 年第 21 期。
85. 白建军："法律大数据时代裁判预测的可能与限度"，载《探索与争鸣》2017 年第 10 期。
86. 安宝洋、翁建定："大数据时代网络信息的伦理缺失及应对策略"，载《自然辩证法研究》2015 年第 12 期。
87. Zach Warren："Legal Tech's Predictions for Artificial Intelligence in 2020"，*Legal Teach News*，2020。
88. Warren R K："Public Trust and Procedural Justice"，*Court Review* 37.3（2000）。

报纸类

1. 习近平："坚持严格执法公正司法深化改革 促进社会公平正义保障人民安居乐业"，载《人民日报》2014 年 1 月 9 日。
2. 习近平："在首都各界纪念现行宪法公布施行 30 周年大会上的讲话"，载《人民日报》2012 年 12 月 5 日。
3. 李阳："打造智能时代司法文明新坐标——人民法院智慧法院建设工作综述"，载《人民法院报》2019 年 3 月 10 日。
4. 章宁旦、彭勇、苏喜平："广州中院上线全国首个破产审判智慧管理系统 管理人执业更规范 债权保护更得力"，载《法制日报》2019 年 6 月 15 日。
5. 张耀宇："善于运用科技创新成果，不断提升政法综治工作智能化水平"，载《人民日报》2016 年 9 月 23 日。
6. 武杰："AI 这次'狼'真的来了"，载《法治周末》2017 年 11 月 9 日。
7. 王春："杭州互联网法院司法区块链上线"，载《法制日报》2018 年 9 月 20 日。
8. 潘镨："'联盟链'构建银企协作'朋友圈'"，载《中国城乡金融报》2017 年 7 月 7 日。
9. 罗书臻："建立互联网+时代下的智能庭审"，载《人民法院报》2016 年 11 月 18 日。
10. 韩振文："司法裁判的人工智能化反思"，载《中国社会科学报》2017 年 11 月 8 日。
11. 曹雅静："体验智慧法院、感受诉讼便捷"，载《人民法院报》2016 年 12 月 15 日。
12. 荆龙："周强向全国人大常委会报告：深化司法公开促进司法公正情况 全面深化司法公开 促进司法公正 提升司法公信"，载《人民法院报》2016 年 11 月 6 日。

致 谢

　　书稿终于在牛年来临前完成，伏案思量，感谢广东财经大学法学院院长房文翠教授和广东财经大学法治与经济发展研究所副所长邓立军教授的悉心指导，感谢广东财经大学法学院姚志伟教授、邹郁卓博士的鼎力支持，感谢黎毅斌、池翔、汪兰佳、朱凤茹、曾翠婷、邱若琳、钟春英等研究生的大力帮助！

　　智慧司法是近年来法治现代化建设的重点，也是理论研究的热点之一。以著作形式对智慧司法进行专门研究的难度颇大，本书学习和借鉴了诸多专家的优秀研究成果，在此表达深深的敬意和谢意！

　　本书得以付梓出版，幸赖得到丁春晖编辑的大力支持和帮助，谨致感谢！